父母：挑战

［美］鲁道夫·德雷克斯 著

赵文伟 译

陕西新华出版
太白文艺出版社·西安

果麦文化 出品

目录

引言 /1

第一部分 | 心理学背景

第一章　父母的处境 /9
第二章　孩子的处境 /31

第二部分 | 训练方法

第三章　有效的方法 /61
　　　　一、维持秩序 /64
　　　　二、避免冲突 /78
　　　　三、鼓励 /87
第四章　训练孩子的过程中最常见的错误 /109
第五章　具体的训练情境 /159

第三部分 | 难管教的孩子

第六章 理解孩子 /209

　　一、关注获取机制 /218

　　二、争夺权力 /260

　　三、报复 /282

　　四、展示能力不足 /294

　　五、病态反应 /308

第七章 指导和重新调整 /318

结论 /360

引　言

亲爱的父母们：

　　孩子带给父母的问题，我们说了很多。你们知道吗？我们真正担心的其实是你们，对你们而言，为人父母是一种挑战。但你们，作为父母，对我们来说，也是一种挑战。我这么说，首先是因为，我是一名精神病医生。最折磨我的是那些让我"治好他们的孩子"的父母。为他们提供咨询时，我左右为难，我同情他们，因为他们可怜、痛苦。同时，看到他们对孩子的所作所为，我又很愤慨。我把这本书献给你们和你们伟大的使命，它揭示了我和大多数执业精神病医生的矛盾心理，有些精神病学家走了极端，气愤地指责母亲宠坏了整整一代人，使他们无法适应社会生活；另一些精神病学家则认为，大多数父母，尤其是母亲，是需要心理治疗的情绪病人。在二者之间取得平衡很难。我在表达观点时，难免对你们多有冒犯，请原谅。你们必须认识到，试图通过写书来提供指导，比私下为病人提供咨询更危险。私下面谈时，万一伤害了病人的感情，我感觉得到，而且可以立刻纠正。你们阅读本书时，我看不见你们，万一给你们带来烦恼，我无能为力。我只能真心诚意地，从一开始就向你们保证，我无意伤害你们的感情。最重要的是，如果你们因为读了这本书感到气馁，那么，我还不如不写。让人气馁没有任何好处。

遗憾的是，我没有办法保证读者一定能从书中获取作者想要表达的信息。我希望给予你们信息和鼓励，因为我知道，养育孩子是一项艰巨的任务，你们最需要的就是这些。可是，书是被动的，你只能在书中找到你愿意看到和理解的东西。乐观的读者很容易在本书中找到印证自身乐观思想的内容，而灰心、悲观的父母可能只会为他们的失败主义找到新的理由，这完全违背了我写这本书的初衷。正如我前面说到的，我只能恳求你们在阅读时留意自己的情绪反应。

但是，你们——我所说的"你们"是指父亲们和母亲们，你们不仅仅是精神病学家的问题，也是整个社会最大的问题，你们处于十分重要的位置，比任何其他公民群体更能决定我们国家的发展。你们是连接过去和未来的纽带。在进步缓慢、人类社会处于停滞状态、一代代人之间几乎没有什么变化的时代，父母的任务相对简单。他们把从他们父母那里学到的东西传授给自己的孩子。今天，我们生活在人类社会的一个关键时期。社会条件、道德观念和日常生活方式日新月异。作为父母，你们一只脚站在过去，另一只脚迈向未来，怪不得你们犹豫不决，意识不到为何心存不安。在与孩子的日常接触中，你们会体会这种困境的后果。但你们可能不知道，你们日常经历的考验和磨难，对我们当前的文化及文化剧变极为重要。如今，为人父母往往令人沮丧。你们最大的心愿莫过于让孩子幸福，为让他们过上成功惬意的生活做好准备；然而，你们不知道的是，你们经常伤害孩子，更多的时候，你们不是引导他们，而是压制他们。

我说得更具体些吧。我们眼前发生的社会和文化变迁具有划时代的意义。它们意味着始于五六千年前的一个文化时期的结束，预示着我们称之为"原子时代"的人类新时代的到来。诚然，原子能的发现和利用将促进新的生活方式，以及我们整个社会组织和文化的发展，但新时代的特点和最根本的因素似乎和"民主"这个概念有关。

早在人类文明之初，人类就寻求民主的理想，并将其视为和谐社会生活的基础，然而，这个梦想从未被实现过。民主的基本理念是承认所有人的基本社会平等。到了这个阶段，一个新的社会就会应运而生。

你可能会问："这一切和我作为家长的问题有什么关系？"父母陷入困境是因为，他们落入了我们正在经历的短暂文化时期所特有的困惑之网。一切人际关系都呈现出同样的困惑。我们希望平静和谐地生活，但我们的努力全都白费了。我们艰难地摸索不同的方法，非但没有解决我们的冲突，反而制造了新的冲突，这在国内和国际关系中都很明显。国家之间、种族之间、信仰之间、管理者与劳动者之间、男女之间、两代人之间、父母与子女之间的冲突，都受到同样的困惑和矛盾影响。你们所经历的与孩子之间的问题，与白种人和有色人种之间、管理者和劳动者之间、男女之间的问题有惊人的相似之处——一个群体害怕把权力让给另一个群体。令人头疼的问题到处都一样，我们所犯的错误也一样。

抚养孩子也是一种社会生活。因为我们对共同生活的艺术几乎一无所知，所以身为父母的你们和你们在人际关系的其他领域的同伴们一样不知所措。训练孩子的正确方法与对待同胞的正确方法完全相同。训练孩子的方法同样适用于任何人际关系的冲突。

毫无疑问，你们已经认识到，民主是唯一令人满意的生活方式。你们厌恶独裁，你们不想任人摆布，你们相信小家伙也有自己的权利。那身为父母的你们呢？我见过很多思想非常开明的男人，在家里却是名副其实的独裁者，对家中的女眷和孩子颐指气使。你们使用的养育孩子的方法，大概和几百年前你们的祖先一样，基于奖励和惩罚。你们可能没有意识到，使用这些方法的前提是，你们的孩子是一个不理智、不聪明、不可靠的劣等人，必须用贿赂和威胁来驯服他们。然而，这正是大多数父母所采取的方法。虽然这些方法早先可能有效，因为它们符合一般社会关系，但今天这么做注定会失败。如今，我们已经推翻了帝王、独裁者和暴君，他们把臣民视为无知、无助、需要铁腕统治的附属品。我们知道，只要有机会，人民一定能照顾好自己。今天，我们追求的是民主。

本书试图告诉你们如何在家庭内部营造民主的氛围，如何让你们的孩子为民主生活做好准备，他们可以在不受支配或胁迫的情况下承担责任。你们当中的很多人可能已经尝试给孩子自由，并允许他们表现自我。但是，由于你们没有从父母那里学到本着自由精神培养子女的有效方法，很容易把自由与无政府主义、自我表现与放肆、自由权与放纵混为一谈。你们之所以失败是因为你们的方法忽视了社会生活的基本要求。当自由的想法失败后，你们就觉得，必须使用那些借助权威、严厉和暴力的老方法。当代大多数父母的态度在纵容与压制之间摇摆不定，这会对孩子产生破坏性的影响。我们不能责怪父母能力不足，没有人教他们怎么做，他们自己就是困惑和冲突的受害者。他们必须被视为国家最重要的问题之一。如果我们这些教育工作者、心理学家和精神病学家不履行我们的职责——通过指导和咨询来帮助他们，今天的问题和挑战可能就会成为明天的威胁。

直到最近，精神病学才进入教育和儿童培训领域。在此之前，这个领域完全掌握在宗教教师、教育工作者和哲学家手中。正是这些人研究并确立了道德原则和教育方法。精神病医生在治疗成年人的情绪适应不良和人格障碍时意识到了教育的问题。他们发现，童年的不良经历和不当的训练是日后生活中各种冲突的根源。他们认识到令人不安的行为背后的心理机制和动机。他们发现了儿童与成年人对外界影响的内在反应。通过精神病学的研究与调查，今天我们知道了孩子们在接受"正常"的儿童训练方法时的感受，以及他们的经历是如何导致不良行为的。精神病学家仍然要与一种公众偏见做斗争，这种偏见源于早年间精神病学主要关注精神错乱和精神失常。然而今天，精神病学家可以帮助你们了解自己的孩子。他们建议的儿童训练法，基于对正常儿童心理反应的观察，我们不关心其中涉及的道德问题，我们不谈论道德规范和教育理念。我们只对孩子的感受和他们为何行为不端感兴趣。我们想让你们了解我们所掌握的知识。也许我们还可以帮助你们理解你们面对孩子时的反应,以及你们自身行为背后的原因。

从这个意义上来讲,请接受这本书作为我的小小的贡献,帮助并激励你们去研究、去了解父母和孩子。如今,培养孩子是一项艰巨的任务,几乎可以说是一门技术。如果你们不有意识地付出努力,去熟练掌握这门技术所需要的方法,就别指望成功。

你们最好在孩子出生前就读一读此类书籍。我希望,在不远的将来,类似的书会被选入高中教材,帮助青少年理解和应对年幼的孩子。最终,这样的培训课程将被列为必修课,并成为常识教育不可或缺的一部分,对个人而言,它的重要性不亚于读写和计算。

然而,本书是专门为那些已经体会到为人父母的苦恼的人写的。我们必然会在孩子身上犯错,尤其是在当今这个时代,孩子的成长不可能没有问题。但是,无论你在和孩子相处时遇到多少困难,无论这些困难在你看来多么微不足道,或者多么可怕,总会有改进的机会。重新考虑你们对待孩子的方法和态度永远不会太迟——而且永远不是多此一举。诚然,你们的孩子永远不会是天使,但你们总能成为一个比过去更好的父母。这正是我撰写此书的目的。

你们诚挚的朋友,
鲁道夫·德雷克斯

第一部分

心理学背景

第一章
父母的处境

"成人父母易,为人父母难。"(德国画家、诗人威廉·布施的名言)为孩子提供足够的关爱与支持是一项艰巨的任务,然而,一些你认为没有必要且令人费解的行为所引起的琐碎的烦心事,又让你的生活变得更加复杂。孩子可以,也应该是最大的快乐源泉。大多数父母确实喜爱自己的孩子,至少有时是这样的。但孩子也会时常给你带来烦恼、忧虑、悲伤和莫名其妙的痛苦。鉴于全国各地,乃至整个文明世界,都存在同样的摩擦和矛盾,我们可能会怀疑这背后隐藏着共同的根本原因。

当局者迷,通常,我们无法理解这些困境的成因,所以你可能会寻找"替罪羊"。你可能会把责任归咎于经济条件,或者孩子的坏脾气。也有人认为,这要怪其他家庭成员,于是,丈夫指责妻子,妻子指责丈夫,或者互相指责对方的父母。很少有人意识到,育儿过程中遇到的这些困难,在很大程度上是由他们自己造成的。

要理解常见的亲子关系,需要对父母常犯的错误进行一番彻底的研究。不完全了解所涉及的问题就无法采取明智的行动。只有认识到，并摒弃过去的错误和不当的态度，才能采取积极的措施。知道不该做什么，对决定该做什么大有助益。

每个应对育儿问题的人，必然会同情父母的困境。为人父母会经历数不清的磨难。看到各位父母艰难地摸索，并困惑于目标与现实之间的差距，实在令人心生怜悯。绝大多数人真心希望成为好父亲、好母亲。他们极力想把自己的孩子培养成快乐、成功的人。父母的行为不仅影响当下的亲子关系，也会影响孩子的一生；这是其成长过程中最重要的一个因素。

爱

毫无疑问，你爱你的孩子，他是你的一部分，是与你最亲近的生命。他能否健康成长取决于你的爱。

爱被认为是人类最深刻、最美好的情感。那么，这种情感怎么可能造成如此多的不幸和痛苦呢？人们时常在爱人时折磨自己，爱时常被当作一种沉重的负担。

父母与孩子之间的爱，通常被认为是最纯粹的爱。不像性爱那么复杂。母爱的本质是同情、理解和无私奉献。然而，因为爱，母亲们体尝了多少悲愁！她们的孩子又遭受了多少痛苦！

孩子的人格为其自身的和谐发展，从这种爱中汲取力量和动力。没有哪种生物，像新生儿那样，需要如此多的爱。对他最初的喂养和最早的关注，需要母亲付出全部。然而，过度的爱可能会扼杀孩子，阻碍他的发展，甚至几乎毁掉他。这看起来很矛盾。善与美会过度吗？我们必须认识到，人们把许多情感称为"爱"，但它们远远配不上这个名字。日常生活的挣扎、生活的不稳定，导致他们产生错误的观念和态度，使他们无法真正去爱。对他们来说，爱唯一的目的是占有，爱的特征是恐惧，爱的目的是接受；爱的过程往往充满嫉妒。自私自利，不负责任，这种爱只考虑给予爱的人——他的愿望和需要。他认为，他受苦，所以他爱着。

真正的母亲会把自己的欲望排在孩子的需求后面，但有些父母，在霸道和自私的爱的驱使下，忽视孩子真正的需要。他们打扰孩子的睡眠，把他当成自己的杰作展示，把他当成专门为他们娱乐设计的玩偶。"爱"驱使他们在不合适的时间推着孩子到处走，毫无理由地拥抱、亲吻他。他们甚至拒绝承认孩子对按时喂食的需求，因为他们受不了孩子哭闹。为了他们的"爱"，他们把孩子当偶像，满足他的一切突发奇想，甚至把他变成家里的暴君。为了得到他所有的爱，他们时常让他与世隔绝，阻止他与朋友、玩伴进行正常的往来。这种"慈爱"的父母把孩子变成了奴隶或玩具，使他的生活朝着这几个方向发展：要么完全不适应正常的生活，错综复杂的问题给他带来无尽的悲伤和忧愁；要么最终怨恨金笼，变得叛逆、固执。

然而，即使是纯洁无私的爱，也有隐藏的陷阱。爱有偏见，因而妨碍了对孩子公正的评判。爱有权盲目，但教育绝不该有这种特权。爱孩子，可能就容易忽视缺点，从而使其不加遏制地发展；你可能会高估你的孩子，从而鼓励他对自身的重要性产生错误的认识。因此，你对孩子的爱往往会让你们的关系变得更复杂。正如任何其他形式的爱，爱很容易导致你对你爱的对象产生某种依赖；你可能会变成被孩子操纵的工具，而不是他的向导和老师。

焦虑

当你对孩子的爱与焦虑混杂在一起时，处境将变得尤为艰难。气馁的人容易高估人性的脆弱和周围世界的敌意。成为父母后，他们会加倍担心自己的后代。因为所有生物中，婴儿无疑是最无助的。

过分担心孩子的幸福是一种人格缺陷。如果你怀疑自己应对生活的能力，你可能会认定你的孩子也没有能力解决生活中出现的问题。相反，你越自信，就越相信你的孩子也会在自己身上找到处理生存问题的力量和方法。父母的焦虑有很多种来源。常见的一种是上文提到的自私的爱。自我本位爱孩子的父母，通常是怯懦、气馁的，为自己的幸福担忧的人。时时刻刻危机四伏，他们不愿面对任何风险。父母依恋孩子，失去孩子，无论对父亲还是母亲，都是沉重的打击。幸好，不是所有人都将这种不测当作其教育工作的核心和基础，进而严重威胁孩子的发展和生存。

责任感往往会进一步加剧你的焦虑。你可能一直生活在恐惧中，担心忽视某个重要的职责，放大孩子的每个微小的瑕疵，直到它似乎是他最终毁灭的确凿证据。你对儿童训练的实际知识了解得越少，肩头责任的担子就越重。

正如父母的爱会使你高估孩子的优点，为他的幸福担忧也会使你放大他的缺点。这两种情况可能同时发生，某一时刻，孩子似乎达到了完美的巅峰；与此同时，他又似乎一无是处，预示将来必遭厄运。

期望

如果你同时表现出高估和低估孩子的倾向，那么，你可能非人中龙凤，却望子成龙。这种希望得到替代满足[1]，加深了你为孩子感到骄傲和对他不满之间的冲突，因为孩子达不到你过高的成功标准。

你对孩子寄予怎样的期望？有人可能会认为，只要孩子成长为一个有用的、快乐的人，父母就会心满意足。只可惜，许多父母表现得好像孩子生来就是为了满足父母的个人愿望——替他们收获迟来的满足、荣誉和幸福。一些有抱负的父母渴望看到他们的孩子成为有权有势的杰出人物；如果父亲因为教育程度低吃了不少苦头，他可能希望孩子成为一名学者；如果他被迫劳碌一生，可能希望儿子过上悠闲安逸的生活；感觉自己曾受到怠慢和诽谤的人，

---

1 替代满足，指通过观察、想象，或体验他人的成功、快乐或成就而获得的满足感。——本书脚注均为译者注

可能会把孩子培养成一个为自己复仇的人；而一个情场失意的人，可能会希望通过孩子的爱来满足自己未被满足的愿望。一个认为自己在与男人的关系中受挫的女人，可能会把儿子视为唯一属于她的男人，她永远不会失去他，他永远不会对她不忠。

所有这些愿望和期望使孩子成为父母争斗中的棋子，尤其是当父母不和时，孩子被扯来扯去，最终，一定会令双亲失望。总的来说，孩子作为父母的期望，更有可能落空，而不是得到满足。孩子必须过自己的生活。他的个人目标和抱负背后的动机与他父母的截然不同。

要求

因此，父母对孩子的要求往往是不合理的。他要成为一个有用的人，就必须让自己适应某种有序的生存模式，学会按照社会规则思考和行动，使自己适应环境，并培养责任感。他必须掌握社交生活所必需的礼仪。向你的孩子提出这样的要求无可厚非，但你的要求很少止步于此。

也许你期待的是完美，你很少停下来想一想：我对孩子要求那么高，自己能否做他的榜样？也许你认为，要求得更多，至少会得到你想要的一部分。这个想法很荒谬。这种方法只会让孩子习惯无视你的任何要求。你可能要求孩子百分之百诚实，但你自己能做到完全不骗人、不说谎吗？孩子绝不可以懒惰，但你自己就勤劳到无可指责了吗？孩子必须绝对服从，绝不能顶嘴，但你自己是无条件服从的典范吗？不该有双重标准，孩子和父母一样，都是人。

同时，你关注自己的平静和舒适，这有时会让你自我放纵。你对孩子的很多要求，与其说是为了促进他的发展，不如说是为了保证你个人的舒适。在这种情况下，孩子的正当要求往往会被忽视。你想休息的时候，孩子必须保持安静，这是对的；但是，每当你想让他晚点儿睡的时候，他就必须放弃休息的权利。这种态度忽视了孩子成长的需求。

代际冲突

我们刚才讨论的错误的态度——自私、专横的爱、对孩子的极度担忧、怀疑他的能力、不公平的期望和不合理的要求——导致了父母与孩子之间的激烈斗争。这种斗争，就像两性冲突，是我们这个时代的特征之一。性格和观点的差异并不能解释父母和孩子之间为何缺乏合作。频繁的摩擦必然有更深层的原因，激烈的利益冲突往往源于对权力的争夺。

如今，人们感觉到处都有威胁。经济前景越来越不确定，社会地位和政治影响力也是如此，因此，个人的重要性经常受到挑战。人们痛苦地意识到，自己在这个充满危险和羞辱的世界上无足轻重，于是不断寻求防御和保障。因此，人们在爱的时候才表现得非常自私、不安，焦急地渴望为自己找到一条远离潜在危险的退路。因此，他时刻留心任何可能提升自尊的方法。最自然不过的事莫过于从自己的孩子身上找寻这种自信。至少，他可以期望掌控他们。可惜的是，这个假设是错的：孩子也许弱小，需要依赖他人，但任何敢于跟他们斗智斗勇的人很快就会发现，在与长辈的较量中，孩子完全有能力立于不败之地。他们不考虑后果，因此在选择策略时十分果决。此外，他们的思维通常比成年人更敏捷、更狡猾，也更有创造力。在不清楚自己意图的情况下，通过不断地探索、摸索，孩子拥有取之不尽的资源，并借此制定各种战略战术。父母卷入这种斗争的程度越深，他们的权威就会被削弱得越严重。当形势变得不那么有利时，他们只会更努力地维护自己的优势和个人威信，他们没有意识到，这么做是在挫败自己的计划。一套早已被证明无用的惩戒措施仍在使用，只有一个原因，那就是这些方法似乎有助于父母在与孩子的斗争中占上风。早年，这些方法可能在某种程度上保住了父母的颜面，但在当今人与人之间的关系日益平等的社会条件下，任何朝着这个方向的努力都是徒劳的。

如今，父母对孩子采取错误的态度，从而与之发生冲突的诱因，比以前更突出。父母在家庭内外的地位，比以往任何时候都更加不利且不稳定了。但更重要的是，小型化家庭的普遍存在让这种情况变得越发复杂，也增加了父母的不安和焦虑，他们的感情只集中在一两个孩子身上，他们个人的期望和要求往往要由一个孩子来满足。以前，父母的爱和希望被分摊给一大群孩子，即使在那时，其中的一个孩子，通常是老大或老小，也可能得到父母最多的关爱。但通常，在一个大家庭中，父母与孩子之间的个人冲突不会对任何一个孩子产生如此强烈的影响，孩子们彼此相处的时间更长，父母必须更广泛地分配注意力。

当然，我们知道，代际冲突并不仅限于家庭内部，其影响在商界和公共生活中同样明显。年长者觉得后生可畏，孩子觉得自己被轻视。冲突、猜疑、虚荣和怨恨在两代人之间筑起高墙。因此，年长者的保守主义想阻断年轻人的活力，年轻一代希望把年长者这块绊脚石推到一边，而将年轻人的热情与年长者的谨慎结合在一起，才能更好地为整个社会服务。相反，年长者一旦青春不再，就会被抛弃。人们无法辨别这些纠纷究竟是源自家庭，从那里向外蔓延，还是从外部渗透到家庭内部的。这两个过程同时发生，而且是平行的。人们普遍灰心丧气，一种疯狂的、对个人优势的争夺取代了互相合作的根本精神。

这种对优越感的追求，导致父母要求孩子完美。他们没有意识到自身行为的重要，却往往放大孩子的每一个缺点。通过系统地贬低孩子，他们可能会无意识地试图突出自己的能力，显得自己高人一等，至少对孩子来说是这样。同样的策略也经常用来对付其他人。许多人通过贬低、毁谤他人，试图让自己受挫的自尊心膨胀起来。许多人在不知不觉间，出于自私，关注别人的缺点，甚至自己孩子的缺点。

下面这个案例有助于说明这个令人难以置信的事实：

> 一个十六岁的女孩有各种焦虑的症状，她被母亲带来就诊，母亲抱怨女儿邋遢，说她从来不收拾衣服，把

家里搞得乱七八糟，该做的事也不做。女孩必须被明确告知，然后被反复催促、提醒，才会做家务。治疗期间，很明显，这个女孩——一个独生女——被宠坏了，从来没有人教过她对自己负责。在很短的时间内，我们就让她意识到，并愿意承担自己作为家庭一员的义务。但很快，女孩就开始抱怨。她说，母亲习惯在她还没来得及开始干活之前，就催促她、告诫她；一直拿她的职责来控制她；与此同时，母亲又拦着不让她干活，理由是，她是病人，肯定会把事情搞砸。

我把孩子的母亲请来，向她解释说，如果她想让孩子有条理、乐于助人，就要给她更多的行动自由。我向她保证，除非她改变对女儿的态度，否则，我也无能为力。她答应听从我的建议，给女儿更多机会管好自己的事。但病人报告说，家里没有任何变化，就像我从没跟她母亲谈过一样。病人每次抗议，说自己可以轻松地应对生活时，都会遭到母亲的强烈反对。最后，我不得不再次把她母亲请来，问她为什么要坚持这种态度。她很激动，不承认自己错了。她坚持认为女儿太笨拙、不可靠，不能放任不管。她还断言，如果真的随她女儿去，她女儿根本不会保持整洁，还会把自己的生活搞得一团糟。经过一番苦口婆心的劝说，我才让这位母亲明白了治疗的全部意义，也就是让女儿体验到邋遢造成的全部后果。

第二天，我接到病人打来的紧急电话：她母亲精神崩溃了。这一进展让这个难题呈现出新的视角。病人一家曾住在一幢豪宅里，但迫于形势，不得不削减开支，搬进一个更普通的住处。父亲和正在读大学的女儿整天忙于家庭之外的活动，因此母亲对家庭幸福的贡献十分有限，她开始觉得没有人需要她了。她的丈夫和孩子没有她也能过得很好。一旦女儿的自理能力不这么差，随便一个管家就能取代她。显然，这是她唯一的用处。她的女儿越笨拙、越邋遢，她就越觉得自己重要。如果有朝一日孩子学会独立，她就完全无用、多余了。当然，她从没充分意识到其行为背后的这一动机。听了我的解释，她意识到自己一直自私地想要维持女儿的缺点，因此不知不觉地助长了她的缺点。

这个案例绝不少见，也不特殊。在这个案例中，可以通过同时治疗母亲和女儿，来治愈后者的神经症，并通过在她们之间建立全新、更好的关系，以一种不同的方式满足母亲的需要。

父母的自卑感

毫无疑问，大多数父母强烈地感觉到，他们在处理与孩子的关系时能力不足。他们在培养孩子时犯下的很多错误都源于自身的挫败感，无论这种挫败感是真实的，还是他们臆想出来的。焦虑、对孩子的过分要求、贬低孩子的倾向都反映了这种主观的自卑感。心灰意冷的一种表现是优柔寡断。

培养孩子时，如果你的态度优柔寡断，没有真正的计划和目的，你可能会先严厉，后纵容；这一刻，感到绝望，下一刻，溺爱孩子的你又充满信心。这种态度在方法和技巧的不停轮换中体现。责打之后是夸张的示爱，责骂之后是承诺和奖励。每次听到建议都会千篇一律地回答："我试过了——我把所有方法都试过了。"由于优柔寡断，这样的父母不听劝。他们刚走上一条路，就转向另一条路。他们缺乏勇气，不能坚持任何一条明确的行动路线。他们以困惑为借口，逃避真正的责任。

纯粹防御性的逃避最明显的表现是紧张。紧张的父母发现他们的"紧张"是一个非常便利的避难所，也是一个可以接受的、忽视自身责任的理由。他们不厌其烦地承认，他们的本意是好的，但"紧张"阻止他们实现良好的意图。他们不是恶人，而是很无能，不知如何互相迁就，而且，他们为自己的自我放纵付出了高昂的代价。他们需要帮助和理解，在处理孩子的问题之前，他们自己应该接受有效的治疗。

有时，父母的"紧张"只是偶尔表现出来。找不到切实的理由为自己的行为辩护时，"我崩溃了"或者"我受不了了"是他们的典型借口。比如说，父母打了孩子，然后意识到自己错了，或者，当他们说的话或做的事既非权宜之计，又非情有可原时，他们通常会给出这种解释。"受不了了"是一个人感到无助时的标准借口。你可能觉得孩子赢了，但你不愿认输。为了挽回面子，你会采取任何现有的手段来维持表面的权威，最常见的做法就是打骂和威胁。如果你想掩盖这种公开的权力斗争的本质，或者想为你所采用的方法辩解，你总可以拿你"紧张"或脾气不好当借口。这种策略也会带来额外的好处，你会特别关注自己的愿望。

父母是受害者

我们必须承认，你在跟孩子打交道时感到自卑是完全合理的。孩子从婴儿期开始就在建立家庭内部人际关系方面发挥着积极作用。孩子不仅做出反应，而且学着按照自己的想法和目标去行动。他的主动刺激和挑衅很早就开始了——一岁以内。父母经常认识不到，孩子的各种计划是家庭状况的决定性因素。

婴儿的行为并非基于有意识的计划。他的智力发育不允许有意识的思考并产生决定，但他的行为仍然是坚决和有意图的。婴儿希望被大人抱起来，因为他体验过被抱的快乐，他会学各种技巧，来获得想要的结果。孩子越大，就越能想出各种花招，而父母和其他成年人还没明白是怎么回事就屈服了。孩子在他生命的最初几年，越来越了解自己的身体机能，以及周围的人和物。他不断地观察、尝试、体验。因此，孩子对父母的了解比父母对他的了解多。普通孩子对父母的操纵多于父母对他的影响。难怪这么多父母在跟孩子打交道时感觉力不从心。

父母对教育了解多少？

另一个经常导致父母缺乏自信的因素是，他们不知道正确的教育方法，即使对于平常镇定自信的人来说，这种无知也很容易让人产生挫败感；如果再加上深深的自卑，它将彻底扭曲亲子关系。

人们普遍认为，父母对他们作为教育者的职责准备不足。从事任何一种行业都必须先学会相关技能；然而，最艰巨的一项任务——养育孩子，却交给了那些完全没有受过训练的人。对教育工作者而言，系统的学习和实际的训练是必不可少的。然而，父母根本没有时间和机会做这些准备。

无论这种现状多么令人惋惜，无论我们多么努力想随着时间推移纠正它，我们都必须承认，缺乏教导本身并不是最大的障碍。"一知半解是件危险的事。"如果父母对教育一无所知，有时情况可能会好些，他们更有可能遵循常理，在适当的时候寻求建议。他们往往更愿意听从理性的建议，但就目前的情况来看，每个人都认为自己对教育有所了解，而这一点儿了解往往是错误的。我们所有人都"被抚养"过，并体验过随之而来的问题和意外。但是，我们对童年时用在我们身上的教育方法所做出的反应还记得多少呢？诗人和小说家能回忆和描述童年的挫折、屈辱、幻灭和痛苦，这些东西通常远远超过童年的快乐，但很少有父母记得这一点。在对待孩子的态度上，很多人效仿自己的父母。他们可能愿意对旧方案做些修改。由于痛苦的经历，他们可能在某些方面采取更自由的策略；如果他们觉得自己的父母管得太松，他们会倾向于更严格的管教。如果反其道而行之，他们也可能犯同样多的错误。但这些变化——通常意味着将父亲和母亲采用的方法融合在一起——并不能改变这样一个事实，即大多数人在抚养孩子时效仿自己的父母。

结果，在儿童训练中，同样的错误代代相传。如今，父母生活在一个不断变化的世界里，人们对人际关系有不同的看法，这些累积起来的大量的错误原则压在当代父母心头。此外，由于流行小型化家庭，他们的处境变得更糟了。以前，一般是大家庭，孩子的成长很少依赖父母的教育技巧。那时，孩子们主要通过与彼此，以及与邻居的接触来进行自我教育，父母缺乏训练并没有显得那么糟糕。然而，科学教育的原则从没影响过父母。他们总是刚愎自用，因为他们相信，正如许多人仍然相信，他们儿时的经历使他们有资格按照自己的方式、自己的人生观和小时候那种关系模式来养育自己的孩子。

只要试图说服一个棍棒底下长大的父亲，让他相信教育孩子不该使用暴力，通常都会激起这样的反驳："我就是这么长大的，我现在过得很好。我为什么不能用同样的方式教育我的孩子？"像所有持这种态度的父母一样，他从没停下来想过，假如他得到不同的、更好的教育，他如今会是什么样。无论现在，还是过去，都是如此，养育孩子的主要结果之一，似乎是把聪明的孩子变成愚蠢的成人。这是不断打击孩子的结果；尽管自卢梭[1]以来，人们就承认了这一事实，但在家庭教育的实践中并没有多大改变。相信"棍棒底下出孝子"的父亲没有意识到，他小时候挨的打在多大程度上影响了他的婚姻幸福，影响了他与朋友的关系，并最终影响了他对自己孩子的态度。在某些方面，他可能发展得"还不错"，但与此同时，他变得多疑、残忍、专横。所有以自己生活中的成功为父母的教育原则辩护的父母都是如此。我们无法估计孩子有多少不必要的障碍、性格缺陷可以避免，以及多少潜能未被开发。

对教育工作者的教育

在我们希望降低教育的难度，减轻父母的负担，纠正孩子的错误之前，必须打破由来已久的错误的前提和原则的恶性循环。假如父母不改过自新，这几点就不可能实现。如果想有更好的孩子，父母必须成为更好的教育者。一方面，他们必须学会理解孩子，知道他们在想什么，理解他们的行为动机。另一方面，他们必须学会区分正确的，即有效的训练方法，和错误的、毫无价值的训练

---

1 让-雅克·卢梭（Jean-Jacques Rousseau，1712—1778）：法国18世纪启蒙思想家、哲学家、教育家、文学家，民主政论家和浪漫主义文学流派的开创者，启蒙运动代表人物之一。主要著作有《论人类不平等的起源和基础》《社会契约论》《爱弥儿》《忏悔录》《新爱洛伊丝》《植物学通信》等。

方法。

然而，我们必须认识到，仅有知识是不够的。很多老师在教育方面有深刻的见解，教育别人家的孩子硕果累累，教育自家的孩子却惨遭失败。最明显的例子之一就是现代教育学先驱卢梭。

父母也要克服很多情绪障碍。情绪失调是错误态度造成的后果，比如对生活的防御、对未来的焦虑、对权力的争夺。对教育工作者的教育是现代教育学的核心问题，必须从两个方面着手。目标之一是启蒙，即传递必要的事实性知识，另一个目标是培养教育者的个性。父母本身就像孩子，有时像必须被"抚养"成人的"问题"儿童。然而，从外部影响成年人并非易事；在很大程度上，他们将承担自我教育的责任。他们必须学会认识和理解自己。父母必须先克服对自己的不信任，然后才能以一种平和、自信的态度对待孩子。这时，他们才能停止权力斗争，避免发生妨碍孩子和谐发展的冲突。

如果你希望增加和孩子在一起的乐趣，提高你的教育效率，你就必须努力提升自己。你必须做好准备，一次又一次调整并改造自己，向你的孩子学习，也从你自己的经验中吸取教训。你必须愿意接受你加诸孩子的一切道德义务。当你意识到遵守秩序和规则对孩子的发展至关重要时，你必须让自己遵从同样的规则，并做到始终如一。如果你举止不当，就别指望你的孩子遵守规矩。

孩子的行为是对你的行为的真实回应。教育并不是一个自上而下强加的机械装置；孩子也不仅仅是你的意志毫无知觉的对象。养育孩子意味着父母和孩子之间不停互动。父母与孩子的行为相互回应，就像对话的参与者相互回应。由此产生的过程叫教育，是双方活动的产物。孩子的行为与周围人的行为相互回应，并随之改变。他比成年人更善于让自己适应他所接触的人。他的性格尚未定型。他更善于观察，更敏感，也更灵活。你必须学会分辨哪些孩子的行为反映了你自己的脾气和性格。

母亲的地位

除了个性的影响外，每个参与抚养孩子的人，都通过其在家庭中的特殊职责施加某种特别的影响。孩子生命中最重要的人是母亲。（在讨论不同家庭成员各自的职责时，我们无法考虑不同个体的个性。对孩子来说，一个家人强烈的个性可能比他或她的家庭地位更重要。）孩子一落地，母亲就围着他转；孩子出生没多久就会对她的行为做出反应。因为孩子，无论是男孩，还是女孩，都与母亲最亲近——除非她没有尽到自己的职责。即使她忙到不能花很多时间陪伴孩子，她在孩子生命中尊贵的地位也不一定会被剥夺。她要做的就是向孩子证明，作为他的第一个，也是最忠实的伙伴，她在与他的关系中是绝对可信可靠的。孩子会原谅母亲的一切，除了不可靠。理解、同情，再加上一点儿温柔，就能使她永远拥有孩子的爱。母性的一切其他特质——焦虑、牵挂、纵容、警惕等——都是不必要的，甚至是有害的。母亲必须减少对孩子的关注，不要把太多心思放在孩子身上，尤其是在他长大以后。他需要并且期望从母亲那里得到的温暖，通常可以用最少的语言或行为充分表达出来。她的任何行为都不应缺少这种温暖，这样，孩子才会愿意被母亲引领。

因此，即便是女商人，或职业女性，也能给孩子他想从母亲那里得到的东西，尤其是在孩子长大后。她总能在"人与事的激烈斗争"中提供一份稳定感和安全感。家庭女教师的活动往往会受到时间和责任的限制，所以，无论她多么能干、有爱，都无法替代母亲。虽然家庭女教师做不到，继母却往往能做到。有足够的证据表明，继母和养母可以被当作真正意义上的母亲。

父亲的地位

父亲对孩子的重要性源于男性在社会中所处的地位。目前，男性在社会中的地位正在转变，因此，父亲作为孩子的教育者的角色也在转变。男性在不同国家的地位差异明显，在美国，男性权威正逐渐减弱，而在拉丁美洲和部分欧洲国家，男性权威仍然没有受到很大挑战。这在某种程度上解释了为什么普通美国父亲不愿承担任何教育孩子的责任。他常说，妻子管孩子，他不想多干涉。关于教育和儿童指导的讨论会和讲座，几乎都是女性参加，很难引起父亲们的兴趣。然而，这种男性行为似乎是一个更大问题的一部分，因为它与一种明显的男性倾向吻合，即他们把一切对心理学、艺术和文学的兴趣都拱手让给了女性。一般的美国男性试图通过把自己的活动局限在商业和政治上，并把养家视为对家庭的主要责任来维持自己的优越感。

然而，即使在母亲试图占据典型的男人地位的家庭中，父亲在孩子的成长过程中也有明确的职责。他仍然是家庭中既定的男性权威拥有者，赚钱养家主要还是靠他。在孩子眼中，父亲最重要的特征是劳动者，是某个行业或职业的从业者。即使在被认为是例外情况的失业时期也是如此。父亲通常被看作务实能干的家庭成员，具备并发挥着某种特殊能力。如果这种能力遭到质疑，他在教育过程中的天然职责可能会严重受损。

父亲的影响常常反映在孩子对工作和实际成就的态度上。父亲是最能激励孩子有所作为的人；但反过来说，父亲也很容易让他泄气，以至于男孩怀疑自己是否能够成为一名"真正的男子汉"，女孩则会认为自己将一事无成。（然而，一个信奉完美主义，且非常能干的母亲榜样，也可能会让很多孩子感到气馁。）母亲负责孩子的日常家庭教育，父亲的任何公开干涉或公开反对母亲的教育方法的行为，通常都是不明智的。父亲或母亲，如果用同样极端的严厉和严格来抵消另一方的过度宽容和宽松，更是大错特错。这种"补偿"，非但不会改善，反而会让情况恶化。父母一方只能通过坦诚的讨论和协商来修正另一方的策略，无论如何，都不要让孩子觉察到父母之间的分歧。

即使父亲在教育孩子这方面没有发挥积极作用，孩子仍有可能把父亲当成力量和权力的象征，因为父亲通常比母亲更高大、更强壮。他代表着过去遗留下来的旧的理想男性形象。对孩子们来说,他的行为象征着男子气概。因此,他的消遣和娱乐具有超出实际意义的重要性。他是家里的"男人",是男孩的第一个伙伴,女孩的第一个"恋人",由于他在家里的时间有限,他最适合充当完美典范、终极权威,或者高等上诉法院的角色。

父母的和或不和,以及他们之间关系的特点对孩子来说尤为重要。这不仅定下了整个家庭的氛围基调,导致融洽或不睦,还会给孩子留下他对两性关系最初,也最生动的印象。父母双方都有责任协助孩子形成和谐的人格,在孩子适应社会的过程中,引导并促进他的身体、智力和情感的成长。

(外)祖父母的地位

(外)祖父母经常会为孩子的幸福做出很大的贡献,但他们也可能严重妨碍对孩子的培养。他们的职责是纯粹的爱,一直付出,一无所求。因此,他们容易溺爱(外)孙子,所以,必须对他们的影响谨慎地加以限制。不频繁通话,在(外)祖父母家偶尔多逗留几日,会给孩子的生活增添温暖和快乐。他们可以做到和蔼可亲,与父母不同,他们不用承担任何责任,只要看到孩子,看到孩子幸福,他们就由衷地高兴。

然而,父母和孩子与(外)祖父母同住是有风险的,在某些情况下,(外)祖父母可能不得不承担父母的责任,这样,(外)祖父母就像老来得子一样。但(外)祖父母干涉父母教育孩子的方法时，情况就完全不同了——住在同一个屋檐下，这种情况很可能会发生。在这样的家庭中，两代长辈之间的冲突会加剧父母与孩子之间的紧张关系，孩子很快就会学会用一种权威来对抗另一种权威，尤其是当（外）祖父母站在他那边，对抗父母，把父母当成孩子随意训斥纠正的时候。一般来说，相比于（外）祖父，（外）祖母会带来更多的烦恼，因为她更倾向于干涉。有时候，和（外）祖父母讲道理比和父母容易，也更容易成功，尽管如此，（外）祖父母也不应该参与到孩子的实际教育中来。

第二章
孩子的处境

理解孩子就是理解人性。我们可以凭直觉了解一个人,但是,只有通过深入了解个性的发展,才能对个性有清晰、理性的认识。只有通过对其童年进行系统的心理研究才能获得这种洞见。阿德勒[1]的方法可以让一名训练有素的学生科学地了解一个人,无论他是成年人,还是儿童。(想了解我们的方法的理论背景,以下书籍或许对你有所帮助:阿尔弗雷德·阿德勒的《理解人性》《自卑与超越》《引导孩子》《儿童教育》,亚历山德拉·阿德勒[2]的《引导畸

---

[1] 阿尔弗雷德·阿德勒(Alfred Adler,1870—1937):奥地利精神病学家,人本主义心理学先驱,个体心理学的创始人。著有《自卑与超越》《个体心理学实践与理论》《性格心理学》等,他在进一步接受了叔本华的生活意志论和尼采的权力意志论后,对弗洛伊德学说进行了改造,将精神分析由生物学定向的本我转向社会文化定向的自我心理学,对后来西方心理学的发展具有重要意义。

[2] 亚历山德拉·阿德勒(Alexandra Adler,1901—2001):神经学家,精神分析学家阿尔弗雷德·阿德勒的女儿。她被称作阿德勒心理学的"主要系统化者和诠释者"之一。

零人》，N. E. 舒博斯和G. 戈德堡合著的《问题儿童的矫正治疗》，埃尔温·韦克斯贝格[1]的《个体心理学》《你紧张的孩子》和《孩子在变化的世界里》。）

本章我们主要关注的是理解儿童整体人格的重要性，其基本结构在人生的各个阶段都保持得相当稳定。人格特征的变化只表明他对变化的情况做出了回应，不一定涉及结构的根本改变。认可影响孩子人格形成的基本概念，比理解孩子在成长的各个阶段表现出来的偶然行为模式，更有助于理解一个特定的孩子。孩子在不同年龄段经历的每一个外在变化（将在第五章中讨论）只是一个主题的变奏，只有通过他的基本人格才能理解。因此，在每个案例中，我们将主要探讨独特的个别本体（individual entity）的人格结构。

人生计划

从出生那天起，孩子就开始了解这个他所生活的世界；他用自己的身体做实验，学会使用它，并设法理解环境中的人与物。简而言之，他试图理解他的世界和其中的问题。虽然这发生在意识思维（conscious thought）形成之前，但孩子表现出很高的智力水平，

1　埃尔温·韦克斯贝格（Ervin Wexberg，1889—1957）：奥地利裔美国精神病学家、神经学家和个体心理学家。

尽管不是在口头表达层面。他还在婴儿期时就发现了一些巧妙的掌握克服困难的方法。比如，有人观察到，一个上眼睑肌无力的五个月大的男孩，试图通过把头歪向一边，并使用他的小拳头，对这种障碍加以补救。仔细观察，你就会发现，从婴儿期开始，孩子的一切行为都是有目的的，即使孩子没有意识到这一点。只有认识到孩子无意识追求的目标，我们才能理解孩子的行为。

孩子很早就利用自己的感觉和经验为日后的行为制订计划。孩子还是婴儿时，他就学会让父母的态度对自己有利。比方说，一旦他意识到父母对哭的反应，每当他想被抱起来的时候，他就会哭。即使在这个年龄段，孩子也很容易接受特定的认识，并迅速根据新的经验调整自己的行为。这种心智能力——我们可以称为智力——是一种对他没有自理能力的重要补偿。

随着年龄逐渐增长，孩子的认识和经历变得很复杂，如果他不把它们整合进某个系统，他就永远无法全部吸收。这再次表明，从他的成长方式来看，其行为的目的性非常明显，他很自然地对自己的身体素质和心理素质做出反应。通过对自己身体的体验，以及他执行某些功能的难易程度，他认识到自己身体的力量与局限。通过这种方式，他了解了自己的体格和遗传来的体质，这一切都被称为"内在环境"。他的心理素质是在与周围环境的互动中发展起来的，这种互动包括与父母、其他与他的教育有关的人，以及与兄弟姐妹的互动。孩子与这些人中的任何一个接触得越密切，对其依赖就越明显，这种关系在孩子的行为计划结构中所起的作用就越大。不过，孩子绝不是被动承受外在的影响。仔细观察就会发现，在他看来只是反应的行为，结果证明是按照明确的行为计划进行的自发的、有目的的行为。在每个孩子，事实上，每个人心中，无论他多大年龄，这个计划都呈现出不同的、独特的形式。因此，不同的孩子面对每一种新形势和惩罚措施都会有不同的反应，在每种情况下，取决于孩子如何解释和理解它们。反复获得同样的认识，将促使孩子朝某个特定的方向发展计划，也就是专门根据这些认识调整自己。

一般来说，这种行为计划设计得极为巧妙，漫不经心的观察者绝对觉察不到它的高度一致性，当孩子的年龄妨碍其有意识思考时，观察者甚至会怀疑这种行为计划是否存在。当训练有素的工作人员，在父母惊奇的目光下，公开这个秘密计划时，父母往往会有恍然大悟的感觉。那些令人费解的癖好和行为突然有了意义，那些令人困惑的悖论也变得合理了，每一个行为都可以被视作孩子秘密行为计划的一部分。

> 三岁的彼得是所有认识他的人的心肝宝贝。他天赋的魅力，他的活泼，他的能说会道、伶牙俐齿使他一直是众人关注的焦点。但有时他的脾气很糟糕，他很倔，为了得到想要的东西，他会踢腿、哭号、尖叫；但下一刻，他天真的笑容就会化解所有人的怒气。他在吸引关注这一点上技艺精湛，他所有的行为都围绕着这种倾向。他对未来过早且不切实际的幻想和猜测，只不过是试图把自己推到聚光灯下，吸引更多的关注，比如，他明确表

达了想在管弦乐队演奏低音大提琴的愿望。(这个小男孩通过演奏大乐器来显示自己的重要性!)

彼得是家里的独生子,他从没跟和他一样大、一般高的孩子一起玩过。由于身材矮小,他的重要性总要依赖比他高大的东西。通过试验和观察他人的反应,他很快就找到了也许能给他最好的机会表现自己的策略。随后,他继续"无意识",但系统地改进这个计划,现在,他正利用一切可能的手段加强这个方法。

吸引别人的注意,使自己成为众人关注的焦点,是很多孩子追求的目标,这在独生子女或老幺身上表现得尤为典型。然而,在不同的情况下,行动计划也是不同的。由于语言匮乏,缺少精确的术语,我们不得不用同样的词语来描述各种各样相似的趋势。比如,当我们谈论孩子凡事都要争第一时,我们必须记住,这只是一个总的主题,每种具体情况都有微妙的变化。争第一的计划形形色色。

在孩子六岁之前,改变他潜在的有时很模糊的行为计划,相对容易。当经验告诉他,某种行为方式不切实际,某种方法不会让他得到他想要的东西时,他会立即换一种新的方式,并试图寻找其他更有效的方法。但是,六岁以后,他想要做出这样的转变就困难多了。到那时,孩子发达的脑力已经允许他使用一系列"阴谋诡计"来维持他的旧计划。在他所有的认识和经验中,他选择只信赖与他的计划一致的内容。因此,他发展出一种所谓的"倾向性统觉计划"[1]，即根据个人的偏好调整统觉的能力。这种偏见或错误的统觉，是所有成年人共有的特征，使他们无法从不符合自己人生观的经验中学到东西。人们"创造"自己的经历，不仅记录符合自己的计划的东西，实际上，还经常引发他们期望或渴望的经历。

孩子在童年这个特定情况下尝试并试验到令他满意的计划，将成为他永久的行为计划，他的人生计划。即使他长大成人，这个基本计划仍存在于他的潜意识中。为了证明自己的行为有理，他寻找理由和论据，却从未意识到，一个明确的计划控制着他的一切活动。每当生活的逻辑让他不可能按照自己的计划行事时，他就回避这个问题；如果失败了，他可能会完全放弃生活的逻辑。

> 约翰十一岁，他母亲抱怨说，儿子一直很优秀，勤奋刻苦，可是，他突然变了，不做作业，也不关心分数，只对体育感兴趣。约翰的故事很简单，他父亲是奥地利著名的实业家，他在父亲工厂所在的一个小村庄里长大。他在当地身份尊贵，被称为"大人物的王储"，不只是他的妹妹，全村的小孩都听他的话。到目前为止，他是学校最优秀的学生，学校甚至以他为荣，和孩子们一起做游戏时，他是理所当然的"孩子王"。

1　倾向性统觉计划（tendencious apperception scheme），莱布尼茨于17世纪首先使用了"统觉"这一术语。莱布尼茨认为，统觉是一种自发的活动，它主要依赖于心灵中已有内容的影响。通过统觉，人们理解、记忆和思考相互联合的观念，从而使高级的思维活动得以完成。

他十岁那年,父母决定带他去维也纳,在那里接受传统的中学教育。在这座大城市,他发现自己无法维持原先的地位。他的方法不管用了。大部分同学都比他优秀,他只上过规模很小、设施落后的乡村学校。此外,他们还嘲笑他是个乡下孩子。由于他不习惯当配角,他对功课完全失去了兴趣,在这方面不再做任何努力。但是,当他发现自己在体育方面比城里孩子强时,他把所有兴趣转向了田径和足球,这令他的父母大为惊讶和遗憾,他们无法理解儿子身上的变化。在他们看来,约翰完全丧失了斗志。当精神病医生告诉他们,正相反,恰恰是因为他太有斗志才出现这些问题时,他们根本不相信医生的话。

每个人的行为都由一个明确的计划指导,这个计划构成了一个统一的人格基础,这个统一的人格包含了他的本性和行为中所有明显的不一致。人生计划赋予每个人个性,从而形成一种独特的生活方式,一种独特的个人的"人生步伐"。它决定了每个人的性格和气质,并在很大程度上塑造了他的命运,因为它构成了他所有行为的动机。

遗传

如果一个人不理解孩子的动机,发现不了他隐藏的行为计划,可能就会把很多怪癖、缺点和异乎寻常的特性看成"先天"禀赋的结果。人和其他生物一样,受遗传规律支配,但在人身上,这些规律的作用局限于某些不可改变的因素。比如,某些身体特征是个人训练和教育无法改变的。因此,身材、体形、头发和眼睛的颜色,以及许多其他身体特征都必定是遗传的结果。

然而,在心理素质、性格特征和能力方面,情况就不同了。这些方面会经历巨大的变化,在婴儿和成人身上大不相同。它们主要是训练和管教的产物,也是无数次的作为与不作为,尝试、错误和重新调整的产物。一个人的发展与他的遗传基础之间存在联系,但并不像人们通常以为的那么简单。人们一般倾向于从最终结果倒推出相应的秉性。因此,如果一个成年人身上优点居多,就会被认为有良好的遗传背景,缺点更多的话,则是遗传背景差。但这种假设是错误的。潜力再大,不加以开发,也将一事无成。人类的每一项活动都极其复杂,不经过训练就学不会,一个人,无论天赋有多高,如果缺乏训练的话,也培养不出特殊的才能。

此外,这个问题还有另一个使情况复杂化的因素。先天性疾病或遗传性疾病并不一定会导致永久的缺陷,相反,可能会促使孩子取得非凡的成就。在努力克服可能出现的难题时,孩子可能会专注于造成最大困难的身体功能。在锻炼任何有缺陷的部分或功能时——无论是内脏器官、感觉器官，还是缺乏技能或能力——这种密集的自我训练都可能使这个部分或功能得到非凡的发展。许多杰出的成就，无论是身体上的、智力上的，还是艺术上的，都是对缺陷，特别是对遗传性器官缺陷过度补偿的结果。

孩子的最终发展不只是最初性格的结果。在忽视和培养的相互作用下，孩子按照他的计划任意塑造自己的能力和品质。

在个性发展的过程中，遗传基础不如后天的上层建筑重要。孩子的天赋不如他如何利用天赋重要——以下的观察结果证明了这一点。在绝大多数家庭中，老大和老二在性格、倾向和兴趣上截然不同。如果他们的发展完全由先天禀性决定，这种情况就不可能出现。没有哪条遗传定律可以解释为什么老大和老二在性格、气质和兴趣方面存在如此巨大的差异。这些显著的差异纯粹是由心理因素造成的。这两个孩子，虽然有时和睦相处，但多数时候是劲敌。老大曾是家里的独生子，独享父母的爱，他担心自己的特权地位被剥夺。他眼看着母亲把喜爱和关怀转移到老二身上，他开始感觉这个新来者正在夺走本该属于他的爱。他凭借年龄所拥有的优势受到了威胁。他看到老二逐个侵占他的特权，他担心自己被超越、被抛弃。

老二则必须一直对付一个各方面都领先的对手，那个人会走路、说话、会自己吃饭、穿衣服，甚至可能会读书、写字。在努力表现自我的抗争中，每个孩子都会针对对方的缺点，培养自己的优点，结果，两种截然不同的个性就此产生。如果一个活泼，另一个就安静；如果一个不修边幅，另一个就整整齐齐。凌乱与整洁，慷慨与小气，冷淡与敏感，温柔与残忍，多愁善感与实事求是，这是老大和老二之间典型的反差。

通常，一个孩子像父亲，另一个孩子像母亲。这似乎证实了遗传的重要性；但同样可以证明，心理因素如何导致某种类型的发展。努力像母亲或父亲，有时是家庭权力斗争的结果，孩子会站在父亲或母亲一边。在某些情况下，父母中的一方可能会被某种外貌上的相似打动，而声称其中一个孩子"专属于自己"。或者，在其他情况下，孩子认为父亲或母亲特别强大，值得效仿。因此，各种动机可能会促使孩子培养父亲或母亲那样的性格和习惯。因此，子女和父母之间存在的性格相似性不能作为遗传的最终证据。我们永远不可能准确判断遗传对人的影响到底有多大，因为教育的过程从孩子降生的第一天就开始了。这时，我们无法确定在他身上起作用的遗传因素是好是坏；后来，我们永远也分不清这是遗传的结果，还是教育的影响。总的来说，"表现型"[1]完全覆盖了"基因型"[2]，以至于后者完全被排除在科学检验之外。

相信遗传和天资，仍对教育者的思想产生有害的影响。它会导致一种宿命论的悲观主义。泄气的父母或老师并没有采用更好的训练方法，而是借口天赋差，为自己的无能辩护。"他和他父亲

1　表现型（phenotype，又译"表型"）：有机体可被观察到的结构和功能方面的特性，如形态和行为方面的特征。表现型是基因型和环境交互作用的产物，即特定的基因型在一定环境条件下的表现形式。
2　基因型（genotype，又称"遗传型"）：某一生物个体全部基因组合的总称。

一个德行！"父母越沮丧无助，就越坚信遗传不可更改的力量。这种假设会进一步阻碍他理解在孩子身上起作用并决定其行为的真正力量。

社会兴趣

人性本善吗？对于这个问题的回答反映了教育者的基本观点，并区分了各种教育理论。一些父母或老师认为，必须驯服孩子天性中的恶；另一些父母或老师则认为，他们的首要职责不是阻碍，而是尽可能激励合理的天然冲动和能量的发展。这两类人所采取的措施截然不同。

然而，我们没有必要在这种哲学争议中陷得太深，原因很简单，人的本性是什么，这个问题似乎无关紧要。一个基本的事实是，每个人都可以变好。然而，"好"这个词——如果我们想给它下个定义的话——会引出另一个道德方面的问题。不过，让我们接受"好"的传统含义，并遵循普遍的观点，即没有"绝对"的价值观，而是根据更功利的观点，建立行为规范。在日常用语中，"好"这个概念是相对的，因为它指的是群体制定的规则和戒律。任何人，只要遵守其所在社会的规则，就被认为是"好"人。理解和遵守社会规则需要一种特殊的品质，我们称之为"社会兴趣"。数千年来，人们过着集体生活，认为有必要互相合作，以适应所在群体的要求。每个人都会带来一份社会参与感，这是集体过去的传承，也是个体存在的必要基础。为了在所降生的小群体中立足，人从一开始就需要社会参与感。婴儿通过哭泣、手势和微笑表达自己的意图。他学得很快，从出生的第一天起就开始适应他所接触到的各种规则。

但是，社会兴趣必须被进一步激发，因为孩子习得的社会兴趣的多少将决定他一生是否成功和幸福，将决定他与其他人合作的程度——他能否获得并维系友情；他是否会引起反感，或者获得认可；他能否把握大局，见机行事。社会兴趣是人类团结的表现，体现了归属感、对其他人的兴趣，以及对公共福利问题的关心。社会兴趣给人感觉是一种与他人共同生活、与他人合作、做出有益贡献的冲动。因此，一个人的社会兴趣可以通过他的合作能力，以及尊重人类社会规则的意愿来粗略衡量，即使遵守规则可能需要牺牲个人。命运或同伴强加给我们的负担，就是一种对我们社会兴趣的持续考验。

成年人的生活太复杂，经常无法准确评估他们的社会兴趣。评估孩子的社会兴趣则容易得多，因为他们的行为正确与否更明显。孩子的社会兴趣决定了他是否举止得体，也就是说，他的行为在与其他孩子在一起或独处时，是否符合学校和家里的环境。孩子不断面对新的群体问题，除非他的社会兴趣得到充分自由的发展，否则，他无法圆满解决这些问题。鉴于此，礼貌、服从、勤奋、诚实、谦虚和自立等品质具有了一种新的、更具体的重要性。

因此，教育者必须辨别出促进社会兴趣增长的因素，避开阻碍其发展的因素。这种观点有助于更好地评估迄今为止使用过的儿童训练法。

社会不安全感

孩子生来就需要从众，这种需要会碰到许多困难。家长和老师犯下的一切错误会构成障碍；一切错误的训练法——尽管各有不同，甚至截然相反——都会产生同样的效果。父母可能对孩子过于纵容，或者过于严厉；他们可能过于关注孩子，或者根本不关注他。但无论他们过分亲昵，还是过分严厉；无论他们羞辱孩子，还是溺爱孩子，结果几乎都是一样的：他们培养的不是顺从，而是叛逆和对立。

奇怪的是，这种敌意中可能混杂着关爱，主要针对的是父母或教育者。在孩子看来，他们是整个社会的代表，因为他们是社会规则的执行者。因此，最初针对父母的反抗，将会持续不断地扩展到社会生活的方方面面。反对教育者的斗争，必然会发展为反对一切秩序和规范的斗争。这种先针对教育者或家长，然后针对社会的反抗，有什么一以贯之的理由吗？

只有确信自己被接纳，不被轻视或忽视，才可能感觉到团结。新生儿最初也许只能体会生理上的愉悦或不适。但他不只是一个生物有机体，还是一个人。因此，他很快就认识到社会关系是愉快与否的来源。因此，他会让他的生理需求符合群体规则，并把他与环境建立社会联系的必要性看得比身体功能还重要。此后，主要是这些往来的质量决定了他的健康。童年最大的痛苦、最深的苦恼，并非源于身体的疾病和不适。被群体排斥的感觉更令人难以忍受。没有归属感、被漠视、被轻视和被忽视的感觉是每个孩子最痛苦的经历。

孩子痛苦，却不清楚自己不幸的缘由。每个人，如果被所属群体排斥，都会觉得自己在某方面低人一等。这种自卑感并没有进入孩子的意识，但在他的行为中却和成年人一样明显。要消除这种自卑感的影响，无论是孩子，还是成年人，都必须采取同样的方法——提升自尊。小孩子对被轻视尤为敏感，他在家庭中的地位使他有充分的理由认为自己能力不足、低人一等。他比他所在圈子的其他人弱小得多，更笨拙，也更依赖他人。他只能通过比他更高大、更重要的人来获得重视。他的权利必须经常让位给他人的权利，即使在他受宠的时候，那时情况可能更甚。孩子经常觉得自己完全被忽视了！为了弥补这种社会不安全感，孩子的努力通常会导致对权力的争夺——这是自卑感的典型影响。每个人都希望自己举足轻重。

孩子的反抗源于他被夸大了的自卑感，同时，这种自卑感也是他发展社会兴趣的主要障碍。自卑的孩子不再对社会参与感兴趣，而对自我提升更感兴趣。他融入社会的努力将转向追求优越。孩子所有的缺点和弱点，所有的恶习和缺陷，都是从这种倾向中发展出来的。

自卑感和沮丧

孩子的困境有两个源头，一是自卑感，二是一种特殊的需求，想弥补真实或想象出来的社交缺陷和不足。对自卑感的补偿主要有两种——屈服，或者过度补偿。同样，一切遗传或器官缺陷（organ inferiority）都可能朝着以下两个方向发展：要么导致逃避和忽视受损功能；要么促进这一功能的特殊发展，从而取得非凡的成就。比如，一些天生肌肉协调性差的孩子笨手笨脚，但另一些有同样缺陷的孩子，通过不懈的自我训练，获得了超乎寻常的身体技能。天生畸形使一些孩子变得迟钝、不合群，但在另一些情况下，却提供了取得卓越成就的动力。眼疾可能导致视力不佳，但更常见的结果是视觉质量的特殊发展，比如，敏锐的观察力、艺术鉴赏力和视觉感受力。一切困难本身都同样存在两种相反的可能性。孩子可以选择向它们屈服，也可以学会克服它们。那么，是什么决定了他的选择呢？

唯一的决定因素是孩子处理问题的勇气。只要他不气馁，相信自己的能力，他就会不断努力，克服困难；孩子与生俱来的勇气，只要不被错误的训练破坏掉，就是非凡的。因此，那些在生命之初就对孩子提出挑战的缺陷——比如眼睛的缺陷——更有可能导致过度补偿，而不是逃避和失败；因为早年间，孩子的勇气通常仍是完好无损的。后来，再长大些，他所经历的身体缺陷更有可能导致长久的缺陷。孩子能做到很多成年人做不到的事。孩子这种惊人的能力通常会被归因为他们更大的精神活力和旺盛的新能量；然而，这大概是因为，他们童年时比成年时更有勇气。

如果孩子确实天生勇敢，面对任何阻碍，哪怕是自身的缺陷和遗传强加给他的困难，他都会毫不犹豫地努力去克服——那他为什么会逐渐失去这种勇气呢？训练不当造成的结果显而易见。许多教育者，无论是专业人士，还是门外汉，都没有意识到勇气的重要性，因此忽视了孩子这一基本需求。他们不断打击孩子的自信。所有（有时是各种各样的）教育错误都集中于这一点。

小心翼翼地为孩子清除各种障碍，可能令他气馁，这样，他就没有机会感受自身的实力和能力的发展。如果在孩子前进的道路上设置太多、太大的障碍，事实证明他能力不足，也会得出类似的结果，他会因此丧失自信。不知不觉中，父母以各种方式打击孩子，这些打击日积月累的结果是孩子越来越自卑。过度保护和忽视，纵容和压迫，尽管本质不同，但都会导致孩子的自信、自立和勇气崩塌。他的自卑感和他的真实能力毫无关系。在生命伊始，在他最无助的那段时间，他很少受到自卑感的困扰，而且比后来——当他变得更强壮、更能干的时候，能够更勇敢地解决问题。一个人的自我评价并不取决于他实际的能力或缺陷，而是取决于他对自己在群体中相对地位的解释，取决于他对自己的相对优势和能力的主观判断，取决于他对自己行为成败的偏颇之见，取决于他认为自己处理问题的能力如何，这些问题大多是社交问题。勇敢是成功人生的先决条件——沮丧和自卑感会导致适应不良和失败。

争夺优势

仅仅逃避一项艰难的任务，并不能使气馁的人感到满足。具体的难题可能解决了，但自卑感挥之不去，并继续要求补偿。没有人满足于自己的能力不足。每个人都渴望在社会上有一席之地，因此，需要个人的重要性，以确保在群体中被认可的地位。人类习惯了自卑感。人类在为生存斗争的过程中，体会到了自身的生物劣势，对抗大自然的能力也不足。人类想象自己的未来，迟早都有一死，深刻地意识到自身的低劣与渺小。

孩子在高大的成人世界里，通过他的弱小，更直接地体验到自卑。虽然生理和精神上的自卑影响整个人类，刺激人类去补偿，去征服大自然，去追求精神、宗教和哲学上的成长，但儿童的社交劣势只影响他一个人，使他与群体中的其他人区分开来。他在把自己与父母、亲戚、兄弟姐妹做比较时，从没感觉自己的地位稳固过，时刻担心失去这个地位。当今社会所特有的竞争气氛又加重了这种恐惧，这种气氛渗透到家庭中，从而腐蚀了所有家庭成员之间的关系。只要孩子有勇气，他就会通过有用的成就和对社会的贡献来证明自己有多么重要。只有当他心灰意冷时，他的社会兴趣才会降低，然后，通向有用的成就的路就会被堵上，这样，孩子就会在"生活无用的一面"（阿尔弗雷德·阿德勒语）寻求增强个人优越感的方法。

追求卓越的渴望促使孩子为自己的行为制定一定的准则。这主要是通过直觉的方式完成的，因为他的理性思维能力仍然是有限的。他也许会努力效仿一个看起来有权有势的人。在我们的社会体系中，绝对被高估的男性典范可能会产生强大的吸引力。孩子利用一切机会提高自己的声望。这种对认可的追求，在已经有强烈自卑感的孩子身上体现得尤为明显。关于优越感的想法反映了孩子的"安全"观，因为他不确定自己是否被接纳，是否足够好，因为他不能依靠自己的力量，他期望通过外界支持获得安全感。被爱、获取关注和赞美、支配他人、接受他人的服务——这些是他关于安全感的想法。有些孩子认为自己不被社会接纳，除非他们能做出非同凡响的事，或者成为群体的领导者，或者让其他孩子甘拜下风。在这些情况下，他们对群体的贡献，即使可能对社会有用，体现的也不是社会兴趣，而是他们对自己的兴趣，他们这么做不是为了做贡献，而是为了提升自我、获得认可，彰显自身的重要性。绝大部分不良行为体现的是一种虚假的优越感，一个沮丧的孩子，为了获得这种优越感，通过努力争取过度关注，用暴力和脾气控制他人，或者因为感觉自己被拒绝、不受欢迎，而惩罚他人。

孩子的所有缺点、弱点和小恶习都是为了超越他人而付出的错误的努力。这些努力既针对父母，也针对社会秩序。通过逃避父母对他提出的明确的要求和任务，孩子获得了一种战胜父母的优越感。在与孩子较量时，父母或老师都处于明显的劣势。他们只能获得虚假的胜利，最后必须承认失败；孩子如愿以偿，而教育者则要面对一个永久的难题。

因此，孩子的倔强不仅是一种反抗的表现，也是一种获得权力的工具。它打破了一切秩序边界，瓦解了父母的权威。两岁到四岁之间，孩子对家庭团体的制度和总体结构有了更全面的了解，如果不明智地对其施压，他可能会被迫反抗，并逐渐丧失信心。因此，他经常会有一段时间表现得比较固执。这也是孩子应该遵从规则的时候。但由于如今的家庭多是小型化家庭，以及现行的教育方法存在诸多缺点，想达成这样的结果绝非易事。

良知

在生命的最初几年，孩子的行为是无意识的。他的行为不是基于语言层面的有意识的思考。然而，他的行为是有意图的。对于有经验的观察者而言，孩子的各种目的显而易见；但孩子可能完全没有意识到，尤其是当这些行为针对他所处的环境时。他可能知道，他想要一个球、一杯水，或者想上厕所，但他没有意识到，他想得到关注，或者展现自己的力量。这样的意图是确定无疑的，想了解孩子，就必须认识到这一点。

起初，孩子的行为是无意识的、经验主义的、机会主义的，行为之间互无关联。随着他的活动半径的扩大和理解力的增加，他开始理解行为背后更深层的含义。他逐渐意识到何为对，何为错；他深入了解了社交游戏的一般规则。如果他与家庭团体的关系不存在任何对抗，他会自然而然地调整自身，不反对这个团体的规则。但通常情况下,他觉得为自己的地位而战更重要。他为了弥补不牢固的社会地位而试图获得优势的努力,最终注定会与道德戒律相抵触。那么,他随后的发展只有两条路可走。

他极力与父母和其他家庭成员作对,乃至无视共同利益,抛弃所有亲情。结果是公开反抗——拒绝承认任何秩序,故意抵制一切规则和戒律。在这种情况下,他的良知仍没有得到充分发展。他不接受道德标准和社会习俗。在一个与社会格格不入的家庭长大的孩子,可能也会出现类似缺乏良知的情况,这些家庭不认可正确行为的一般标准。

另一种表达敌对意图的方式可能更常见,几乎是惯常做法。孩子仍然依恋父母,而且,大体接受法律和秩序。他有足够的良知,他能分辨是非对错,并尽量遵守规矩。他的"直觉判断力"表达了他的归属感;他的想法和其他人一致。这并不妨碍他我行我素,违背他"更理性的判断",违背他通常接受的标准。在这种情况下,他根据他的"私人逻辑",也可以称为他的"私识(private sense)"行事。他知道该做什么,但决定反其道而行之,因为这样他会有所收获。他假装接受规则,但只要这些规则妨碍他获得地位和声望,他就会将它们打破。只有在他的声望不受威胁时,他才会遵守规则。

这种"常识"和"私识"之间的冲突,并非孩子所特有,在成年人身上也很常见。我们只承认符合社会规定的意图。为了满足不被社会接受的目的而采取的行动似乎违背我们的意愿,就像毫无来由的各种冲动。因为这些行为是反社会的,如果我们想保持我们的善意，就不能为它们承担责任。因此，人们找各种借口来解释这些令人困惑的行为、冲动或情绪。

孩子通过经验明白，好借口有多么重要。无论犯了什么错，只要能找到看似合理的借口，父母就不会严厉地批评他，他也会与父母和解。父母乐于接受好的借口，因为他们在自己的行为中也依赖这些借口。没有什么比孩子公开承认自己的不良意图更令他们苦恼的了。他们无法容忍这种反抗。但只要孩子找借口，他至少表现出善意。孩子打碎一样东西，说声抱歉，因为东西从手中滑落了，而不是承认他生母亲的气是想伤害她，这两种态度是有很大区别的。但毫无疑问，这才是他的真实意图，但孩子也不知道自己真正的目的是什么。问一个孩子为什么有不良行为，他给不出令人满意的答案。在很多情况下，他会说不知道。这样的回答往往会激怒管教孩子的父母，但这就是事实，孩子给出的借口只是自我辩解。他编造这些借口，可能只是为了让父母少批评他，也可能他真的相信这些话。通常，这些借口是为父母编造的；但随着孩子长大，他的良知进一步发展，他会为自己找借口，以求心安理得。

> 一个五岁的女孩强烈反抗她那个过度保护她的霸道的母亲。母亲不明白这个孩子为什么这么不可靠。每次她去找邻居家的女孩玩，都不准时回家，母亲去她该在的地方找也找不到她。这个女孩很聪明，也很坦诚。我们问她听不听妈妈的话，还是自己想怎样就怎样。令人惊讶的是，她的回答竟然是她想怎样就怎样。问："如果

妈妈让你做什么呢？"答："我不听。"问："如果妈妈让你听呢？"答："那我就开始说话。"问："然后妈妈做什么？"答："她让我安静，听她说。"问："你会怎么做？"答："我会忘记她对我说的话。"这个孩子毫不费力就承认了自己的意图，随着她长大，如果她不丧失向母亲展示谁是"老大"的意愿，她会发展到这样一个阶段，即她的意图会令她良心难安。然后，她可能学着隐瞒自己的真实意图，并利用准备好了的神经质的托词。她可能会有一种强烈的、想说话的冲动，或者真的患上健忘症，而不是假装健忘。

良知和自觉意志（conscious will）只是完整人格的一部分。它们是与说话和口头表达思想的能力同时发展的。良知，或者分辨善恶的意识，对孩子的发展很有必要。但它的教育意义常常被高估。语言层面的教育往往只针对孩子的良知和意识。这种教育必须考虑到孩子人格中超出意志和知识的其他一切方面（情感、习惯、冲动）。由于这些动机往往不被理解，而且无法从语言层面加以纠正，因此，它们总被认为是一堆不可救药的遗传倾向、无意识的本能，或者内心隐秘的情感冲动。但是，孩子人格的这些表现正是其意图的真实体现，只是由于与其良知不符，而不被承认。如果孩子确实不知道自己错了，那么，也许有必要向他指出他的错误。大多数情况下，他很清楚自己错了，试图呼唤他的良知是多余的——不，实际上是有害的，这会使孩子的"常识"与"私识"之间的内在冲突变得更严重，这种冲突在他做错事的那一刻就已经存在了。劝诫和说教会让孩子产生内疚感，这是我们这个时代最不为人理解的心理机制（psychological mechanism）之一。很少有人认识到内疚感并非表达悔恨，相反，它其实是为持续的不当行为做准备。内疚感只存在于那些假装为自己所做的事感到抱歉，并打算再做的人身上。无论一个人多么后悔自己所做的事，只要他现在愿意做正确的事，就不会感到内疚。内疚感总是指过去发生的事，而不考虑将来应该做什么。孩子可能意识到他做错了，但他没有意识到他的行为是哪些意图造成的。他保持着同样的意图，导致同样的错误一再发生。因此，增加孩子的内疚感会阻碍他进步。与其对他说教，不如让他了解自己的真实意图。

向孩子揭示他的直接目的，往往会突然改变他实现目标的方法。一旦他意识到自己的反社会意图，就再也无法让他的意图与他已经形成的良知达成和解。成年人通过出色的自我辩解和自我欺骗求得心安，孩子还没有设计出这套复杂的自欺方案。让成年人意识到自己的真实意图很难；他们完善合理的解释让他们坚信自己的意图是好的，即使其行为明显指向相反的方向。当一个小孩被告知，他在椅子上扭来扭去，无非是为了引人注意，通常，他会停止扭动。（如果告诉他扭来扭去没有教养，就不会得到这样的结果。）一旦他发现这种行为的真正意义，这种为达到目的所采用的策略就没用了。如果他还想吸引别人注意，他就会寻求别的方法，同样，除非被告知，他不会认识到这么做的意义。

认识到良知的价值有限，并不妨碍认识到培养孩子的良知有多么重要。没有足够的良知，不可能适应社会生活，并与他人交往。但只有良知是不够的。我们还必须认识、指导，并在必要时，刺激孩子的"私人目标"，及其生活方式的改变。否则，孩子所形成的人生观和获得社会地位的方法将不利于他的幸福，也无益于他与他人和谐共处的能力。如果一个孩子行为不当，他只是因此暴露了他已经形成的针对自己的错误观念。道德说教、责备，或者呼唤良知都是徒劳的。它们不会影响他的冲动和情绪。只有当他的意图和观念不再与他的良知和有意识的思维相抵触，并与社会义务相一致时，他的冲动和情绪才会改变。正确的社会态度本身能使自觉意志和情感欲望结合起来。一旦"私人目标"与"常识"一致，任何良知和情绪冲动之间的对立就会消失。

家庭排序（The Family Constellation）

父母和老师的态度，是孩子产生自卑感最常见，但并非唯一的来源。孩子在兄弟姐妹中的排行对其性格成长起着至关重要的作用。老大和老二的关系给双方带来不确定性，随之而来的竞争导致典型的人格差异。在这两个人中，比较胆小的那个——被娇惯的那个，或者身体较弱的那个，或者在某种程度上被忽视的那个——更有可能成为失败主义者。如果父母因为两个孩子中的一个碰巧是男孩，或者因为他特别虚弱或娇弱，而给予过多的关注，那简直是招惹灾祸。老二出生后，由于父母理解不了老大的高度敏感和敌意，老大往往被迫反抗。在其他情况下，如果一个孩子成长得异常迅速，或者拥有超群的能力，另一个孩子可能会认为他严重威胁了自己的地位。

因此，孩子在家庭中的地位会导致各种各样的考验，并促进某些特征和品质的发展。无论做好事还是坏事，通常，老二更活跃，似乎想极力弥补失去的时间。而老大可能一辈子都被自己可能再次"被废"的感觉困扰。

老三出生后，老二就成了中间儿（middle child）。最初，他可能以为，他终于可以和哥哥一样高高在上了，但很快，他发现，新生儿拥有他所没有的某些特权。因此，中间儿经常觉得自己被无视、被虐待，既没有老大的权利，也没有婴儿的特权。除非他能做到比两个竞争对手都优秀，否则，他可能一辈子都坚信，人们对他不公，他在群体中没有地位。

因此，老大和老三经常结成同盟，对付共同的对手。结成同盟的孩子总是表现出相似的性格、气质和兴趣，因为竞争会导致性格的根本差异。老四往往与老二相似，也就是说，他们俩会结成同盟。但我们必须牢记，不存在通用的规则，因为建立同盟和竞争关系取决于每个家庭的孩子以何种方式处理他们之间的关系与平衡。每个家庭的情况可能大不相同。

独生子女的人生起步尤其艰难。就像巨人中间的小矮人，他的整个童年都是在能力远高过自己的人中间度过的。因此，他可能会努力培养一些技巧和品质，以获得成年人的关注和认可，而他自己并没有什么特别的成就。他很容易就掌握了吸引成年人关注和牵挂的诀窍,要么凭借个人的魅力、风度、柔情和可爱,要么通过弱者的典型权术:无助、害羞、怯懦。独生子女通常不愿意参加集体活动,除非他的出现本身就确保与众不同。

家里的老幺在很多方面都像独生子女,但在其他方面,他的地位相当于老二,所以他渴望出风头。他努力超越其他孩子。他可能会非常成功,因为他必须使尽浑身解数来掩饰自己老幺的身份,所以,他往往会变得富有创造力、机敏干练。

大家庭中孩子之间年龄相差巨大,可能会导致家庭内部自发形成团体或派系,每个团体,作为一个整体,拥有老大、老二,或中间儿的位置。比前一个孩子晚出生很多年的孩子,往往会形成与独生子女相同的性格特征。

如果一个孩子,由于某种原因,从其他孩子中脱颖而出,他可能会发现自己很难培养社会感情。比如,家里一群男孩中唯一的女孩,或者众多姊妹中唯一的男孩,可能都是如此。一个异常丑陋,或体弱多病的孩子,也要面对很多同样的问题。明显的优点或长处也可能阻碍社会兴趣的发展。父母必须认识到,自卑感可能源于过多的认可。比如,一个特别有魅力的孩子在实践活动中很容易气馁,因为对他来说,通过外表赢得认可和好感,比通过实际成就要简单得多。虚荣心使他期待不停地被赞美和表扬,一旦不那么容易,或者无法完全得到认可,他就会随时准备退缩。

每个人的人生起点都是不同的。没有成长背景完全相同的两个孩子。因此,抚养孩子的问题没有完全相同的,即使是来自同一个家庭的孩子。父母可能认为他们用同样的方式抚养孩子,结果不同一定是遗传差异导致的。在这一点上,他们错了。首先,父母不会一视同仁地对待所有的孩子,无论他们多么努力做到不偏不倚,一个或几个孩子还是会比其他孩子和父母更亲近。但即使父母真的做到了——老大和老幺,强壮的和弱小的,男孩和女孩——一视同仁,他们的地位仍然会有差异,他们之间仍然会有冲突。因此,每个孩子都会对父母,对他自己的整体处境做出不同的反应。每个人都有自己独特的童年,并由此制订一份绝对属于自己的人生计划。两个不同家庭中老幺的生活方式,可能比同一个家庭中老幺和中间儿的生活方式更相似。家庭排序的影响如此显著。孩子制订人生计划所依据的经验各种各样,我们不能指望全都了解,但我们能理解孩子从这些前提中得出的结论。理解孩子对自身的诠释,是正确指导和帮助孩子纠正适应不良,或改善明显缺陷的唯一基础。

第二部分
训练方法

第三章

有效的方法

你必须认识到影响孩子人格发展的心理因素,否则将缺乏施教的基础。你养育孩子是否成功,可以通过他发展和表现出来的社会兴趣的大小来衡量。如果你对孩子的幸福和他未来的身心健康感兴趣,那么,培养足够的社会兴趣应该是你的主要教育目标。要实现这个目标,你必须遵守以下几条基本原则:必须让你的孩子尊重秩序,接受社会规则;必须避免与你的孩子发生斗争和冲突;你的孩子需要不断鼓励。

这些基本原则需要进一步阐述:

第一,孩子社会兴趣的正常发展,需要他认识到他在群体中与他人的密切联系。教育是促进他作为一个社会人的发展的过程。通过学习尊重秩序和遵守社会游戏规则,孩子将愿意且能够与他人合作。让孩子适应社会生活,是让他成为一个快乐和谐的人最重要的方法。

第二,与孩子的冲突会妨碍必要的团结意识的发展,损害父母与孩子的关系。此外,任何与孩子的争吵都是愚蠢徒劳的。和谐是社会教育的唯一基础。不达成协议,什么事也做不成。在这一点上,那些在不和与高压环境下长大的父母,有时会提出异议。他们会问,在完全和平的环境中长大的孩子扛得住生存竞争的压力吗?在他们看来,托儿所里平静的气氛不利于孩子应对未来的人生。

最令人信服的证据恰恰来自那些在安静平和的家庭中长大的人。通常,在生存竞争中,他们非但不无能,反倒活得很滋润。为合理的困难做适当准备时,没有必要搞人际冲突。人际冲突只意味着敌意、争斗、焦虑,与可恶的感情和冲动不可分割地联系在一起。它是激烈言辞和暴力行为的前奏,会挑起纠纷和仇恨。它造就了恶霸和弱者,二者在家庭关系中的防御姿态,无助于解决任何社会问题,相反还会制造新的问题。

确实,孩子应该学会斗争——但不是和你,你本该成为他的朋友。他的好斗有很多可以发泄的渠道。这个无生命世界(the inanimate world)给他很多感觉消耗能量、克服障碍、体验胜利的机会。以后,类似的机会也会出现在他与玩伴、同学的关系当中。他必须学会与敌对势力做斗争,并在遇到咄咄逼人、心怀恶意、心肠狠毒的对手时挺身而出。然而,最重要的是,让孩子学会达成协议,在不打架的情况下,消除与朋友和同伴的分歧。尽管当前社会强调竞争,但从相互较量、坚持己见和战胜他人的经历等意义来讲,冲突对孩子的发展并不是必不可少的。竞争不应被视为一种不可或缺的刺激。兴趣和意见的不同是不可避免的,但它们从来不会激发不友善或敌对的态度。

如果父母熟悉和平教育的技巧，有害无益的冲突是完全可以避免的。由于不熟悉这类技巧，他们和其他没有经过训练的人一样，可能无法在相互尊重的基础上，以和平的方式，解决任何分歧或利益冲突。通常，他们要么斗争，要么屈服。这两种方法都不能达到他们的目的，都不会达成共识。斗争意味着不尊重对方，屈服是不尊重自己。任何一种选择都必然导致新的冲突，失败的一方会反抗，并再次寻求机会，重建信誉。面对孩子的兴趣和自己的不一致时，大多数父母无能为力。很多家长竟然既斗争，又屈服：要么跟孩子斗争，最后投降；要么先纵容孩子，然后意识到后果，开始斗争。正确的教育方法不包括斗争或屈服。在没有冲突或屈服的情况下完成的事，通常是有益的，因为它会达成共识。妥协也许会达成共识，但也不尽然。双方都可能感到挫败和不满。只有在找到双方都能接受的共同基础时，妥协才是共识，否则就是互相强迫。

第三，鼓励是教育中产生一切积极影响的手段。孩子需要鼓励，就像植物生长需要水。由于孩子是在全然无助中开始生活的，在整个成长过程中还要面对一系列令人沮丧的经历，他需要慎重的、刻意的和一贯的鼓励，来培养自信、力量、社会兴趣、自力更生的品质，以及任何成功应对生活所需的技能和能力。

将任何特定的教育方法划归为这三类中的任何一类都是不可行的，因为这三个部分相辅相成。适应是训练孩子的目标，平和是方法，鼓励是实质。因此，大多数教育过程都涉及这三个方面。最简单的单一措施也是如此，比如下命令，更不用说各种以"权威"

为名、用来管教孩子的组合措施了。毫无疑问,孩子们需要指导,而你作为教育者,必须获得尊重,必须在不受过度干扰的前提下坚持自己的观点,尤其是在孩子年龄尚小,理解力有限的时候。但是,赢得并保持权威的方法多种多样。权威可以通过理解和善意得来,也可以通过暴力强加。权威可能建立在你的个人优越感之上,也可以是一种命令的表达,对包括你在内的所有群体成员都有约束力。

因此,影响儿童训练的因素是极其多样且复杂的。我们将在接下来的内容中讨论几种最简单的因素。

一、维持秩序

家庭氛围——每个社会都有自己的风俗习惯,而每个家庭本身就是一个社会。如果让吵嘴和争论、混乱和邋遢、猜疑和自私自利定下家庭生活的基调,孩子就会采取这些做法和态度,不管他的性情和遗传背景有多好。因此,教育的结果在很大程度上取决于家庭氛围。如果在家里占主导地位的行为准则与社会上普遍规定的不一致,那么,孩子就不可能做好充分的准备,去应对他将在学校、职业或工作、两性关系和社会交往中遇到的问题。

父母的言传身教至关重要。父母粗心大意、缺乏条理,孩子怎么可能养成有条不紊的习惯?如果家里没有一个人专心投入系的日常工作，孩子怎么会勤奋？如果粗俗的争吵与漫骂每天都在家里发生，孩子怎么可能友善可亲？只有在一种情况下，孩子的发展与父母所树立的榜样完全相反：如果孩子对父母怀有敌意。在这种情况下，坏榜样可能会刺激孩子发展出可接受的行为模式。一个诚实能干的人出身于一个堕落的家庭，这种情况并不少见。当孩子找到一个支持他反对父母的人时，这种有利的结果更有可能出现。但是，我们不应该相信一个坏榜样会有潜在的好处。家庭氛围越好，孩子的发展越有可能令人满意。

家庭氛围，一部分由社会和经济因素决定，一部分由父母的总体人生观决定，还有一部分由他们的性格、教育与教养水平，他们的智识和灵性兴趣，以及他们的婚姻关系的质量决定。改变整个家庭背景是不可能的，但一些重要的因素，可以通过了解和理解来修正。足智多谋的父母甚至可以利用不可避免的不利情况，比如疾病，以及经济或社会困境，激发出积极的态度和动力。

孩子出生之前，父母就应该为他的顺利成长铺平道路。如果父母吵架，不和的气氛就会笼罩整个家庭。友善、相互尊重和宽容是成功合作的必要前提。孩子从父母那里得出对整个人类的最初印象，因此，父母必须密切关注自己的行为，并尽量加以改善。

关于家之外那个大世界的初步概念，也是父母提供给孩子的。父母描绘的外部世界的画面意义重大：你如何谈论他人，是带着友善的兴趣和理解谈论你的邻居，还是说三道四、高高在上地对待他们；父母是努力保持公正，还是吹毛求疵、总把人往坏处想。大部分偏见是父母灌输给孩子的。

孩子透过父母的眼睛看世界。因此，你的世界观至关重要。如果你有某种明确的、固定的人生观，这将大有裨益。任何明确的信仰——无论是宗教的（具体的教派无关紧要），还是基于伦理或科学原则的世俗的信仰，都是一种积极的力量。你的世界观越清晰、越充分，你就越能始终如一地遵守道德秩序，你的孩子也就越容易接受社会从众（social conformity）。

你对生活问题的态度体现在你的谈话中。孩子在家里听到的谈话对其成长至关重要。在孩子面前说话一定要小心，千万不要低估他的理解能力。他懂的比你以为的要多得多。他可能无法从逻辑和理性角度理解某些词语，但他很小的时候就能猜出大人之间对话的大概意思。你应该以一种促进他的心智和精神成长的方式，向他展示这个世界。你和你周围的人所表达的悲观主义的看法，并不能引导孩子成为幸福满足的人。不停地谈论人类和世界的堕落，并不能激励他们成为有用的社会成员。

你应该向孩子展示地球的美丽和艺术的尊严。他可以学会享受自然，体会思想和知识带来的愉悦。如果你在用餐时，在和他一起散步时谈论这些话题，他很早就会对这些话题感兴趣。除了特殊的教育方法，家庭本身的氛围也有助于引导孩子的精神、智力和情感发展，对他的性格、气质和心态会产生持久的影响。如果一开始对他的养育方式就是平静、积极的，以后就不必大费周章了。

我们必须认识到，在我们这个不安全、充满冲突和激烈竞争的时代，很难有完美的家庭氛围。但我们必须提醒父母，不要把不和谐的责任归咎于大环境，归咎于祖父母和外祖父母、公婆和岳父母，或者归咎于彼此。这只会导致已经紧张的形势进一步恶化，并引发进一步的冲突。你只能通过注意自己的言行，尽量多做贡献，来改变和改善局面。经济困难、性格缺陷、父母不和、拥挤的住处、讨厌的邻居或亲戚、疾病——也就是说，任何扰乱家庭秩序与和平的因素，都需要我们更加注意教养孩子的方式方法。怨恨、沮丧、心怀不满，无论多么合乎情理、无可厚非，只会雪上加霜，比原本就不利的情况更加损害孩子的发展。

享受家庭权利，履行家庭义务——社会生活需要一定的行为准则。一些准则针对所有人，适用于群体的所有成员；另一些准则用来确定每个成员各自的权利。也许从来没有一个家庭真正编纂过属于自己的法律，但它们的效力却通过默契和习惯牢固地确立起来了。

父母总认为，他们已经制定了有约束力的规则，以调节各种行为，他们希望孩子做到爱干净、有条理、诚实、温和、勤奋。只有父母遵守这些规则，孩子才会承认这些规则是对所有人都适用的义务，并理所当然地接受。基本前提是，这些规则不得有任何例外。否则，在孩子看来，它们就不是一般社会秩序的必要形式，而是一种提出不公平要求的阴谋。

当然，每个家庭成员承担不同的职责，这意味着不同的权利和义务。孩子和大人一样，都对不平等非常敏感，对任何似乎比其他人享有更多特权的人抱有怀疑的态度。他们对自己的职责不满，经常用正义感为这种不满辩护；其实，他们的动机只是竞争意识和对整个现有秩序的反抗。这种反抗表明，孩子没有认识到，并接受这样一个事实，即父亲和母亲，大孩子和小孩子，从逻辑上讲，必然具备不同的职能，所以要承担不同的责任，并享有伴随而来的权利和特权。没有哪个社会群体中的所有成员始终具有相同的职能和特权。最重要的一点是，职责不同，并不意味着社会不平等。（为了让孩子牢记在心，其他家庭成员必须认识到这一点。）每个家庭成员的特殊职能都可以，也必须得到充分认可，并且作为一个重要的、受欢迎的群体成员，他的重要性必须予以充分重视。这是他的社会权利：无论别人是谁，做了什么，他都会因为他是谁，他做了什么而得到赞赏、认可和尊重。

每个家庭成员的职能都应受到尊重，而在自己家里，人们很容易忽视这个必要权利。赚钱养家的人，通常是父亲，拥有某些天然的特权。他的工作安排必然影响到家庭的日常生活，但这并不意味着其他成员的职能就是次要的，或者毫无价值。母亲不应退居次要位置，她的许多职责赋予她某些特权，她在培养、教育孩子，以及管理孩子的日常生活上有决定性的影响力。然而，她的职责并没有赋予她女王或统治者一样轻视丈夫的权利。任何对他人社会地位的侵犯，都会导致对其职能发挥的损害。任何家庭成员的职能获得的认可和尊重越少，他就越无法充分履行这一职能。这个事实不言自明，所有社会群体都有许多经验可以证明这一点，尤其是在家庭生活中。这对抚养孩子具有深远的影响。

孩子享有哪些权利？你应该认真思考一下这个问题。因为，孩子的生命是父母给的，而且，他们要依靠父母生存。你可能觉得，他只对你负有责任，而没有自己的权利。你还可能认为，你要承担所有责任，一切都是你欠孩子的，因为，孩子来到这个世界上，是出于你的意愿，而不是他的意愿。这样的态度并不利于孩子最终适应社会。他是家庭的正式成员，从他出生那天起，甚至在他完全无法自理的那段时间，他都有明确的权利和义务。如果他应有的特权被剥夺，或者他得到的特权太多，那么，他往往会觊觎很多他本没有正当权利要求的其他特权。

前文已经提到，婴儿有休息、睡觉和定时喂养的权利。随着孩子的活动范围扩大，他的权利也随之大幅增加。他有权享有更大程度的自由和独立，有权培养自己的主动性，有权体验自己的力量，有权在合适的机会和同龄的伙伴一起玩耍。即使在他很小的时候，他也需要机会做出有益的贡献，帮忙做家务，为他人提供服务。他有权为自己做决定，并且在获得必要实践能力的选择和方式上有相当大的自由度。

此外，孩子需要一定程度的认可。当你贬低他的活动时，你就是在抑制他的成长。你必须认识到，孩子的游戏和成年人的工作一样严肃、重要，对成长是必不可少的，就像自觉学习能开阔大学生的思路，游戏能扩大孩子的经验范围。通过游戏，孩子获得今后生活所需的技术和能力。他学会使用自己的身体，并了解周围事物的形式与意义。他获得身体和头脑的灵活性，并培养与他人共同生活和工作的能力。有的人认为孩子的游戏，就像成年人的游戏，是一种娱乐，这种想法是错的。孩子所做的一切，都是在认真为今后的人生做准备。

同样，孩子第一次尝试独立行动——第一次试着自己洗衣服，自己穿衣服，自己整理衣服和玩具，你一定要表示认可。尤为重要的原则是，家里任何一个孩子，不论年龄和性别，他们的活动都同等重要。

每个孩子的责任都与他的权利和特权直接相关。他的权利和义务是他的自然职能所固有的。比如，睡觉和休息，不仅是他的义务，也是他的权利。年幼的孩子不仅有义务，而且有权利比哥哥姐姐早上床睡觉。孩子必须让自己适应家庭模式，不能扰乱家庭秩序，他必须学会尊重别人的权利，就像别人尊重他的权利一样。互惠互利是合作的基础，它要求构成家庭的所有个人的权利和利益达成一种动态平衡。

一致性——孩子必须清楚地知道人们对他的期望是什么，才能适当地调整自己。现存的规则越具有普适性，他理解其含义的速度就会越快。只有相似的经历反复出现，孩子才能学到东西。因此，只有当明确的规则和禁令在任何时候、任何情况下都统一适用时，孩子才能理解它们。你的每一次不一致，都会影响孩子理解约束其行为的原则。

比如，你很难训练孩子饭前洗手，除非你尽早养成这个习惯，并坚决执行，不允许有任何例外。一条命令必须在该命令适用的所有情况下执行。一旦孩子意识到，规则是始终不变的，永远有约束力，他们就会自动接受并遵守它。因此，当孩子第一次接触一个新任务时，你必须特别小心。他对新情况的第一印象会极大地影响他后来的行为过程。绝不能一开始就纵容孩子，错误地以为，随着时间推移，孩子会学会满足必要的要求。这会让他以为这项任务不重要。孩子只有始终遵守既定规则，才能养成整洁有序的习惯。如果他不是每次学习后都被要求整理书本和资料，他会认为不必服从这类偶尔才会下的命令；如果有时时间紧迫，他洗把脸就可以去上学，他就有充分理由认为，认真洗漱并不重要。前一天，你非要孩子对你微不足道的建议立即做出回应；第二天，他无视你的千呼万唤，你也毫不在乎，甚至可能被他靠聪明诡计不完成任务逗乐。如果这是你发号施令的方式，你怎么能指望孩子听你的呢？

你不赞成说谎，你让孩子意识到说谎是不光彩的——第二天早上，你却让他去门口告诉收账的人你不在家。那么，关于说谎是否道德，他会得出怎样的结论？某天，孩子在客人面前哗众取宠，所有人被他大胆的言辞逗得哈哈笑，你觉得很满意。几天后，你和朋友认真谈话，孩子又哗众取宠，但这次，奇怪的是，你生气了，还把他赶回房间。他怎么能理解，同样的行为，一次让你高兴，一次却惹恼了你？如果你学不会提要求时保持前后一致，就很难指望孩子听从你的命令。

果断——你在要求孩子做任何事之前，必须明确知道什么是必要的。如果你不确定该做什么，可以跟孩子商量。"明天去看奶奶怎么样，还是你有太多作业要做？"在这种情况下，应该避免明确的要求，因为可能要收回这个要求。这在跟大孩子打交道时尤为重要。在任何情况下，你都必须仔细判断，当下的情形是否需要或允许给出明确的命令。

不过，一旦做出决定，你必须坚持让孩子执行你的指示。你的语气会告诉孩子，你是否已经下定决心。他的观察力极其敏锐，你脸上的表情、你声音的感染力，都会暴露你的想法和目的，而且比你想象的要明显得多。

不过，态度是否坚定，不是靠嗓门大小衡量的。很多父母以为，他们必须大喊大叫才能得到适当的回应，但事实恰恰相反。声音大，通常表明内心犹豫，孩子会立刻发现这一点，并充分加以利用。的确，命令必须坚决，但如果低声下命令，效果会好得多。我们的意图是否坚定，靠的是声音的感染力。

为了维持其效力，指令或直接命令要尽量省着用，留给真正紧急的情况，当危险来临，孩子必须立刻做出反应的时候。大多数情况下，最好避免直接命令，因为除非命令极少，否则不可能仔细监督命令的执行。而且，如果孩子觉得不需要立即服从你的命令，将来你的话就没有什么分量了。

大多数命令都可以用友善的建议替代："如果……该有多好。""如果你能……我会很开心。"

自然后果——让孩子体验错误行为的自然后果是维持秩序最重要的方法。任何以命令、劝告或责骂的形式出现的直接干预，都只能从外部起作用。孩子或多或少觉得自己是在被迫遵守某种行为模式。然而，正确的行为源自内心，孩子必须自愿自发地调整自己，去适应某种情况，并主动发展适当的冲动。如果他心里不愿意遵守秩序，那么，所有教育努力的价值都将是微小而短暂的。但除非他认识到遵守行为准则比违反行为准则更令人满足，否则他无法真心接受秩序。这个过程与个人的顺从或羞辱无关，只有通过这种方法，孩子才能心甘情愿地学会接受愉快和不愉快的责任，并在必要时调整自己的愿望。

随着事情自然发展，他一定有机会体验到犯错带来的恶果。除非你心疼孩子，不让他有这样的经历。通常，你可能会被骄傲，或者某种为孩子感到羞耻的感觉误导。他没在规定时间起床，穿衣服磨磨蹭蹭，结果上学迟到。但你总是很乐意为他写一张请假条，以免他自己承担浪费时间的后果。或者，为了不让他迟到，你帮他做本该由他来做的事。

违规行为的自然后果会自动让孩子记住什么是正确的行为。孩子会经常体验到这些后果，不需要你故意制造机会。如果你不是因为执意让孩子远离不适，而破坏这些宝贵的机会，你可以让他从中吸取经验教训。走路不小心，就会跌倒。（两个房间之间的门槛，为这种体验提供了一个意料之中的机会。）如果他把左脚的鞋穿在右脚上，他会觉得夹脚。如果他做事慢吞吞，就会错过一些乐趣或活动。只有家里的成年人不干涉，自然后果才能发挥其应有的作用。这样的克制，会在以后为你和你的孩子省去不少烦恼。

然而，在某些情况下，确实有必要策划某些体验。你可以想出一些无害的方法，让孩子知道，炉子是热的，针会扎人，椅子会向后倒。这些事实非常重要。用一种随意的方式提醒孩子注意，要比用明智且严厉的警告吓唬他有效得多。同样，你必须确保，他做某些事一定会有后果。如果孩子不按时吃饭，他就会发现，所有人的饭菜都端上来了，唯独没有他的。如果他没收拾玩具，那么，第二天，他一定找不到玩具。你们一起出门散步或远足，他太磨蹭的话，就会发现，你丢下他不管，自己先走了。

但是，孩子绝不能把不守规矩带来的令人不愉快的后果当作惩罚，或者你心怀敌意的举动。（卢梭和赫伯特·斯宾塞[1]等人把这些自然后果称为"自然惩罚"。犯了愚蠢的错误，必然会有这样的后果，那么，这个说法是不合理的。这种情况下产生的结果，与成年人必须接受不当行为的后果十分相似。如果一个人不肯工作，他就无法谋生；如果一个人脾气暴躁，人们就躲着他，不愿与之为伍。这些结果并不是惩罚，也从不被视作惩罚，这只是合乎逻辑的结果。我们应当教导孩子以同样的角度看待其行为的自然后果。）这种情况下，你必须保持一种完全被动但仁慈的态度。你可以对孩子不得不经历这些痛苦表示遗憾，但无论如何，你都不应该减轻他的痛苦。如果他能认识到，一以贯之的规则既约束你的行为，也约束他的行为，如果后果不是成年人任意强加的，如果其中的逻辑显而易见，他就不会认为你刻薄，或者对他有敌意。

实行自然后果是训练孩子最有效的方法之一。它教会孩子尊重秩序，培养孩子遵规守矩。然而，这是最难掌握的技巧之一，因为父母还没有接受过以这种方式思考和行动的训练。很多人难以理解后果与惩罚之间的细微差别。从表面上看，这个说法听起来有点儿吹毛求疵。这两种方法都让孩子感觉不舒服。那么，为什么还要加以区分，并强调差异的重要性呢？从心理学的角度来看，

---

[1] 赫伯特·斯宾塞（Herbert Spencer，1820—1903）：英国哲学家、社会学家、教育家，被誉为"社会达尔文主义之父"。

二者差异巨大。相对于理性的表述方式，孩子更容易对心理因素做出积极的反应。对于惩罚和后果，他们可能同样反抗，并且可能同样极力逃避。但这只是一种暂时的反应，很快，孩子就会凭直觉意识到，你可能是对的。对孩子来说，后果是可以接受的，惩罚充其量只是可以忍受。

你必须谨慎地训练自己运用这种教育方法。运用它，需要思考、审慎和想象。发生冲突时，如果你冲动行事，你只是继续斗争，并试图用手中的权力打压孩子，但你无法利用秩序混乱造成的客观后果。

某些明显的线索也许有助于区分自然后果与惩罚之间那条细微但至关重要的界线。其中一条前文已经讨论过了，即后果必须具备孩子所能理解的内在逻辑。告诉他不吃晚饭就不能去看电影是没有逻辑可言的；但是，如果他看完电影没有按时回家，你告诉他下周不能去看电影了，就是合理的。

还有一个差别，极其重要，但往往很难理解。后果是不当行为的自然结果，但并不是报复。如果你说："你犯了错，所以现在你必须……"这是惩罚。后果更像一种邀请："只要你犯错，你就不能……"强调的不是已经发生的事，而是将要发生的事。不是了结此事，而是为未来的调整打开一扇门。下面这个简单的情景可以很好地说明这种结构差异：孩子聒噪任性。当你说："太吵了，我受不了了，立刻回你的房间去，待在里面，别出来！"这是惩罚。而当你说："很抱歉，如果你打扰我们，你就不能和我们一起待在这里。也许你最好回你自己的房间去，等你觉得能做到举止得体的时候再出来。"这两种方法很不一样。在任何一种情况下，你都必须坚持让他离开房间，但在第一种情况下，隔离是最终的结果，结束一件事；在第二种情况下，只要孩子认为自己准备好了，就可以回来。改变这种局面的主动权在孩子手上。

给孩子一个选择的机会向来十分重要，尤其是在他拒绝服从的紧张情况下。根据逻辑，而不是心理做事的成年人，很难理解其中的意义，因为对他们来说，必须忍受哪一种可怕的后果并没有什么区别；但对孩子来说，你跟他说"你想自己离开房间，还是我抱你出去？"非常重要。对我们成年人来说，无论在哪种情况下，离开房间都是令人不悦的，对孩子来说却不是。如果他可以自己做决定，他会觉得自己很重要，不会那么不情愿。即使他不回答，你也可以说："如果你不想自己去，我只能抱你出去了。"大多数情况下，如果孩子不是太固执、太对着干，这种方法是可以挽救局面的。孩子再大点儿，你就不能抱他出去了。在这种情况下，你可以让他选择是他，还是你，离开房间。如果他跟着你，你就离开房间。如果他还跟着你，无论他做什么，你都无视他，这样也许能挽回局势。不过，这是一个极端的例子。对于大多数孩子来说，这个魔咒在更早的阶段就被打破了。一般来说，如果孩子觉得你是认真的，特别是根据以往经验，知道你这个人说话算数，他会对第一种选择做出回应。

另一个区别后果和惩罚的因素是说话的语气，如果你的语气严厉、愤怒，那么，你就是在惩罚；如果你保持友善的态度，那么你强调的是必须遵守秩序，而不是你个人的意愿或权力。在第一种情况下，你站在孩子的对立面，所以，他觉得自己被嫌弃了。在第二种情况下，你只是反对孩子的行为，他的个人价值并没有受到威胁。语气差异体现了关系的不同。如果你选择惩罚，你的愤怒会破坏你们的关系；而如果你选择后果，你对孩子仍抱有同情心和友善的态度。

虽然有同情心的你可以运用合乎逻辑的后果，但你必须小心，当孩子能从经验中吸取教训的时候，不要让你不该有的、过分的同情削弱你的力量。他会耍小聪明，试图说服你帮助他摆脱困境，而你不该有的同情可能会让你屈服于他的花言巧语。承诺，无论是被迫的，还是自愿的，都是你的弱点的隐患。在这个关键时刻，他绝不能有"第二次机会"。（以后他总会有第二次机会，因为一旦产生后果，就不要盯着过去不放。）现在不是空谈的时候，而是采取行动的时候。

我用一个简短的例子结束这个非常重要的部分。

> 一个十一岁的男孩被他的父母带到我这里。权力之争是他们之间最基本的冲突，这也反映在他的一个主要症状上，也就是男孩从不按时回家吃晚饭，并因此在家庭内部引发了无休止的摩擦。无论父母给予怎样的奖惩，都对他不起作用，他照样迟到。我建议采用一种简单的办法，他再迟到，就不给他晚饭吃。但家长——这个案例里是他的父亲——搞不懂这种"惩罚"的逻辑。毕竟，"孩子需要营养"。我花了半个多小时才说服这位父亲，让他

相信有必要尝试一下这种方法，至少一个星期。过了一个星期，他回到我这里，告诉我这个办法行不通。我很惊讶，询问了细节。这位父亲向我保证，儿子第一天、第二天、第三天回家晚了，都没有吃到晚饭。我发现，如果孩子真的没有吃晚饭，通常不会这样坚持不懈。我追问到底发生了什么，我问那几天他是不是真没给孩子饭吃。这位父亲说："我们总不能让他饿着肚子睡觉吧！"

原来如此！看到儿子饿着肚子睡觉，父亲的心都要碎了，但面对反抗的儿子，同样是这副柔软的心肠，并没有阻止父亲狠狠地惩罚儿子，使劲打他的屁股。

二、避免冲突

观察与思考——如果不认真思考，父母将永远无法充分利用对指导儿童发展至关重要的情境。缺乏深思熟虑是不可能养育好孩子的。如果你机械、冲动地行事，而且总是心血来潮，那么，你跟孩子打交道就会永远不知所措。因为，为了达到目的——获得你的关心和逃避令人不愉快的职责，孩子们会处心积虑、坚持不懈地想出有效的新方法。在这里，我们能够再次看到孩子的观察力有多么敏锐。他很快就会发现父母、老师和成年人最细微的弱点，并加以利用。他擅长挑拨离间；他很清楚如何根据父亲或母亲的性格特点来改变策略，也知道如何应付这两个人。有时，固执的反抗可能会达到目的；有时，他会哄骗、乞求父母；有时，他又哭哭啼啼，自怨自艾。他会调整自己，以适应不同的情况和不同的人。

在这方面，你可以从你的孩子身上学到很多东西。为了确定最适合某个特定环境的培训方法，你必须仔细观察孩子，然后决定特定情况下所要遵循的最佳程序。坏习惯必然导致令人不愉快的后果，只有认识到后果，并任其自由发挥，才能改变坏习惯。然而，不经过思考和反思是做不到的，因为必须让孩子充分理解其中的因果关系。你必须事先考虑到他会有怎样的反应。他可能不会平静地接受不愉快的经历，他会反抗、花言巧语、哭闹，也许还会搞一些新的恶作剧来回应。你要遵守一条重要的原则：一次只能改进孩子行为的一个方面。想一次改变更多的东西，反倒会一无所获。举个例子来说，你可以让孩子知道挖鼻孔的后果，那就是你不再碰他的手，无论他的反应如何，你都必须完全不为所动，否则，你会破坏这个方法的效果。在纠正一个坏习惯的同时，试图制止孩子的各种对抗反应是不可能的，这些反应应该被视为孩子对压力的回应。

任何儿童训练法都是有效的，只要少量且持续地使用。提供干预的动机和手段的应该是理性，而不是冲动的情绪。在教育的过程中，我们必须尽量消除情绪，这一点十分必要，情绪会造成严重的破坏，而且经常支配教育者的活动。忧虑、烦躁和愤怒——无论多么无可厚非——都是软弱和无用的表现。只有当我们束手无策，或者感觉自己做了太多让步，必须表明态度时，这些情绪才会出现。但任何由这种软弱感导致的行动都注定是错的。孩子的恶意或敌意，可能会让你感到愤慨、恼怒，这是完全可以理解的。作为一个普通人，发泄这些情绪是可以原谅的，但作为一名教育者不行。如果一个人看到一个男孩在折磨一只动物，他可能会气得打他一巴掌。但在这种情况下，他必须意识到，这一巴掌不是一个教育者，而仅仅是一个被激怒的普通人的行为。这个行为本身无可厚非，但能否让这个男孩改掉残忍的习惯却很值得怀疑。

教育者必须对自己的能力和效率有信心，否则是不可能成功的。"失去自控力"表明你失去了自信心。因此，如果你因为孩子而情绪激动，或者由于任何其他原因，你有可能失去自控力，那么你最好暂时放下一切，离开房间。然后，你可以恢复镇定，再次平静下来，直到那时，你才有能力反思，并决定究竟该怎么做。

不要说你没时间思考——你被工作和忧虑压得喘不过气来。当然，思考是需要时间的，但远远没有持续的惩罚，比如警告和训斥，花费的时间多，而且，这些惩罚是完全无效且有害的。花一点儿时间反思会为你省去很多不安和烦恼。从长远来看，其实节省了时间。（有些父母十分焦虑，情绪干扰到他们的正常职能，他们需要心理治疗，对自己进行再教育，并为生活重新定位。）如果孩子不听话，打他一顿似乎更简单、更迅速。然而，克制和深思熟虑会让你的行为更理性、更有效。

当然，这个建议不适用于真正的紧急情况。这种时候，你不需要行使教育职能，而是要立刻行动，避免严重的危险。我们必须记住，决定性时刻过去后，自然会有教导惩罚孩子的机会。危急时刻，一切都没有教育价值。训斥孩子，与其说是为了避免孩子再犯同样的错误，不如说是为了释放你自己的紧张情绪。你为孩子担心，所以会把情况想得很严重，其实真正危险的情况并没有那么多。

克制——想要影响孩子，最根本的原则之一是尽可能克制，但很少有人做得到。多观察，尽量少干涉孩子的行为，这一原则不仅在前文所述的紧张时刻是有利的，在任何情况下都是有利的。如果你遵循这个方法，就会对孩子产生更加有益的影响，并且不会妨碍对孩子至关重要的自立能力的培养。最好的教育方法是，尽快让方法本身变得多余，教育的目的是将孩子从一个不负责任的管教对象，变成一个拥有成熟的个人责任感的独立的人。

孩子很小的时候就能承担并自发履行自己的职责。当然，这并不是说孩子应该被忽视。他们需要关爱和柔情，鼓舞和激励。你绝不能漠不关心，但作为教育者，也不该对其进行不必要的干涉。有时，你必须采取积极的行动，但这种时候应该很少。只要有可能，你应该让孩子吸取经验教训。只有学会克制，才能做到这一点。你没有义务什么都替孩子干。这种倾向只源于过度恐惧，或者想证明自己的价值和权力。

灵活性——如果你在行动前观察、思考，就不会采用任何死板的方法。你会倾向于测试和验证方法的直接效果。缺乏思考的父母往往因循守旧，他们可能沿用他们的父母的教育方法，或者纯粹出于惯性，沿用在某个特定场合用过的方法。面对任何不当行为，这样的父母的反应是老一套的哄劝、咆哮、责骂，甚至威胁要动手打人。通常，孩子事先就知道你对某种行为会做出怎样的反应。他已经对你的态度习以为常，而且通过调整自己来适应它。结果，你所有的劝诫和努力都不会起任何作用。

我们建议你经常变换方法，这和之前建议你一以贯之并不矛盾。社会需求和标准必须牢固确立，而且必须保持明确、不变。但你让孩子认识并遵守这些标准的方法必须有所变化。

僵化的方法总是失败，还有一个原因，那就是它们忽视了每个孩子特定的要求和需求。而且，即使是同一个孩子，也不能总以同样的方式对待，通过改变和调整方法，通过观察效果和结果，通过尝试新的方法，你可以找到影响孩子的适当方法。

无论从细节，还是从教育更重要的层面考虑，保持灵活性都是必要的。你必须根据孩子发展的不同阶段调整自己。即使他需要的关注量并不是一个稳定的量。最初几个月，你要尽量少打扰他休息。之后，他需要更多的关注。但几年后，你必须再次减少对他的关注，因为那时，他会花更多时间和同龄的孩子在一起。在他人生的某些阶段，孩子会非常乐于接受指导；在其他时候，他会拒绝听取任何建议。在某些场合，他会自愿寻求指导；在其他情况下，他又会坚持自己做主。如果你的态度是僵化的，你不会考虑到每个孩子不同的需求。真正有效的训练方法可以根据具体情况和伴随孩子成长的变化进行调整。

激发兴趣——如果你能引起孩子们的兴趣，他们会更容易对你的影响做出反应。这本身就应该足以激励你尝试不同的方法。父母经常抱怨孩子听不进去他们说的话，左耳进，右耳出。然而，枯燥乏味、千篇一律的命令、责备和解释必然会导致如此可悲的回应。

所以，你和孩子说话的语气非常重要。你的表达越活泼、越自然，孩子越能立刻注意到你在说什么。如果你脾气暴躁，他永远不会产生愿意倾听的想法。许多父母在与孩子交谈时，会采用一种枯燥、沉闷，甚至严厉的口吻，这会让孩子没有反应，或者明显地暗示你，他想自己待一会儿。同样，成年人还经常与孩子用婴儿语（baby talk）交流，这种尝试只会让孩子感到厌烦，他觉得你这么做很可笑，的确如此。

每个跟孩子打交道的人都会遇到许多类似的情况，似乎不可能和孩子建立融洽的关系。孩子太固执，无论怎么批评劝告，似乎都影响不了他。遇到这种情况，你很容易失控，因为你无法忍受这种无助感。有一种行动方案，任何情况下都可以使用，即使你完全不知所措。这种方法可以挽救很多看似完全失控的局面，其中包括弄清楚孩子希望你接下来做什么，然后反其道而行之。在任何情况下，即使孩子好像完全无视你，实际上，他仍期待你的反应，他认为你可能会威胁、暴怒、或体罚，很多时候，可能只是责骂或说教。他已经为此做好准备，并决定不为所动。

你可以通过观察自己倾向于怎么做，来推测孩子的期望。你自己的反应，通常完全在孩子的意料之中，正是他想要的，甚至是他刺激的结果。通过反其道而行之，你让孩子措手不及，顿时失去了平衡。这样，你不仅引起了他的兴趣，还迫使他重新考虑自己的态度。至少你得到了一个喘息的机会，可以针对孩子和情况，采取新的方法。孩子以为你会批评他，你就表扬他；他以为自己会被打压，你就承认他优秀；当他以为你会暴怒，至少气恼时，你就表现得漠不关心；他以为你会阻拦他，你就让他放手去干。这些都是缓解紧张情绪，并使孩子接受进一步行动的策略。通常可以利用这种相互放松的方式进行友好的谈话，这时，孩子也会乐意倾听。

下面这个故事表明，引起孩子的兴趣，并引导他做出特定的反应有多么容易。一名男子被村里的孩子惹恼了，他们老是跟着他，嘲笑他的红头发。最后，他把他们召集到一起，并承诺，如果他们能充满热情地嘲笑他，他就每天给每个人一块钱。孩子们听了很吃惊，但兴致勃勃地接受了这个提议。第二天，他们每个人都按照约定将一块钱收入囊中。但到了第五天，这名男子突然不给他们钱了。孩子们愤愤不平。"如果那个红头发的家伙不给钱，"他们大声说，"我们才不会白白吆喝。"于是，他们各回各家了。

赢得孩子的信任——如果你成功地赢得了孩子的信任，你对孩子的影响就会很大。然而，单靠爱和温柔是达不到这个目的的。孩子可能非常依恋你，但可能仍对你心怀敌意，而且很固执。直到他不再跟你对着干，并自愿接受你的指导、遵从你的意愿，你才算赢得他的心。他是否听话，不仅取决于他是否相信你的公正和坚定，也取决于他是否相信你的善意和实际的可靠度。你有任何争夺权力的迹象，都会让这种合作泡汤。

知道如何在令人不安的情况下赢得孩子的心尤为重要。你可以用上面讨论过的出人意料的做法引起他的注意。但要获得他的信任还需要做更多的事。达到这个目的最好的方法是友善和真诚的仁慈。孩子极富洞察力。对他们来说，区分空洞的赞美和真诚的善意很容易，而且他们很快就能发现谁才是真正的朋友。（这句话是一条永恒的真理，尽管表面上看并非如此。你可能一直认为自己是孩子的朋友，但实际上，你时常不自觉地对他流露出恶意和敌意。）

所以，语气必须一直保持友好，尤其是在关键时刻。如果你不能在这种时候保持友好的态度，就别指望促进孩子的发展。无论你做什么，只会让他的对立情绪变得更强烈。因此，一定要避免训斥或体罚孩子，让他从错误行为所带来的后果中吸取教训，这些后果是客观，且完全合乎逻辑的。遵循这个原则，你就可以避免非要表现出不友好。言辞刻薄必然会引起孩子的反感。

单纯的纵容不会赢得孩子的信任。他们不认为宽容是友好，反而认为是软弱的表现。要想轻轻松松赢得孩子的心，你就要对他和他所做的事表现出真正的兴趣，比如，跟他一起玩，带他去散步，和他聊天，或者给他讲故事。但除非你像孩子一样全心全意、专心致志地参与其中，否则，你所有的努力都不起作用。这样的娱乐活动不会引发冲突，而且比讨好或爱抚有效得多，因为后者难免带有一点儿令人不快的霸道和屈尊的意味。任何人，只要在必要时对孩子表现出积极友好的兴趣，孩子一定会乐意关注并回应他。

缓解局面——不计其数的情况能激起孩子的敌意和反抗。因此，你必须知道如何在不挑起冲突的前提下解决这个问题。最可靠的方法，尤其是对小孩子来说，就是把注意力从争议的焦点上移开。如果孩子很固执，生闷气，拒绝服从，找到某种快速引起他兴趣的方法就够了。但如果他肆无忌惮、行为乖戾，这个简单的权宜之计可能不起作用。特别是对于大孩子来说，你可能无法快速轻松地化解对立。不过，在这种时候，你就没有必要立即行动了。大孩子更理性。遇到实际危险时，他更适合自己照顾自己；在其他情况下，你可以等待时机出现，让他体验不当行为的后果。

当小玛丽非要往深水区走，当她抓住一个尖锐的东西，当她把身子探出窗外，或者爬上椅子的时候，你肯定会立刻叫她过来。如果她没有反应，你可以试着转移她的注意力。你可以说"你看我手里拿着什么"来引起她的好奇，或者大声吹口哨，或者突然拍手——做任何能引起她兴趣的事。通常，这样的方法足以避免危险，而且不至于引起混乱。当然，如果孩子一向很固执，这些方法可能还不够。危急时刻，不能拖延时间，但即使在紧急情况下，你通常也能保持友好的态度。如果孩子还小，你就把他抱起来，或者牵着他的手离开。

遗憾的是，缓解局面最有效的方法之一，我们却很少采用。那就是幽默。很多人往往忽视自己的幽默感，总觉得自己有责任一脸严肃深沉，并把偶尔笑一下视为有失尊严。然而，在与孩子打交道时，永远不能欠缺幽默的品质。如果你有幽默感，你的处境就会轻松很多。你不仅可以减轻别人的压力，也可以减轻自己的压力。如果你逗得别人开怀大笑，他不可能对你怀恨在心。但不要把幽默和滑稽混为一谈。风趣往往体现在说话方式上，重要的不是含义，而是感染力。此外，幽默绝不能刺耳刻薄，否则会失去调和的效果，只会加剧对立。幽默的目的是让孩子跟你一起笑。千万不要拿他开玩笑。

这方面的例子不太好举，因为这在很大程度上取决于当时的情况、说话的语气和措辞。通常，欣赏一种情景中有趣的一面，你自己快乐就足够了。如果当下没有什么场景出现，你也可以讲一个趣闻逸事。小孩子往往会被最简单的玩法逗乐——绳子上吊个东西，晃来晃去，一个幽默的手势，或者一个滑稽的鬼脸。

无论孩子有多生气、固执，或叛逆，你都应该保持冷静、友好。这是所有父母必须遵守的原则。一句温暖的话语，表达一下同情和理解，往往就会创造奇迹，把孩子被压抑的反抗和愤怒，化成呜咽和泪水。因为，在很多情况下，傲慢、无礼、违抗和固执，只是企图掩盖受伤、被忽视和孤独的感觉。通常，只要表现出想帮助孩子的意愿，就会立刻缓解敌对的紧张气氛。但首先，他必须相信你是真心想帮他，可惜，孩子往往对自己的父母缺少这种信任。关于"撤离（withdrawing）"，我们稍后再讨论。

三、鼓励

表扬——正如第二章提到的，孩子的问题往往基于某种形式的挫折。也许是他的父母，或者他所处环境中的其他人令他感到气馁，也许是多次试图完成某项任务，或获得某种能力，却均告失败，使他对自己的能力失去了信心。但无论他为何陷入困境，他的难题以何种形式出现，父母都有责任增强他的自信心。鼓励对于孩子的成长，犹如水之于植物，不可或缺。你必须让他知道，他并不像他自己以为的那么软弱无能。他需要表扬，尽管他并不完美，甚至正因为他是不完美的，他更需要表扬。不过，表扬必须是客观的，不带任何个人色彩。"你做得很好！""没错……""我很高兴你能这么做。"孩子受到表扬是因为他做了什么事，而不是因为他是怎样一个人，无论他听话、善良、帅气、漂亮，还是可爱。

如果孩子不能从头到脚穿戴整齐，你可以指出，他把一只袜子穿得很好。然后，他可能会继续穿另外一只袜子，再试着自己穿鞋。无论能否成功，你都应该称赞这种努力。也许他的字写得很糟糕……翻遍他的作文，你总能找到一页、一行，哪怕几个词，值得真诚地夸两句。无论孩子在哪方面能力不足，你都可以通过鼓励，使他有所改善。性格和道德品质的培养也需要以同样的方式对待。在这一点上，即使孩子没有自愿走正确的路，他也需要得到认可。

孩子想正常发展就必须勇敢。

撤离——很多孩子行为不端是父母的缘故，他要么想让父母忙得团团转，要么想打败父母。撤离，即父母真正离开现场，往往会产生戏剧性的结果。在我们的儿童指导工作中，大量活动是为了帮助母亲摆脱孩子带来的不必要的压力和孩子提出的过分的要求。当母亲拒绝成为不知情的受害者时，孩子的行为必然会发生改变。

所谓依赖型的孩子，通常是难以满足的孩子。他们利用真真假假的弱点或缺陷，让母亲为他们服务。如果母亲拒绝扮演这个角色，孩子往往会克服自身的无能或弱点，开始履行自己的职责。不听话的孩子通常是强横的孩子。他做好充分准备，抵制施加在他身上的压力，并且很擅长强迫父母做他想做的事，而不是屈服于他们的意愿。因此，任何迫使他屈服的企图都是徒劳的。但是，如果父母不向他屈服，他就会明白，强迫是无用的。

孩子发脾气是经过精心设计的，为的是扼杀父母最大的努力。不去管他是纠正这种倾向最有效的方法之一。如果没有观众，没有人被吓到，或被影响，发再大的脾气也没用。孩子之间的争吵通常是因为母亲。如果她不再干涉，不再充当法官，把他们分开，孩子就能学会和谐相处，解决他们自己的冲突。

发生争执时，母亲最好离开现场，躲进浴室，把自己锁在里面，直到骚乱平息，这样，母亲就可以为家庭和谐做出很大的贡献。当母亲感觉自己无计可施，再也无法控制自己，或再也无法忍受时，这种战略性撤退特别明智。在她自己也情绪失控，并卷入争执之前，她完全可以在自己和孩子之间关上一扇门。自愿撤退的她再次出现时，还可以再次成为那个她想成为，也应该成为的友好的、温暖的人。

你必须尽量避免任何可能让他的自信心受挫的事。你应该尽可能多地使用以下说法：

别人如果能做到，你也能做到。

不入虎穴，焉得虎子。

所有人都会犯错。

没有人一生下来就是完美的。

吃一堑，长一智。

熟能生巧。

事情比你想象的简单。

凡事不能一蹴而就。

罗马不是一天建成的。

万事开头难。

不要放弃。

不要气馁。

好的开始是成功的一半。

犯错在所难免。

无论如何，多尝试几次，就会做得更好。

如果你特别渴望，就一定能做到。

困难一定会被克服。

任务越难，收获越多。

    间接提到孩子的年龄有时会产生良好的效果，不过，这个方法应当慎用，否则，他可能会觉得，他做不到他本该会做的事。发表评论时，措辞应尽量谨慎。比如，"你不再需要我帮你穿衣服了。"你必须时刻注意自己的措辞，同时观察孩子的接受情况——要了解这些话的效果是鼓舞人心的，还是恰恰相反。

引导和指示——让孩子尝试一项新的任务，或承担一项新的责任时，需要特别小心，以免他的自信心受到打击。最好让他通过自己的努力去学习。这样，每取得一项新的成就，都是切实的进步。如果他被引导得太辛苦，他可能会觉得，这项任务对他来说太难，你怀疑他是否有能力完成这项任务。明智的做法是，只给他开个头，然后让他自己去尝试，直到产生预期的结果。

注意何时和孩子说话。只有在孩子愿意倾听时，谈话才有价值。孩子做错事后，不要立刻训斥他，这么做毫无益处，因为，孩子要么叛逆，要么沮丧。讨论问题的最佳时机是默默沉思的时候，比如你和孩子单独聊天或散步的时候。睡前也适合亲密交谈半个小时。你可以充分利用这些机会。不过，你要记住，如果缺少友好和善意，引导和指示是完全无效的。

和孩子谈话时，必须避免表现出高人一等。无论何时，无论你教他什么，都必须表明，他要学习的行为准则适用于所有人。他应该把你看作一个愿意帮他解决问题的伙伴，一个平等的人。当你说"来吧，我们一起做"时，你提的任何建议，孩子都更乐意接受。但这种合作精神绝不应该促使你免除孩子的责任，这只是用来缓和很多非做不可的事带来的不愉快。因此，只要孩子讨厌某项任务，这个技巧就是有用的。

你可能时常纳闷，为什么你的孩子更愿意听外人的话，却不愿意听你们——自己父母的话。原因就在于，其他人在完全平等的基础上和他对话，父母却倾向于强调自己的优秀。他们越是这样，孩子就越不愿意接受他们的建议。然而，真正的优秀不需要通过威望和权力来表达。尽管你在知识、经验和判断力方面更优秀，但你仍然可以平等地对待孩子，你越少让孩子注意到这一点，越少要求他认可这一点，他反而更愿意承认你的优秀。

如果你决心不惜一切代价让自己看起来优秀，那么，当你发现自己回答不出孩子的某个问题时，你可能会很尴尬。其实，你可以坦率地承认，你并非什么都懂。（千万不要故意给他一个错误的答案，这么做，你一定会失去他的尊重。）承认自己的缺点和弱点没什么坏处。孩子无论如何都会发现，他比你想象的要敏锐得多。他会把你掩饰自身弱点（就是字面意思）的所有努力看作你的另一个弱点。

相互信任——通过坦承自己的不完美，你可以和孩子建立更亲密的关系。这样的坦率会让他更信任你。如果你承认，在他这个年纪，你并不比他好，也不比他差，他对你的评价并不会因此降低。如果你实话实说，而不是试图让他相信你小时候是个小天使，他会认为，你对他的情况有更全面的了解。真正的友谊是赢得孩子信任最好的方法。

但是，仅仅让孩子把你当成一个人还不够。你必须以同样的方式看待他。父母们甚至无视孩子最明显的社会权利。他们对违背诺言或辜负信任丝毫不感到愧疚。他们不尊重孩子的特权，即使在父母面前，孩子也有权保持一定的沉默，也有权选择透露秘密还是保守秘密。他们偷看大孩子的书信，并通过轻视他的情绪和意见来羞辱他。然而，当孩子拒绝向他们倾诉时，他们又会吃惊、愤怒。你不会信任一个以这种方式对待你的人。孩子也有感情，和成年人的感情没有什么区别。作为父母，信任这个东西不能要求，不能强取，必须自己赢得。如果孩子不把父母当朋友，那父母只能怪自己。当他们发现，他们对孩子的影响非常表面，孩子有了问题，会向把他当人看的其他人寻求指导时，他们不该感到惊讶。

也许你认为，你对孩子的所思所行了如指掌，对孩子最有利。但你越是强调这种坦诚，你得到它的可能性就越小。如果你过分好奇，不停追问，孩子的内心世界将会比以往任何时候都更令你难以理解。如果你继续施压，最终他可能被迫撒谎，变得虚伪。吐露私人的感受和想法体现了最亲密的信任。如果你机智、谨慎地对待孩子，他们肯定愿意毫无保留地敞开心扉。由于频繁采用错误的态度，使用错误的方法，很少有父母知道孩子的脑袋里究竟在想什么。

请记住，所有信任都必须是相互的。孩子需要你对他表示信任。你的信任最有价值的表现是，你认可孩子作为一个人的价值和重要性。你有很多机会表现这种信任。甚至在孩子上学之前，你就可以委托——而不是命令！——他做很多有用的家务，并以各种方式帮助家庭的其他成员。你应该让他跑跑腿，给你的朋友送信，帮家里买点儿东西。随着他年龄的增长，你信任他的迹象会成倍增加。你可以和他讨论问题，可以就某些事情征求他的意见和建议。这样，你就成了孩子的伙伴，你们都会从相互信任中受益。

你相信孩子是理性的、可靠的，这种信任每天都可以体现出来。这就是我们之前建议你坦诚的目的。你可以毫不犹豫地向他透露你的一些忧虑和问题，但你绝不能把你的信任当成负担强加给他。和他分享秘密，并不意味着依赖他。如果他成为你永远的"垃圾桶"，他的成长将受到严重损害。由于接触到他无法理解或吸收的成年人的经历、家庭争吵和婚姻矛盾，他会失去天性的单纯和率直。有些父母应付不了自己的生活，又不结交可以倾诉的朋友，于是错误地利用孩子。这不是对孩子信任的表现，这只能说明沮丧的父母有多么困惑、孤独，他们一有机会就诉苦，也不考虑这么做可能对孩子造成怎样的伤害。

用"可以"代替"必须"——过去，人们普遍认为，奖励和惩罚是教育孩子的标准方法，没有奖励和惩罚，父母教育不好孩子。今天，我们充分认识到这些方法的谬误。这两种方法都是有害的，因为它们只是父母权威的专横表现。孩子最终可能屈服于压迫，但同时也会被激起对立情绪。的确，他必须学会服从，但不能屈服于任何个人的淫威。只有一种服从是合理合法的，即服从约束所有人的社会规则（social scheme）。自然和社会秩序的一般规律足够强大、明确，足以让孩子清楚他的行为会带来哪些令人愉快和不愉快的结果。不过，前提是，你作为父母，不要为了保护孩子而横加干涉。但这并不意味着，你应该完全被动、漠不关心，表现出一种"我不在乎"的态度，尤其是涉及危险的时候。你可以，而且应该随时帮助孩子努力了解任何特定情况的要求，并帮助他去适应。

在这个过程中，你不能摒弃"你可以……"这个魔法公式，但要把"必须"这个词从你的字典中删除。它剥夺了孩子作为一个自由人按照自己的意愿行动和构建自身命运的意识。"可以"是自然秩序的呼声;"必须"是个人权威专横的命令。这并不是咬文嚼字、吹毛求疵。我看过的两幅小图可以表明二者的本质区别。两幅图中都有一座房子,位于森林边上,一条大路通向门口。第一幅图中有一群孩子,沮丧悲伤,每个人背着一捆木柴。第二幅图中,同样的孩子,背着两倍数量的木头,但孩子们活蹦乱跳。奇迹是如何产生的?第一幅图下面写:"你必须去森林里砍柴。"第二幅图下面写:"你可以去……"

你可以在自己的孩子身上尝试一下这种方法。如果你想让你的小女儿摆放餐具,注意一下你说"你必须摆餐具"时她的反应,再对比一下你说"如果你愿意的话,你可以摆餐具"时她的反应。二者在效果上的差异将显而易见。

最好不要用否定式命令(negative commands)。你应该强调正确的做法,而不是禁止不正确的做法。给孩子一点儿友好的鼓励,他就会很乐意回应你,尤其是当你能指出孩子的成就与他的实际能力之间的差距时——"我相信你能做得更好!"激发他的自尊和对认可的渴望,往往会有效地引导他达到预期目标。

努力——"如果你愿意试一下,我相信你一定能做到。"每当有必要纠正孩子的行为,改掉他的坏习惯,或者让他尝试一项新任务时,你都可以用这种方法,让他接受教育的目的。这也是一个神奇的公式,调动孩子的主观能动性,让他感觉自己长大了,从而激励他朝着一个明确的方向努力。每一个错误或缺陷,事实上,任何可以被教育影响的东西,都会因此转化成一个可以解决的具体的问题。站在一旁，但保持友好、仁慈的态度和必要时可以合作的意愿，可以避免任何冲突。即使无法立刻达到预期效果，也不需要采取更激烈的措施。就目前的情况而言，你完全可以鼓励孩子，从而巩固你作为他真心朋友（well-wishing friend）的地位。困难的性质是什么并不重要。也许与培养简单的技能有关，也许是为了克服可能导致严重后果的性格缺陷和讨厌的习惯。但是，无论这个过程多么漫长，或多么乏味，你总能保持友好的态度，承认并重视他的每一个进步的迹象，无论进步多么微小。你的这种态度无疑有助于化解充满冲突和引发冲突的气氛。化敌为友，并朝着一个可实现的目标共同努力。

揭示——到目前为止，我们主要研究了外部训练技巧，但我们不应该忽视意义更深远的心理学方法。每个父母都需要一些实用的心理学知识，才能理解孩子，并以正确的方式对待他们。因此，我们在第二章和第五章详细讨论心理问题。现在的问题是，你应该在多大程度上告诉孩子你对他的了解？

孩子并不知道自己为什么会有某种特定的行为和举动。问孩子"你为什么这么做"通常是徒劳的。当孩子回答"我不知道"时，父母往往会被激怒。但大多数情况下，事实就是这样。孩子只是一时冲动，并没有清楚地意识到自己的动机是什么。如果他如实作答，解释自己的行为，这些解释大多是辩解和借口，并不是真正的原因。与其问孩子"为什么这么做"，不如你来告诉他原因。关于他的目标和行为的目的的信息对孩子有很大帮助。他首先要了解自己，才能改变态度。任何与儿童打交道的人都应该掌握必要的知识和经验，从而理解孩子的问题，并解释他们的行为。

要想让心理层面的讨论有效，并避免可能造成的巨大伤害，必须采取预防措施。首先要考虑的第一个因素是进行这些讨论的时机和场合。绝不能在不当行为发生后，大人和孩子都很激动的时候讨论。第二个因素是，谈话不能过于情绪化，必须实事求是。哪怕包含最轻微的批评和责备也会激起反抗，导致孩子对你的劝告充耳不闻。你必须始终牢记，心理学可以成为一种大有裨益的工具，也可以成为一种杀伤力极强的武器。用于惩罚和羞辱的心理学，比任何身体虐待造成的伤害都大。讨论心理解释（psychological interpretation）时，必须保持冷静友好，并选择双方都愿意交换看法的亲密时刻。无论心理解释多么正确，如果用于挑衅，或者选错了时机，它的作用将比徒劳无益还要糟糕。

不要把心理解释和试图分析、窥探潜意识、挖掘动机的深层来源搞混。我们不提倡任何没有经过全面培训且没有资格进行心理治疗的人进行心理分析。但我们必须区分心理治疗和心理解释，治疗是精神病医生和训练有素的心理治疗师的工具，解释则是每个与儿童打交道的人都应该能做到的事。二者之间的主要区别在于所检查和分析的心理机制和问题类型：只有心理治疗能揭示一个人——儿童或成年人——过去的发展历程，以及他根深蒂固的观念和生活方式是如何形成的，而心理解释只关注现在的态度和直接目的。

每个父母和教育者都应该懂一点儿心理学知识，并对孩子大概的人格特质有一定的了解。在棘手的案例中，这类知识可能是从精神病医生或训练有素的儿童心理学家那里学到的。但分析性的知识绝不能用于你和孩子之间的对话，只能作为整体管教孩子的一种指南。你必须关注孩子的行为，并努力影响他。和孩子讨论有问题的行为，是改变其行为最有效的方法之一。然而，有效的讨论绝不应该追究孩子为何以某种方式行事，而只是解释他这么做的直接目的是什么。从表面上看，"为什么"和"目的是什么"之间的区别似乎微乎其微；实则，二者截然不同，一个强调过去，一个强调现在的目标。也许有一千个原因导致孩子现在的态度，但他的行为只可能有一个目的。对于没有受过训练的人，寻找"原因"只能靠臆测，而认识到目的意味着理解。

孩子会以不同的方式回应对原因的解释和对其行为目的的解释。诸如嫉妒、缺乏自信、感觉被忽视、被支配或被拒绝、内疚感或自怜感等解释，无论它们在解释孩子的行为方面有多么准确，充其量能被孩子友好但冷漠地接受。这类解释只告诉孩子他是怎样一个人。当被告知他想要什么——获取关注，显示他的优秀，当老大，展示他的力量，报复，或惩罚他人——他的反应是完全不同的：这种对其真实意图的解释，如果是正确的，会立刻引起孩子非常明确且典型的反应。这种反应是即时和无意识的，是一种"识别反射（recognition reflex）"，表明这种解释是正确的。这种反应包括顽皮的微笑和眼中闪烁的奇特的光，像一只吞下金丝雀的猫所特有的样子。孩子一个字都不用说，他甚至可能会说"不"，但他的面部表情暴露了他的真实想法。这种对其心理态度的洞察，通常会导致特定的行为立刻发生改变，幼儿尤其如此。即使是非常年幼的孩子，一旦他们理解了词语的含义，也就是从两岁时起，他们就能有意识地理解自己的意图，并且在意识到这些意图后（见第二章"良知"），倾向于改变自身的态度。这并不意味着生活方式的彻底改变，但可能最终导致他改变对人际关系的基本看法。

即便是心理解释，使用时也要十分谨慎。如果重复或过度解读，它们就不再是启示。解释绝不能有羞辱或贬低的效果，也不该被孩子理解为挑剔或批评。通常最好不要做明确的陈述："你这么做，是因为你想……"最好是模糊的猜想："不知道你是不是不想……难道是这样吗？"这样的讨论永远不会造成伤害。如果你猜错了，你只是得不到任何反应。然后，你可以再猜一下，孩子的反应会告诉你哪个是对的。

> 一个五岁的男孩经常扬言要打、要咬其他孩子，尤其是他的一个小表妹。我们的第一印象是，他觉得自己被忽视了，想伤害其他孩子，想报复。我们说出这个想法后，男孩面无表情。我们继续探究。也许他想展示自己有多么强壮。还是没反应。"会不会是因为这样的威胁让你妈妈很生气，你想让她关注你，跟你谈谈这件事，告诉你不应该这么做？"他面露喜色，得意扬扬。其他孩子有同样的行为，可能会有不同的含义。对他来说，这只是让母亲关心他的一种手段。

> 一个九岁的男孩用头发遮住右眼。我见到了他和他

母亲。我当着他的面问他母亲,她认为他为什么用头发遮住眼睛。她不知道,他也不知道。我的推测是,他可能想让他母亲不断提醒他把头发往后拢。她不明白我是怎么知道她经常要提醒男孩的。很简单——如果男孩不能用这种方式吸引母亲的注意,他就不会总是让头发挡住眼睛了。他面露笑容。谈话到此结束。第二天,她很兴奋地打来电话,说男孩要钱找理发师剪头发去了。

两个男孩,一个九岁,一个十岁,睡觉前总在床上打闹,因此惹恼了他们的母亲。母亲阻止不了他们,不知道该怎么办。我和男孩们聊了聊。我问他们为什么上床后继续打闹。我不指望他们能给出这个问题的真正答案,我只是想听听他们会怎么说。他们俩都说,在床上打闹很好玩,被枕头砸到也不疼。这是他们的托词。

我问他们是否介意我告诉他们真正的原因。当然,他们不介意。于是,我大胆地说:"也许你们这么做,只是为了让妈妈过来几趟,提醒你们保持安静。"弟弟冷淡地说:"可能吧。"哥哥什么也没说,但面露笑容。要知道,哥哥更受宠,依赖母亲,小儿子觉得自己有点儿被排斥,只能靠自己争取地位。通常挑事的是弟弟,但在这种特殊的情况下,显然是哥哥为了获得母亲的关注主动挑事,时不时把她吸引进卧室。这件事就此告一段落。但在我们简短讨论过后,晚上的打闹就停止了,再也没有出现过。这并不意味着哥哥突然不依赖母亲了。但是，一旦他认识到自己的目的，这种特殊的方法就不管用了。

揭示个人的态度和目标，也是一种影响整群孩子非常有效的手段。小组讨论对改变个人和群体的态度大有帮助，应该经常在课堂和团体工作机构（group-work agencies）中使用。再有，小组讨论的目的是揭示态度和目标，以及一切人类行为目的性的意义所在。

孩子中间的孩子——孩子很早就开始需要同龄的伙伴。他们对孩子的发展至关重要，因为只有和其他孩子在一起，孩子才能感觉自己是平等者中平等的一员，并学会适当地调整自己，以适应社会规则。若孩子身边只有成年人陪伴，他要么处于弱势地位，要么享有过多的特权（under-or over-privileged）；无论哪种情况，他的地位都是异常的，他很可能会慢慢变成一个不合时宜、性情古怪的人，只和一个兄弟或姐妹持续交往是不够的，因为这种陪伴往往会变成上下级关系，并产生强大或弱小的感觉。孩子偶尔在街上或公园里与偶然碰到的同伴玩耍也是不够的。一个由专业人士监管的、有组织的儿童群体会为孩子自在自然地适应社会秩序提供最佳机会。因此，在主流的小型化家庭的模式下，我们建议你的孩子三岁起入读一所不错的托儿所或幼儿园，六岁后，送他们去夏令营，也对他们的成长有利。

由于我们在本书中并不探讨这些娱乐团体的普遍问题，因此，我们只讨论对父母而言最紧要的问题。在选择幼儿园或夏令营之前，你应该了解一下情况，弄清楚你将把孩子托付给谁照看。一旦做出决定，你将无权干涉团体的内部事务。你如果把不满和忧虑传递给孩子，会很容易干扰他的适应过程，从而阻碍他的发展。任何一个幼儿园、托儿所，或度假营都有缺点，也有改进的空间。但你必须记住，你的孩子在他的一生中永远不会属于一个十全十美的团体，所以他必须尽早学会忍受现有的不完美。最重要的是，你绝不能以你的焦虑为借口，为你的孩子争取特权，因为这会阻挠你想要实现的目标。

一般来说，当你的孩子与其他孩子在一起时，你应该尽量少插手。他必须自己弄清楚如何与他们相处，以及如何协调彼此的利益。体验到后果，他就会知道自己做错了。老师或营地辅导员会以正确的方式告诉孩子下次怎么做更好。如果他玩耍时，身边无人照看，你应该看着他，但有什么话，留到只剩下你们俩的时候再说。不过，你和他讨论他的行为时，必须小心，不要把你自己的自负或厌世、对他人的不信任、你对声望的渴求，或者你的胆怯灌输给他。无论哪一种情况，这些品质都不会让他的性格变好。你必须教导他，不要把他的玩伴当成敌人，而要把他们当成伙伴，他可以尽情享受他们的陪伴。

那么，你对打架应该持怎样的态度？这是一个备受争议的问题。没有人会否认，应该尽量避免争吵，而且绝不允许孩子们互相怨恨。不过，孩子们之间肯定会有肢体冲突。孩子们总有一种遏制不住的冲动，想比试一下谁更有力量。如果受到攻击，孩子必须做好准备保护自己。如果禁止他打架，那么，每次其他孩子打他，他都会哭哭啼啼来找你。他小的时候，你还可以吓唬他的对手，把他们赶走；可是，等他长大了，你不能总在他身边保护他，这时他该怎么办？孩子必须能照顾自己，所以，他必须学会像其他孩子一样打架。当然，他应该远离粗鲁讨厌的家伙。如果他有任何吵闹的倾向，你应该及时阻止。然而，温和的性格并不表现为害怕打架，而是具备找到其他更和平的方式来解决分歧的能力。

你不要因为害怕孩子染病，就不送他去幼儿园。他在家里并不比在学校更安全。在大街上，在有轨电车上，在别人家里，他都置身于危险之中，和在教室里一样。不要高估这些危险。做任何事都要冒一定的风险。不入虎穴，焉得虎子。

对很多家长来说，让孩子一个人参加夏令营可能很难。但这种有益的做法正变得一年比一年普遍。在这种情况下，就像在许多其他情况下一样，需求会催生出优秀的制度。如今，父母们往往没钱让自己度个长假，却很高兴有机会让孩子们游玩几个星期。夏令营的数量不断增加，因为越来越多的父母接受与自己的孩子短暂分离。这种改变对双方都有好处，缓解了父母与孩子之间普遍存在的紧张关系。到了秋天，双方会感觉关系变得更紧密了，又愿意相互妥协了，双方都可以怀着新的勇气和更少的敌意重新开始。如果在此期间，孩子有所进步，如果你抽出时间进行思考和学习，那么，暑假可能相当于家庭关系的一个转折点。

家庭会议

社会赋予孩子的权利日益增加,他们也认识到自己的平等地位,因此把孩子当成家庭事务中的平等伙伴,这一点至关重要。这个意义上的平等,并不意味着相同的职责。父亲和母亲,姐妹和兄弟,年幼者和年长者,可以而且必须履行不同的职责,但职责的差异并不意味着地位的高低。否则,有人必然心生怨恨,不愿意履行那些暗示社会声望较低的职责。

如今的民主氛围为家庭的每一个成员提供了更大的自由,同时也要求每个人为整个家庭的幸福承担更大的责任。只要父母,尤其是母亲,承担一切责任,孩子可以为所欲为,必然会造成一种"不平衡的均势(unbalanced equilibrium)",孩子们被剥夺了有效机能,容易变得苛刻、强横。自由的体验,意味着自主,需要责任感,否则会导致混乱。

家庭会议使家庭的每个成员都有机会在和家人与家庭有关的一切问题上畅所欲言。他可以反对和批评任何他不喜欢的东西,但提出反对意见后,必须就如何解决问题谈谈自己的建议。批评的权利意味着,所有人都要为幸福的家庭生活做贡献。从这个意义上说,家庭会议是民主教育。这样的教育经历对父母和孩子同样重要。

传统并没有给我们提供平等共处的指导方针。我们必须通过试错去建立传统。在平等共处的冒险旅程中，每个家庭都是先锋。如果我们小时候没有学会如何在家庭中民主地生活，那么，长大以后也不太可能学会，因为关于优劣的主观标准已经在我们心中根深蒂固，我们努力做到高人一等，实则害怕低人一等。无论就权利，还是义务而言，家庭会议最能为每个成员提供地位上的平等感。在这个意义上，它促进了民主原则在家庭生活中的运用。

建立并维持平等的民主关系很难，这往往也是家庭会议中止的原因。父母可能一开始好心好意，热情高涨，但没过多久，他们或孩子就违反了民主程序的基本前提，家庭会议失去了其意义和功能。维持家庭会议需要很大的毅力，需要有正视自身错误的意愿，还需要有能力改变自己的态度，并尊重他人的态度，需要有勇气探索，并规划新的道路，没有恐惧和怀疑，并且深信其他人也希望和谐且和平共处，但可能不知道如何实现这一目标。

没有对家庭其他成员的信任和尊重，就很难讨论彼此的困难和冲突，也绝对不可能找到任何解决办法。

为了促进家庭会议的开展与持续，我们建议父母遵循以下几条基本原则。

第一，确定每周开会的具体日期。不建议有一位成员想开会，就立即开会；没有什么事紧急到必须立刻解决。"立刻"通常意味着冲突情境、利益冲突。这时不适合交谈，因为发生冲突时，语言不是交流的手段，而是武器。可以在常规会议中制定应对紧急情况的程序。

第二，所有家庭成员被邀请参加会议，但并不是必须参加。如果某个家庭成员，可能是父亲，或者孩子，不想参加，他的缺席可以被用来做出他可能不喜欢的决定。这种程序通常足以促使不合作的成员参加下一次会议，在此期间，他将有机会修改之前的决定。

第三，所有成员平等参与，每人一票。参与的年龄要求取决于每个孩子理解讨论内容的能力，即使年龄很小的孩子，也可以贡献和表达他们的想法。相应地，如果大家达成共识，任何扰乱会议的家庭成员都可以被要求离场。

第四，主席一职每周或每月轮换，这样，每个家庭成员都能体验这种特权和责任。人们通常认为孩子无法胜任主席一职。确实如此，但我们也经常发现，父母同样无法以民主的方式主持会议。

第五，维持会议秩序，使每个成员都有机会自由发表意见，并有义务听取他人的意见。如果会议被家长用来"解释"、说教、责骂，或以其他方式把自己的意志强加给孩子，那么，会议就不是民主的，也就违背了召开家庭会议的初衷。每个家长，就像家庭的其他成员一样，只能把自己的观点提交给小组。会议的首要目标应该是，所有人都愿意真诚地倾听每个人要说的话。在找到任何令人满意的解决办法之前，必须牢固地建立起全新的互相倾听和互相理解的生活方式。

第六，大多数"紧急"的决定，并不像父母或孩子以为的那么紧急。所有家庭成员都要具备即使在他们不喜欢的情况下也能行使职责的耐心。大多数父母发现，出现问题，或者孩子犯错时，他们很难默默地站在一边。实际上，他们能做的事和通常正在做的事，可能根本无法改变局面，但无论做什么，似乎都好过"拭目以待"。在家庭会议没有做出决定时，每个人都有权做他认为最好的事，但任何影响他人的决定都是无效的，除非得到家庭会议批准。最早的决定之一可能会涉及生命安全——收到约定的信号后——任何讨论都可以省略，并保证立即遵守。在大多数冲突情境中，只要父母离开，让孩子们在没有观众的情况下自己解决就够了。

第七，必须仔细考虑决定的性质。决定应该为所有人，而不是为某个特定的人的利益服务。家庭会议不应该是"诉苦会"，而应该是一个找出解决问题方案的方式。无论出现什么问题，要回答的问题都是："我们能做些什么？"重点始终是"我们能做什么"，而不是"某个成员应该做什么"，这一点很重要。家庭会议不能充当权力工具，不能把决定强加给任何一个成员。如果要对任何人施加某种影响，那么，流程上应该说明，"如果……其他人会怎么做"。这也包括一个行动计划，如果不止一个家庭成员不执行他们在会议上的决定。换句话说，决定或行动计划需要考虑到令人愉快或令人反感的偶然性或可能性。最好所有人达成一致意见，但如果不可能，那就必须由多数人来决定。必须记住，通常情况下，如果客观讨论孩子的问题，避免跟孩子产生任何直接冲突，孩子是很通情达理的。

第八，父母总是害怕做出明知不可取的错误决定。这种错误决定，通常是孩子提出来的，可以好好加以利用。父母应该让孩子看看会发生什么，而不是试图阻止这样的决定，这不会造成太大伤害。下次开会时，孩子们会更谨慎，并同意一个更好的解决方案。

第九，一旦做出决定，任何修改必须等到下次会议。在此期间，任何人无权决定不同的行动方案，或将自己的决定强加于人。反之，如果孩子忽视了对某些行为或职责的决定，父母也不受其约束。举例来说，母亲接受了买菜做饭的责任，孩子们则负责刷碗，这时，母亲不必坚持让他们做分内之事；当然，如果厨房没打扫干净，她也不能做饭。

第十，家族会议是唯一的权威。任何人都不能制定规则，替别人做决定。同时，没有人必须为家庭的良好运转承担全部责任。对于大多数父母，尤其是母亲来说，这是很难的一堂课。母亲们认为自己有不可推卸的责任和义务，如果她们不照顾到所有人的需求，她们就会认为自己失职。因此，孩子们没有机会自己承担责任。如果母亲愿意把家庭会议视作最高权威，如果事情并不总是尽如人意，她也不必感到内疚。孩子们接受他们的责任比让事情一直顺风顺水更重要。

第十一，召开家庭会议，你就必须认识到，你们要开始尝试一种全新的行动方案。让所有家庭成员都习惯这样的程序需要付出时间和精力。父母和孩子都没有为此做好准备，他们互不信任，因此，对任何需要合作的项目都不太有信心。孩子们担心，这又是父母耍的花招，想让他们听话，让他们做他们不想做的事。父母则害怕孩子提出不恰当的要求，做出不恰当的决定。因此，家庭会议往往成为所有人的负担。有时，启动家庭会议就很难；有时，最初的热情可能很快就会消退。让家庭会议起作用可能会让父母暂时受罪，但如果能不中断家庭会议，把这个困难时期度过去，将对所有人大有裨益。

第四章
训练孩子的过程中最常见的错误

没有哪个父母能在训练孩子的过程中避免犯错。当有人告诉你，你在抚养孩子的过程中所做的很多事并不完全正确，甚至可能有害时，你也许会质疑这样说是否明智。以下观念可能会减轻你对自身缺点的担忧。

第一，人无完人。如果你要求自己完美，你一定会更气馁，结果比你本来能做到的还差。我们的孩子必然有瑕疵，如果我们想和他们和睦相处，并改正缺点，就必须接纳他们。这一点同样适用于我们自己。我们只有先接受自己的缺点，与自己和解，然后问自己今后去向何处，我们才能变得更好。

第二，我们在第一章中讨论过的目前为人父母的处境，使任何当代父母几乎都不可能为他们的教育任务找到一个适当的解决方案。指出他们错在哪里不是谴责，不应该被视为批评，而应该被当作有用的信息。正确行事的最好方法是避免不正确行事。如果你正在寻找一个教育难题的正确答案，你会发现，先停下来想一想你不该做什么，会很有帮助。然后，你要做的事就没什么问题了。指出并定义一个错误要容易得多，因为错误总是具体的。一个问题的正确答案可以通过许多不同的方式找到，因此，一个明确积极的建议可能是限制性的，因为它可能会阻止你寻求其他也许更好的解决方案。关于不该做什么，你可以严格遵循建议，但是，对于积极的建议，你不可能严格遵守，因为正确的态度，在很大程度上，取决于一些不可估量的因素，比如，想象力、敏感度、情感态度、面部表情、语调等。如果你知道打孩子不好，你会很容易明白这个建议，如果你愿意的话，也可以严格执行。但任何关于正确对待孩子的具体建议，即使可以严格执行，在某种程度上仍然是有害的，而且没有可行的解决办法。

因此，你最好彻底了解错误方法的所有细节。你会发现，学好应该避免要做的事很有用。不过要注意，别气馁，因为那样的话，你会犯非常严重的错误。无论你基于沮丧、失败主义、负罪感和挫折感做的是什么，一定是错的，无论你多么努力做正确的事。"为打翻的牛奶哭泣"没有意义，尤其是当你确信，在正常抚养孩子的过程中，一定会打翻很多牛奶。从古至今，我们一直被父母伤害，如果人性不是如此强大，我们会变成什么样？的确，我们本可以做得更好，我们应该努力帮助我们的孩子成为更好、更幸福的人。但是，帮助他们的一个因素是，认识到他们有能力承受我们不情愿且无意识地强加给他们的诸多不良影响。

我们将在本章讨论训练孩子的过程中最常见的错误，所有错误都源自以下三点：没有要求孩子遵守秩序；父母允许自己卷入与孩子的冲突之中；孩子灰心丧气。

有些父母试图通过让步来避免与孩子发生冲突，从而忽视了教育孩子要遵守社会规则。另一些人则一心想强迫孩子在任何情况下都要遵守秩序，从而让自己卷入一场激烈的斗争。这两种做法都会导致失望和失败。如果我们和孩子发生冲突，就无法促使他真正地遵守秩序；如果我们不严格，不强调整洁有序，到最后，免不了被迫和孩子发生冲突。我们只有两种选择：有秩序、无冲突，或者有冲突、无秩序。

维持正常人际关系的一个基本原则是相互尊重。教育中所有的错误都是违反了合作这一基本原则的后果。不尊重孩子的父母会羞辱或束缚他，打击或过度保护他。反之，如果他们允许孩子支使他们，如果他们纵容孩子，使自己成为孩子的仆人，那么，他们就无视自己的尊严，也不会为自己赢得尊重。在不同的情况下，各种教育错误都可以归结为无视孩子的尊严，或者父母无视自己的尊严。他们自己在强迫与让步之间摇摆不定，就是这种无视的结果。

溺爱孩子

有一种父母的态度和方法，我们称之为溺爱，是对孩子的发展最严重的阻碍。我们现在面对的是一个不同寻常且难以理解的问题。"溺爱"这个词随处可见，但没有人知道它的确切含义。毫无疑问，我们同时代的大多数人小时候都被溺爱过；即使那些强烈反对这种指责的人，现在也渴望得到一点儿宠爱，从而暴露了自己的真实想法。只有被宠坏的孩子才渴望持续的纵容。

给我们所说的"溺爱"下一个准确的定义并不容易。这个词包含了各种各样的行为和态度。这个词本身就表达了一种让孩子适应生活的错误的方式。我们非但没有训练他去承担生活的责任，反而为了这些责任溺爱，使他没有能力履行这些责任。

大多数情况下，父母出于好意，不想让孩子有某些不愉快的经历——这种愿望在焦虑的父母中很常见，他们非常关心孩子，或者对孩子有强烈的依恋。因此，最容易受到这种危险影响的是独生子女或老幺，以及特别脆弱或多病的孩子，或者由于某种原因令人同情和怜悯的孩子——他们可能很小就失去了父亲或母亲，或者在某方面有残疾。相貌出众的孩子很可能会被溺爱，那些在成长过程中受到祖父母影响很大的孩子也是如此。任何让父母的忧虑加剧的因素，都会增加孩子被宠坏的危险——上一个孩子夭折、长时间非自愿无子女（involuntary childlessness）、受孕困难。

不希望孩子有不愉快经历的父母，通常会破坏对和谐生活至关重要的秩序和规律。这种保护可能从孩子一出生就开始了，使他第一步就走错了。即使是新生儿，也会受到刺激，从而选择遵守，或蔑视秩序和规则。定时喂养不仅符合生理机能的节奏，也是让孩子尽早认识到规律和秩序的好处的重要经验。婴儿可能对这种规则有抵触：他一饿就会哭。（焦虑的父母误解了他早期的哭闹，以为是饥饿或疼痛的表现，其实只是意味着孩子想得到关注。）如果父母足够明智冷静，不会打破经过深思熟虑制定的定时喂养规则，除非孩子生病，需要刻意改变一些日程安排。这样，孩子很快就会意识到，他不能通过哭闹催促开饭，几天后，他可能就会习惯规定的喂食时间。然而，过度保护孩子的父母却急于为他们"无助的孩子"省去这些最初的烦恼。他们不忍心让他"挨饿"。尤其是喂食过程，最初可能会很难，孩子出生后的最初几天，体重会有规律地下降。"以后，等他更强壮了，他会适应秩序的。"（如今，儿科医生往往会建议只要婴儿饿了就给他喂奶，这一趋势支持父母采取这种有害的态度。这种趋势可能是基于某些精神病学的概念，即"情绪挫折"是人类适应不良的主要原因。毫无疑问，有些孩子会自己养成对规律饮食的渴望。很多孩子会健康成长，无论是否有喂食时间表。同样，过于严格的时间表也存在风险，会引起母亲的焦虑，她会忧心忡忡地看着时钟，成为"时间表"的奴隶，而不是放松自己，接受规律。但建议父母，从一开始就故意纵容孩子必然会产生深远的有害影响。将这种故意的不规律，与原始人或过去几个世纪的情况进行比较也是不恰当的。那时，关于孩子日常需求的科学事实尚不为人知。孩子对食物的需求是母亲唯一的指针。在那样的时代，过度溺爱孩子的风险不是很大。如果我们仍然生活在秩序和规律非常严格，且对于维持社会生活必不可少的原始文化中，或者，如果我们仍然生活在大家庭中，孩子们自由成长，因为父母太忙，没有时间干涉他们适应社会的过程。那么，最近这种故态复萌的不规律喂养也不会造成很大危险。就目前的情况来看，这种孩子一出生就纵容与过分焦虑的父母过度溺爱孩子的总体趋势是一致的。毫无疑问，"按需喂养"消除了孩子与父母之间斗争的一个原因,也许会产生一些有益的影响。但如果父母不担心孩子的进食量,不给自己过多压力,不再焦虑,也能得到同样的效果。父母与孩子之间紧张的关系和随之而来的敌意,并非源于"情绪受挫"的婴儿,而是始于焦虑困惑的父母。平静友好的父母的孩子不会反对任何合理的时间表。幸福并非基于对模糊的"情感需求"的满足,而是基于毫无反抗地接受秩序。更多详情,请参考第五章"喂奶"。)但孩子越大,就越难弥补过去的纵容带来的不良影响,如今他已经习惯了不规律饮食,有任何改变的话,他的反对会更强烈。此外,如果孩子的健康受到这种不规律饮食的影响,母亲的焦虑会相应增加。她可能会敷衍了事地试图执行某项命令,但孩子只会加倍抗议,因为现在他确信自己会成功。最后,母亲只好放弃挣扎——尤其是孩子的嗓门一天比一天大。

每一种溺爱行为都遵循同样的模式。孩子成功地逃避了一项必要的职责,为了让他安静下来,父母只好不断违反对于秩序的要求。违反一次,就会有第二次。他哭闹,因为他想加餐,母亲把他抱起来摇晃。他喜欢这样,所以当他本该安静地躺在床上的时候,他又哇哇大哭起来,直到又有人来摇晃他,而且,因为没有人摇晃他,他就无法安心休息,而这对于他的成长发育是必不可少的。

娇生惯养可能有千百种不同的形式。孩子是在温室里长大的,在这种环境中,规范人类行为的自然秩序不起作用。他不在约束家庭其他成员的各种规则的管辖范围内。他被柔情爱意的保护层仔细包裹,无须用成就来证明自己的存在。同情和宽容使他免于承受由他的行为带来的一切不良后果。溺爱他的父母一直帮助他，使他不必付出任何努力，不用忍受任何不便。父母的过分焦虑使他远离任何可能涉及危险和需要勇气的事。当他还是婴儿时，他被推来推去、摇晃着入睡；等他再长大些，很多需要他完成的基本任务被免除了。他不用自己穿衣服、洗澡，也不用自己做作业，方方面面都会有人照顾他；他的愿望，无论是否正当，都会得到满足，而且，他认为自己可以为所欲为，即使这样做会严重扰乱家庭秩序。

这一切都会妨碍孩子基本的社会适应过程，当他以后不得不优先考虑别人的愿望时，他会很痛苦。因为，与父母的期望相反，大多数被宠坏的孩子并不是很快乐。恰恰相反！生活就是这样，没有人能实现所有的愿望，所有人都必须尽力应对困境。但是，当其他人认为被回绝是理所当然的事时，被宠坏的孩子可能认为这是环境或命运本身的不公。许多被宠坏的孩子所特有的不满足、不耐烦和不高兴表明，溺爱并没有使他们的生活变得更轻松。内心深处，他们从不觉得自己是生活的对手，他们的不够自立，常常导致一点点责任或困难就能将他们压垮。

因此，从逻辑上讲，任何一种溺爱都必然导致父母与孩子发生冲突。孩子年龄越大，要面对的责任就越多，继续娇惯他也就越困难。但是，如果父母不再让步，孩子可能会把这种态度的逆转看作不近人情和漠不关心的表现。他会很难理解，为什么他习以为常的纵容和帮助突然就没了，面对孤立无援，自己的一时兴起得不到满足，他会畏缩不前。同样，父母也不满意孩子的行为；他们会很恼火，给分歧火上浇油——因为训练的后果惩罚孩子。其结果是严厉与宽松、关爱与绝望，乱成一团，相互作用，这个状态可能会主导整个伪训练（pseudo-training）过程。

这些可能是溺爱的极端例子，但程度较轻的溺爱也是有害的，尽管很难完全避免。尤其是独生子女和家里的老幺多多少少都会被娇惯。你必须格外留意那些轻微违反秩序的行为、孩子的无理要求，以及孩子为了诱使你溺爱他所耍的那些花招。遗憾的是，这些情况通常看起来微不足道，你要么意识不到这些小小的纵容扰乱了你和孩子的关系，要么可能觉得不值得做一些特别的努力，来阻止这些把戏，孩子那么做是为了要求过多的关注、让别人为他服务、逃避责任，或者扰乱家庭秩序。此外，我们都喜欢溺爱孩子，对他们倾注感情，保护他们，照顾他们，在他们完全可以自己做的事情上帮他们一把。正是"情感纵容（emotional indulgence）"使父母对有序人际关系的需要不敏感，焦虑使他们过度保护孩子，对个人优越感的渴望促使他们承担过多的责任。这些父母可以得到我们的理解和同情，但他们必须为自己的小错误付出巨大的代价，当不如意的后果显现时，他们将不得不努力修正这种关系。

缺爱

如今，真正不喜欢自己孩子的父母属于例外情况。但万一出现这种情况，孩子的命运往往会很悲惨，经常会成为官方调查的事件。不受欢迎的孩子经常在没有爱的环境中长大。（早先，继子女时常和不受欢迎的孩子有同样的命运。现在，人们普遍关爱并同情孩子，这种态度使得成年人与所有孩子——无论是继子女、养子女，还是寄养的孩子——建立友好温暖的关系。）有时，最微不足道的小事就足以招致父母的憎恨——比如长得像某个讨厌的亲戚，或者意外受孕，生下的是个女孩而不是期盼已久的男孩，等等。

缺爱的感觉可能会彻底阻碍孩子适应社会，剥夺他的权利，激起极端的敌意和反抗。没有爱，孩子就不愿意适应环境、接受社会的行为准则。他表面上可能很顺从，但内心里仍然是个旁观者。他的社会意识萎缩了。

计划生育的趋势减少了不受欢迎、不被喜欢的孩子的数量。但尽管大多数父母喜欢自己的孩子，仍有很多孩子感觉自己被嫌弃，不被父母爱。我们可以理解这种悖论产生的原因。如果父母不再溺爱孩子，那么被宠坏的孩子可能会觉得父母不喜欢自己了。一个七岁的小男孩坦率地说："你不喜欢我，因为你不照着我说的去做。"同理，不能随心所欲，不被过分关心，不被赞美，没有收到礼物，或者没有得到关注，这些都足以让很多被宠坏的孩子相信父母不再喜欢或者不再爱他们了。在随之而来的与被宠坏的孩子的冲突中，父母经常会经历这样一个阶段：他们再也无法"忍受"孩子提出的过分的要求，于是不断以责骂、唠叨和惩罚回应。即使这些斗争场景被父母的示好打断，孩子也会对父母表现出来的敌意印象深刻，不再相信他们表现的关爱。随着斗争愈演愈烈，尤其是弟弟妹妹出生后获得了更多关注，而他只有在表现不佳时才会得到父母的关注，如果他安静听话，母亲就能好好休息一会儿，因此，这样的孩子只体验到了不满、批评和责备，并确信自己不被爱。必须记住，无论父母真的讨厌孩子，还是孩子以为父母讨厌他，效果是一样的。事实证明，很多罪犯童年时经历过真实或想象的缺爱，并因此感觉自己儿时遭受过虐待。

过度关爱

孩子的成长需要爱和温暖，但过度关爱可能是有害的。家庭氛围过于温暖不利于孩子适应正常的生活条件。许多人终其一生都在寻找他曾经从母亲那里得到的爱与温柔，因此，与其他人相处一定会令他大失所望。过分的关爱把孩子与父母紧紧捆绑在一起，使他不适合以后在爱情和婚姻中的角色，而且很可能会削弱他在其他方面爱的能力。

父母的过度关爱甚至可能导致孩子性早熟。因此，过多亲吻孩子（尤其是亲嘴），或者允许他们与父母同床睡觉是有害的，除非只在早上或星期天。然而，遗憾的是，有些父母会允许孩子和他们一起睡到十岁，甚至更大，而且并不是因为居住条件拥挤。

的确，强烈的情感表达能使父母与孩子之间感情深厚。但是，如果信任和亲密完全是通过这种方式获得的，那么，其价值往往值得怀疑。孩子可能会变得非常依赖父母，但这种依赖和身体接触都不能避免孩子与父母发生冲突。相反，按照事情自然发展的趋势，过度关注必然会导致溺爱，溺爱只会引发并加剧冲突，在这种情况下，冲突具有某些特殊的形式。孩子可能不会公开反抗，相反，还可能时时流露出善意。但他内心的反抗表现为明显的无助和无能。神经紊乱是其最常见的表现。

毫无疑问，感受到孩子深深的依恋，并珍惜他用肢体表达的爱意是令人愉快的；但这种过分强调可能会让他搞不清自己在生活中的位置。他可能会得出这样的结论：他的人生目标是仅凭他的存在本身赢得爱与关怀，而不是通过实实在在的成就获得认可。当你把对爱的渴望全部集中在你的孩子身上时，你应该记住，这些渴望在你生活的其他阶段可能没有得到满足。

> 迪基对他母亲有深厚的感情，他深深地爱着她。他总是对周围的人剑拔弩张，但为了他母亲，他努力"控制自己"，改善自己的行为。然而，他学习起来很吃力，似乎再努力也没什么用。他很少想用功，在课堂上非常慌乱紧张。在这里，我们看到了他母亲过度关爱的结果，由于儿子变得越来越难相处，她在某些方面变得很严厉。七岁前，迪基还经常和母亲睡在一张床上。七岁以后，只有做了噩梦，他才被允许享受这种特权；但即使在后来的许多年里，有时，他还是会和母亲一起过夜。他很爱母亲，一有机会就爱抚她、亲吻她，他深深依恋着母亲。几乎无法说服他离开她。
>
> 他四岁开始上幼儿园，但总是不想去；母亲给他报名参加夏令营，他更是加倍抗拒。他总觉得自己被敌人

包围了，从不试着去交朋友。他一心想快点儿回家。他四岁时就开始手淫，阴茎很早就勃起了。他极其虚荣，只关心如何给别人留下深刻的印象，但他对自己的能力没有信心，尽管他的智力和体力水平都属于中等偏上。他想通过惹人厌来获取关注，比如扮丑装傻、行为不端（坐立不安、咯咯傻笑、喋喋不休等）。

收回关爱

你当然不想被人指责铁石心肠，但说来也怪，你有时却试图给人留下这样的印象：你的孩子调皮捣蛋时，你会"生气"。通常只是唬唬人，但有时也会真生气。你可能和大多数父母一样，以为这是管教孩子——也就是让他听话，让他不再反抗——的最佳方法。如今有一个广为流传的心理学流派，竟然赞美这种所谓的"克制情感"，认为这是训练孩子唯一有效的方法。

必须承认，用这种方法可以达到某些目的。孩子依恋你和照顾他的人，你收回对他的爱和关心，他感觉自己被嫌弃，一定很痛苦，甚至压抑自己不守规矩的倾向。然而，认为这些倾向会因此消失是错误的。孩子不想失去你的爱，他会尽量克制那些你反对的冲动。但这些倾向只会被压抑，不会被消除。你必须用其他方法让它消失。

更糟糕的是，你的疏远大大削弱了孩子的勇气，这会让他强烈地意识到自己的依赖和渺小。很多时候，你企图收回对他的爱，他却强迫你表达爱意。这个目的也许可以通过一次次不敢上床睡觉来实现：你必须在他床边连续坐好几个小时，甚至要握着他的手，否则，他就会呜咽、哭泣，一直不睡觉。

但"生气"最危险的后果是，孩子会因此怀疑你是否绝对可靠。如果他最好的朋友一次又一次突然斥责他，他怎么可能相信人性，并发展社会意识呢？你有更合适的方法纠正他的过错，让他感受到不良行为的后果。为了达到这种目的，完全没有必要破坏你和孩子的友好关系。相反，如果你不在孩子的脑子里种下纷争和冲突的种子，就改变不了你们的关系。父母与孩子之间的同伴情谊不容损害。孩子很快就会原谅父母无意间脱口而出的一句刻薄话，但不会忘记父母故意收回关爱时说的那句冷冰冰的话——"我再也不喜欢你了。"只要孩子没有意识到你说这句话是在骗他，斗争就开始了，即使只是为了争夺感情。更极端的"生气"的形式，比如，真正的不友善、冷漠、严厉，或者持续拒绝交谈，是全面的防御手段，必定会迫使孩子采取敌对的态度。实际上，你在任何情况下都会爱你的孩子，孩子应该知道这一点。可是，很多孩子不知道。前文已经说过，很多孩子觉得自己被父母嫌弃，认为没有人喜欢他们。他们只有在捣乱时，才会得到关注，规规矩矩的时候，几乎得不到关注。他们体验到的大多是斥责和惩罚，因此得出错误的结论。父母总是围着弟弟妹妹转，也可能导致他们误以为自己不被喜欢。

那么，你可能会问，该不该表现出不赞成？这是不可避免的，有时甚至有必要表现出来。绝对的客观和实事求是,不仅不可能、不近人情,甚至是无礼的。但你必须小心地强调你谴责的是什么:孩子,还是他的行为。如果你清楚地表明你不讨厌孩子,你可以表达对某种行为的不喜欢。分辨不清行为和行为人,给当代所有没有学会或认识不到二者区别的父母带来了沉重的负担。因此,我们往往会把一个人的价值,包括我们自身的价值,与其行为的价值混淆起来;如果我们有一个行为没有达到我们为自己设定的标准,我们就会怀疑自己在社会中的价值。根据偶然的成败将孩子归类的父母和老师,往往会毒害孩子的思想,甚至影响他们的一生。没有坏孩子,只有气馁、不快乐的孩子,他们还没有找到适当的方法融入社会。

焦虑

强烈的敌对情绪往往是由恐惧和焦虑引起的。如果你感到焦虑,你可能只会看到你希望保护孩子免于遭受的种种危险。你可能一想到"他可能会出事"就瑟瑟发抖,而没有考虑到,他必须学会照顾自己——他必须具备识别危险,并主动应对危险的能力。"一朝被蛇咬,十年怕井绳。"胆小的父母剥夺了孩子宝贵的经验。这些孩子变得缺乏远见,更容易受到伤害。他们玩火柴,打开煤气,爬到架子上。与此同时,父母更加焦虑,一旦他们放松监管,最终就会发生可怕的灾祸。

五岁的汤米利用母亲的焦虑，在街上从她身边跑开，让她追他。她来我这里咨询。我解释说，一个五岁的孩子应该知道，他跑了，可能会迷路。我告诉她，应该让孩子亲身体会一下迷路是什么感觉。她可以选择适当的环境，比如公园，或者某条车很少的僻静的街道。这位母亲吓坏了：怎么会出这种馊主意！你，一个男人，怎么会懂母亲的感受？

这次谈话过去不到两周，她又来找我，情绪特别激动："医生，您猜汤米干了什么！昨天，我走进他的房间，他不在，然后我听到他叫，'妈咪！妈咪！'我的心几乎停止了跳动。您想象一下，医生，我们家在三楼，窗户通向阳台的斜屋顶，汤米就在那儿，坐在屋顶上大喊大叫！我怎么劝他，他都不回来，我爬到屋顶上，他却挪到更远的地方。我们只好答应他的要求，再用糖果引诱他，这才抓住他。"我让她相信，在这种情况下，汤米只是故技重施——他判断不了危险，所以才用危险来吓唬母亲。她终于明白，她的焦虑只会让孩子面临新的危险。

但凡在成长过程中有一点儿自立能力的孩子，都不会像他们的父母以为的那么不小心。在这方面，就像在很多其他方面一样，孩子的智力被大大地低估了，尽管有很多孩子在城市的街道和乡村的公路上玩耍，且无人看管，但统计数据表明，被汽车撞倒或碾轧的成年人比儿童多。任何在繁忙的十字路口观察行人的人,都很容易发现,成年人比他们的子女更粗心、更轻率,至少在真正的危险时刻是这样的。被父母以智慧的方式养大的孩子,在面对其他危险时,也会表现出类似的谨慎。只有在他出生后的头两年,当孩子还在逐渐熟悉不同物体的性质和功能时,他才可能在家里将自己置于危险之中。但是,与其用迫在眉睫的危险吓唬他,找他谈话,教育他提高安全意识,同时激起他的对立情绪,不如指出各种危险,并安排一些无害但不愉快的经历。他很快就会学会正确评估他所面临的风险。

确实,有些孩子已经长到八岁,甚至更大了,家长仍不放心他们自己过马路。但在这种情况下,责任往往在于过度焦虑的父母,他们没能让孩子保持警惕,并学会适当地保护自己。孩子必须学会照顾自己,越早学会,父母就越放心。

吓唬孩子

焦虑导致很多父母对他们的孩子夸大生活中的危险。当他们唠叨街头事故频发、整个人类的恶行,特别是绑架者行凶、病毒流行,以及时刻保暖的必要性时,他们以为这是在训练孩子谨慎行事。如果孩子采纳了父母这种拘谨、胆怯的观念,他非但不会为生活做更充分的准备,自己也会变得很焦虑。听起来很奇怪,但事实上确实如此,过度谨慎导致的结果和考虑不周是一样的。估计有危险不仅会引起犹豫不决,而且会驱使人们一头扎进他们希望避免的危险当中。规避风险需要冷静的头脑和对情况清晰的评估,因此,高估危险相当于增加危险。

因此,过度焦虑且动作笨拙的人,最有可能无意中撞到汽车,或者在下电车时摔倒。作为预防危险的手段,勇敢胜过焦虑,吓唬孩子的父母,实际上是故意将他们置于危险之中。试图保护孩子不生病也是如此。如果总是把孩子裹得严严实实、密不透风,他反倒会着凉感冒。

> 祖母照看正在玩耍的八岁的杰的样子实在可怜。"别跑那么快,你的肺会炸掉的!别那么用力拉,小心拉伤!不要从楼梯上往下跳,你会摔断腿的!"如果孩子听从所有这些劝告,他这辈子都要裹着棉絮生活在玻璃柜里。但令他所谓的监护人大为恼火的是,明智的固执己见通常会让孩子不理会他们的唠叨。

还有一个原因,也可能导致你有时会吓唬孩子——试图强迫孩子守规矩——但结果同样糟糕。你可能跟他说,妖怪会来抓坏孩子;或者给他看街角的警察,他"带走了顽皮的男孩和女孩"。你可能认为这是让孩子更顺从的一种手段。权宜之计有时可能会起作用,但只是暂时的;随后的发展将证明你错了。孩子可能会变得很胆小,以后,他会变着花样(参见第四章"收回关爱")把他的恐惧当武器对付你。你永远不会从吓唬孩子中得到任何好处。播下恐惧的种子，收获的是忧虑。

过度监督

忧虑的父母不相信自己，不相信孩子，也不相信未来；他们只想着防御和预防。这种担心会导致过度行为（overactivity），导致使用过多的措施和方法，每一种方法可能都是适当的，但由于过度使用，而变得无效，且具有破坏性。父母在焦虑中又会滋生出过度监督孩子的倾向。他们从不让孩子独立行动。孩子的一举一动都是规定好的。对自己没有信心的父母，也同样怀疑孩子的能力；一个人越是觉得管不好自己的事，就越会试图管别人的事，不停地管闲事、提建议。这样的父母总为他们的孩子发愁："你最好坐这把椅子。""把书放在这儿。""拿这支笔。""戴这顶帽子。""别吃那么快。""坐直咯。"父母的命令无穷无尽，数不胜数。孩子在身边时，父母会指挥他的一举一动。他们不能等一等，看孩子能否自己解决问题。孩子的一举一动都会受到监督，耳边不断传来各种评论和禁令；每个行为都会引起表扬或指责，尤其是批评。孩子每天都在无数的劝告和训诫中度过。

> 我有个朋友，是一位非常忙碌的母亲。有一次，我们谈起她过分忧虑，总是管束孩子。她意识不到自己的态度有问题。我问她，一天当中，她用批评、指责或命

令的方式指导孩子多少次。"哦，次数不多。"她说。我让她说个大概的次数，她答不上来。然后，我又大胆地问："一天总要有一两百次吧？""哦，那可没有。"她气愤地回答道，"一天最多十次。"于是，我提出下面这个建议：我去她家待一个小时，观察她。我在的这一个小时，她认为她会对她的孩子说几次话。"哦，也就两三次吧。"我估计在我串门期间会有三十次。她哈哈大笑。"肯定不会有那么多次。"于是，我去了。我只是坐在那里旁观。每次她告诉孩子该做什么，不该做什么，我就大声数数。尽管她知道我在场，而且大声数数提醒她，但还不到半个小时，就超过了三十次。她简直停不下来。

为了充分理解这种"监督"的荒谬，我们必须牢记：只有给孩子留下深刻的印象，教育的影响才具有持久的价值。一次深刻的经历，尽管不会改变孩子的性格、气质，但可以激发出新的态度和方法。这就是教育行为的价值所在：给孩子一个思考和反思的机会。他必须采取明确的立场，并得出结论。几次令人难忘的经历会对他的性格形成产生深远的影响，而且这些经历都朝着同一个方向。

因此，父母不停地努力影响孩子，却收效甚微。这些努力不再迫使孩子思考，也不再引起反抗。孩子的反应迟钝了，不再予以关注，因为父母的想法多种多样，而且经常自相矛盾。孩子要么放弃独立行动的一切努力，要么变得闷闷不乐、没有反应、放肆无礼。只有不经常施加教育影响，才能打动孩子，并产生预期效果。

过度交谈

父母在训练孩子的时候有一种有害的"多管闲事"的倾向，这种倾向主要体现在语言上。大多数父母不行动，甚至不思考，只是说说而已。无论孩子做什么，他们都有话要说。如果他们不知道做什么，他们就说话。当然，说话没有用，因为他们的谈话中没有任何建设性的计划。

当然，说话是有必要的。孩子需要解释和指导，正如他需要娱乐，而且话语可以给人留下深刻且持久的印象。但很多时候，话语没有意义，也没有方向。你必须提防这种说话方式。每一句无效的话都是多余的，甚至是有害的。这不是私人往来的表达，而是对人际关系的干扰。语言可以是交流的手段，也可以是战争的工具。每当你和孩子说话时，你必须搞清楚，和孩子说话是希望排解你自己的紧张、烦恼和愤怒，还是希望给孩子留下深刻的印象。如果是后一种情况，除非你确定孩子乐意倾听，否则，最好免开尊口。你必须留意自己的情绪。只有当你完全冷静时，才能进行建设性的谈话。否则，你的话语会产生暴力效果，具有攻击性，会挑起对立情绪。如果你想积极使用词语，就必须时刻观察它们的效果，如果你发现孩子听不进去，那就别说了。如果在谈话过程中，你或者孩子的情绪激动起来，那就不要再谈下去了。

遇到后一种情况，行动必须代替语言。最好停下来思考，而不是再多一句嘴，你可能得不到比第一次更好的回应。最重要的是，不要重复说过的话，不要告诉孩子他已经知道的事。（指出他的错误等于说废话，因为大多数时候，孩子知道自己错了。）如果你的意见，第一次说没用，第二次说就会有害，即使达到了目的。重复令人恼怒，而恼怒是争吵的前奏。你应该少说话，多思考，采取相应的措施——也就是说，让自然后果发挥作用。有时候，孩子做了错事，一言不发比严词厉色更能起到震慑作用，因为沉默表示强烈反对。

根据下列分类，可以判断某些词语和常见说话方式的荒谬及潜在危害。

当孩子动手做某事时：

> 无法完成的事，干脆就别开始。
> 我很好奇你能有多大能耐。
> 你还有脸做这种尝试！
> 做好你自己分内的事吧！
> 即使你真的完成了，又怎样？
> 你就是想显摆！
> 还是做你的功课去吧——至少这是个正经事。
> 没你想象得那么容易。
> 你以为一切轻而易举。

贪多嚼不烂。

我觉得你没这个本事。

你没有坚持不懈的精神。

你竟然对这种蠢事感兴趣!

如果能做成,早就有人做了。

当孩子成功时:

干那个没啥前途。

你离好学生还远着呢。

你以为你飞得很高,但是你会失望的。

纯属新手的好运气。

运气比脑子好!

瞎猫碰上死耗子了。

当孩子失败时:

你看你浪费了多少钱!

你看,我说对了吧!

我跟你说什么来着!

像你这么大的时候,我的衣服都是我自己做的。

我比你聪明多了。

笨手笨脚!

干啥啥不行。

看见你，我就恶心！

这些话和类似的话会打击孩子的自信心，削弱他的实际能力，但在日常生活中，有些家长随口就来。和孩子说话一定要小心。语言是为了鼓励和帮助，不是为了激怒和阻碍。

忽视

到目前为止，我们讨论的很多错误都是由教育手段过剩造成的！尽量少干涉，让孩子自己积累经验，这是一条明智的原则。但将这一原则扩展到合理的限度之外，可能就意味着严重的伤害。你必须关心你的孩子，必须在他们身上花费时间和精力。孩子不仅需要身体上的照顾，还需要同情、理解和鼓励。如果缺少这些关注，他们会因为被忽视而受到伤害，发育也会因此变得迟缓。他们与人共事、让自己融入社会的能力也可能会衰退。

你应该主要在训练方法的使用上为自己设限。如果在适当的时候使用，数量不多的方法就足以维持秩序。但在你和孩子纯粹的人际关系中，在你与他的合作中，你不应该限制你的活动和兴趣。随着他长大，他越来越需要伙伴关系和共同活动的体验。你对他的兴趣会激励他继续发展，只要这种兴趣不带压迫性或攻击性。如果你对孩子的身体发育、外表、道德和智力发展漠不关心，你的忽视会给他造成伤害；同样，如果你展现这种兴趣是为了引起孩子的敌对情绪，甚至把他推向对立面，也会给他造成伤害。

敦促

孩子可能时常需要有人督促。他确实需要的话，你就鼓励他，并且非常友好地提醒他注意配合。但如果孩子反抗，任何说服他的尝试通常都是徒劳的。当他需要做好心理准备才能顺从时，敦促尤其有害。孩子出去玩之前嘱咐他穿暖和点儿，这样的敦促是恰当的。这种纯粹的外部责任往往需要一点儿友好的压力，但绝不能试图说服孩子吃饭、睡觉，或者停止表达某种情绪（哭泣、生闷气等），或者让孩子执行任何只有发自内心才能完成的任务。通过外在的诱惑，你可以让他咬一口食物并咀嚼，但吞咽和消化食物需要真正的意愿。睡觉也一样，你可以违背孩子的意愿，让他在床上躺好，但任何进一步的干预都会打扰他入睡的过程。同样，孩子的情绪也不会受到压力的影响，他不会停止哭泣或噘嘴，除非他内心准备好了，压力只会让他内心更加抗拒。因此，在这些情况下，语言非但无用，甚至有害，因为可能导致事与愿违。

当然，在这些情况下，孩子可能会被影响。一切都取决于你能否说服他赞同正确的态度——使他内心准备好做他该做的事。他必须感觉到内在的动力，去做似乎必须做的事。即使他一开始心里非常抵触，你也可以通过自然后果，相对容易地实现他的内在转变。

小伊芙不肯饭后立刻午睡,但当她得知,除非饭后睡够一定时间,否则晚上别想熬夜听室内音乐时,她就不反对了。她曾拒绝吃麦片,但当她发现没有别的食物时,她说:"你知道吗,爸爸,麦片也没那么难吃。"她内心的抗拒消失了。劝说绝不可能达到这个结果。相反,压力只会阻碍孩子吃饭、睡觉。

因此,即便是反叛的孩子,不哄劝他,不担心他,更不理睬他,他也会很快平静下来。当孩子的兴趣转移到其他事情上时,连哭闹都会立刻停止。然而,敦促永远不会有这种效果。

索取承诺

有些父母会诱使孩子承诺将来会有更好的表现,但这么做是完全徒劳的,从长远的影响来看,甚至是有害的。例如:"答应我再也不说这个词了。""下次你会表现得更好!""你再也不会对我撒谎了!"通常,孩子会心不在焉地答应下来,无非是为了平息家长的怒气,避免受到惩罚。即使他真心想遵守诺言,也不会有什么效果。孩子的性格没变,他的行为就不会变。而且,如果由于看似轻率的原因,他又犯了从前犯过的错,你就会在他的旧缺点清单上又添一条新缺点，给他扣上不可信、不可靠的污名。为了避免受到这些指责，孩子可能愿意父母认为自己粗心健忘。因此，索取承诺，首先，没能纠正原来的缺点；其次，在旧缺点上又加了一个新缺点（不可靠）；最后，助长孩子躲在某个"弱点"后面拒不改正的倾向。

为了防止孩子重蹈覆辙，你必须让他意识到犯错会有不好的结果。如果孩子犯个小错，你只是向他索取一个承诺，那么，孩子会欣然接受这个后果，下次再出现类似的情况，无论你对他提出什么要求，他都会泰然自若地答应你。因此，诱导孩子做出承诺成了一种仪式，通过这种仪式，孩子可以逃避其行为的实际后果。由于心疼孩子，你可能不想让他承担他的不当行为所带来的恶果；而且，为了证明你这种背离逻辑进程的做法是合理的，你要求孩子承诺他会进步。因此，如果将来孩子出现试图通过随便答应任何要求来逃避不愉快的情况，你也不必感到惊讶。

然后，孩子还会试图利用他的承诺得到好处。如果他想让父母表达爱意，想去看电影，或者得到某种好吃的东西，他会乐意做出任何承诺。或者，当你给他准备了什么好东西，你会事先说，"我不会这么做，除非……"这会导致与之前相同的情况。做取悦孩子的事不应该有任何附加条件。如果你确实希望在孩子完成某项任务后给予他奖励，那么，这项任务必须与你的奖品有某种逻辑关系，而且必须先完成任务；否则，所谓奖励很容易沦为一张空头支票，从而产生开头提到的那种严重的情况。

允许自己被承诺——行动的替代品——收买，只会让孩子养成不可信赖和夸夸其谈的毛病。对于承诺，千万要多加小心。孩子自愿做出友好的承诺也许是可喜的，但你一定要当心，别让他利用承诺，使自己摆脱什么不好的结果，或者获得某种不正当的好处。无论如何，任何人都不该向孩子索取承诺，这样做通常会招来麻烦。

"振作起来"

还有一种试图让孩子听话的做法，像索取承诺一样常见，而且同样有害。你可能在各种场合敦促孩子"振作起来"。你的意思通常不是"因为你肯定会挺过去"，你的意思是，他应该运用自己的意志力，他不应该这么软弱。孩子是这么理解的。但他的结论往往与你希望他得出的结论不一样。他意识不到自身的力量，反而觉得自己更软弱了。他可能会尝试采取不同的行动，但只在极少的情况下能成功。他所有的努力都没有改变他的意图，他只是假装克制自己。结果是，无助感越来越强烈。他没有改善自己的行为，反而更加确信自己缺乏意志力。

这种对孩子的意志力的呼唤，源于一种错误的心理前提。意识意志（conscious will）与引发孩子行为的更深层的实际的意图并不总是协调一致的。即使在他犯错时，他也是有目的的。当然，他此刻的意图并不友好，因为表现了他与特定情况的冲突；但是，当其他人意识到这种对抗倾向时，孩子自己可能并没有意识到这一点。要求孩子"控制好自己"是迫使他采取一种态度，而这种态度可能对他以后的生活产生深远且不幸的影响。由此形成的心理机制构成了所谓神经症发展的重要基础。

孩子"振作起来"以后，究竟会发生什么？他真正的态度丝毫没有改变；他的反对、他的抗议、他为获得认可所付出的努力及他逃避责任的愿望还在，当然没有受到这种呼吁的影响。但是，你没有认识到他的敌对情绪，也没有化解充满冲突的紧张气氛，而是要求他有当下绝不可能有的表现。他可能会尽量不懒惰、不邋遢、不好斗，或者让自己看上去有精神。由于他内在的目标并没有改变，这种努力并不能改正他的"缺点"，反而会让他越发觉得自己软弱、意志力薄弱。所有努力都是徒劳的，孩子为此感到抱歉：他找各种借口，变得健忘，无所事事，陷入与自己的冲突之中。这实际上只是一场虚假的冲突，不会有任何结果。用批评和挑剔来干预这场斗争，责备孩子缺乏意志力，只会加速他不健康地发展。这类看似意志薄弱的人会屈服于自己的一切恶性冲动，表现出无法"控制"自己的样子。他们借助自己的"软弱"和"缺乏活力"，强迫父母和周围的其他人为他们做所有必要的决定，并让亲朋好友为他们的行为承担全部责任。然而，没有人能谴责他们，因为他们显然非常"努力"地履行自己的义务。

如果你不想让你的孩子患上神经症，必须避免这样的劝告："振作起来。"当你注意到孩子身上的某个弱点时，最好寻根溯源，帮助孩子改变其行为的各种前提。你不要给他机会相信他所谓的"弱点"。当一个孩子放肆、轻率或缺乏主动性时，这些缺点绝不是因为力量或精力不足。你必须了解孩子的目的，并帮助他解决困难。

报复

许多教育方法基于这样一种假设：孩子的每个行为都应该得到奖励或惩罚。大多数父母几乎无法想象不用奖惩怎么训练孩子。这些方法自古以来一直在使用，并深深植根于过去以人际关系为特征的社会环境中。只要人是人的仆人，就只能通过武力或贿赂来获得服务。掌权集团通过不正当的征服手段实施统治。只要掌权者手中有更有力的手段，报复就是达到这一目的的工具。

在我们的文化中，人际关系的观念发生了根本的变化。人与人之间的关系变得平等了，这不仅体现在一般的政治和社会关系上，也体现在父母与孩子的关系上。在互相报复的过程中，父母不再是占据有利地位的强大的优势方。父母可能会试图维持自己的优越地位，但无形中受到变化了的社会观念的影响。由于父母希望把孩子当成一个平等的人来尊重，反倒经常把孩子变成自己的主人。此外，公认的人类行为标准剥夺了父母任意对待孩子的权利。结果，孩子的报复能力超过了他们。尽管父母始终使用报复手段，但这些手段已经不再有效。

这种奖惩理论背后的谬误显而易见。奖励和惩罚这两种方法都基于父母拥有权力和优势的假设。如果你对孩子使用这些方法，你就是教他只有迫于你的压力，他才好好表现，而不是出于自愿。毫无疑问，你可以借助愉快和不愉快的压力让孩子服从，但由此产生的良好行为虚有其表。任何通过压力达成的合作，都不是基于社会兴趣和真正服从的意愿；内心仍然叛逆，这种心理必然导致反社会的态度，中断合作，违犯法律和秩序。这种几乎没有被社会伪装掩盖的内心叛逆是几乎所有当代人的特征，这也解释了他们有社会缺陷的原因。很多人只有在能够得到好处，或避免困苦时才愿意顺从。他们的顺从并非发自真心，他们的合作不是基于对社会秩序的认可和接受。他们把社会看作一个必须服从的暴君，而不是一个他们自己创建的、作为平等的一员心有所属的地方。合作的价值、和平秩序的价值不能通过奖惩来教授。这种做法掩盖了真正的问题，因为它把秩序说成无理要求，把适应社会说成服从。对孩子来说，只有承担扰乱秩序的自然后果，才能促使他真正去适应社会。这些后果本身就能激发人们对秩序的认可和接受，不受他人行为的影响，也不管环境是否有利。

习惯报复的父母可能会滥用合乎逻辑的结果，他们可能会威胁孩子："如果你这么做，就会发生那种事。"因此，他们将自己的权力再次注入社会秩序中。他们像警察一样监视孩子，如果孩子以牙还牙，回击惩罚父母，父母会非常惊讶。结果双方会展开一场拉锯战，每一方都要针锋相对地报复——无休无止。

如今，已经感觉被孩子打败、压倒的父母所采用的许多方法都有很浓的火药味。他们没有意识到继续使用这些看似徒劳无效的方法的动机。所有父母在训练孩子的时候都倾向于采用奖励或惩罚的手段。我们必须学会保持警惕，我们必须理解它们的含义，我们必须训练自己用更有效的方法取代它们。

主张盲从

如果你认为孩子反对你的要求严重损害了你的声望（你因此在家庭权利政治的战场上败下阵来），你可能会觉得有必要使用暴力。但这种态度合理吗？

当然，很多情况都需要你的孩子立即做出反应。当孩子面临迫在眉睫的危险，或者当他必须遵守必要的命令时，确实如此。然而，这种紧急情况并不经常发生；如果立即做出反应的要求仅限于这几种情况，态度坚定就足够了。但在任何情况下都要求孩子服从，则是一个非常严重的错误。孩子有自己的想法和观点。如果想让他在以后的生活中取得成功，就必须允许他独立思考。如果限制孩子个性的自由发展，你就阻碍了他的意志和判断力的发展。

这绝不是说，你一看到他表现出自己的意志，就高兴地处处让步。决定一个孩子什么时候应该让他的意志服从整体秩序的利益，什么时候他可以在不损害他人的情况下做出自己的决定，需要深思熟虑。

但即使孩子必须放弃他的一个愿望，也不必每次都立刻答应。如果父母认为一切反抗行为都是对其个人威望的威胁，那么，他们当然会迫不及待，但如果他们等不及，那就标志着冲突的开始，而这场冲突本来是可以避免的。他们的反应是烦躁、愤怒和使用暴力。如果他们在渴求声望时多一点儿耐心，可能很快就会得出这样的结论：少许思考比大量暴力更有效。他们可以利用自然后果，引导孩子自愿放弃不可取的愿望和意图。或者，他们可以想出别的合适的方法，影响孩子朝正确的方向走。

十岁的哈利有一个他父母不喜欢的朋友。他们禁止他和那个男孩来往。但他们的命令，和很多其他类似的禁令一样，不起什么作用。后来，有一天，母亲问哈利跟谁出去散步了，哈利撒了谎。谎言被揭穿后，他的父母很激动。哈利做出这种事，怎么能不挨罚！如果父母不吵吵嚷嚷、大打出手，而是稍微思考一下，他们也许会扪心自问，难道他们的儿子无权拥有投脾气的小伙伴，无权选择自己的朋友吗？如果他们不喜欢这份特定的友谊，他们唯一该做的是，想办法让儿子和那个朋友断绝来往。

他们本可以告诉哈利他这个伙伴的缺点，心平气和地跟他谈谈这段交往的弊端。但即便如此，他们是否有理由采取激烈的手段仍值得怀疑。也许他们最好让儿子和其他孩子接触，他们可以邀请其他男孩来家里做客，给哈利制造机会，和其中一个孩子交朋友。哈利是为了避免激烈的争执才撒的谎。看到孩子撒谎，父母就有充足的理由审视自己从前的态度，质疑自己解决问题的方法是否正确。但相反，他们认为孩子违抗了他们的命令，藐视了他们的权威，理应受到惩罚。你认为这场喧嚣过后，父母的地位会有所提升，还是哈利会更加谨慎地尊重他们的意愿？

我们必须认识到，跟孩子打交道，凡事不可能一蹴而就。当孩子由于先前的摩擦、自身的问题或责任增多，而处于叛逆状态时，了解这一点尤为重要。比如，弟弟或妹妹出生的时候，孩子开始上学的时候，孩子生病的时候，以及其他一些时候孩子也容易叛逆，比如他三四岁和青春期的时候。在这种关键时期，父母如果还为自己的声望斗争，后果将尤为可怕。父母越不自信，这种斗争的表现就越激烈，他们也就越担心半途而废。他们担心，如果不能立即实现他们认为重要的目标，就会出现最糟糕的后果。

唠叨

急切的不耐烦很容易转化成唠叨。几乎没有哪种父母的态度比从早到晚不停地唠叨挑剔更令孩子恼火反感的。而且，长此以往，加上缺乏创造性的想象力，导致车轱辘话说个没完。孩子做什么都会挨批，哪儿哪儿都不对，什么事都做得不够好。孩子小小的过失都被说成罪大恶极。

在教育孩子方面，唠叨的好处为零；相反，只会激起孩子更强烈的反抗，促使孩子不服从，加速失败。如果父母能观察一下唠叨产生的直接影响，他们可能会大吃一惊，急忙改变策略。但他们从不停下来思考,因为他们的态度是基于自己的需要,而不是孩子的需要。他们的行为出于一种内在的需要。尽管他们为自己的不满找到千百种理由,但他们自己根本不知道,他们的不满源于对生活的失望和挫败感。监督和唠叨是父母用来贬低、轻视孩子的手段,通常是为了维持自己的优越感。还有一个做法与此相关,也是从理性的角度加以解释,那就是找碴儿,我们将结合找碴儿讨论它们的含义。

找碴儿

你能想象在抚养孩子的过程中不找碴儿吗?大概想象不出来。自古以来,这就是教育者的基本工具之一。(但可以肯定的是,在我们的文化群体之外,过去有,现在依然有某些群体不使用这种训练儿童的方法。)我们找碴儿,是为了让孩子知道他的行为不得体。但为什么要这么做呢?我们已经看到(见第三章"表扬"),通过强调正确的做法,可以激发孩子辨别是非的能力。通常,孩子在被纠正之前就知道自己错了。稍加试验,你就会发现,他受到鼓励和友好的指导时多么听话;把这些结果与找碴儿的效果做比较,你就会意识到后一种方法收效甚微。

然而,关于"找碴儿",我们必须说明两点。

第一,我们只把"找碴儿"理解为(正如这个词本身所暗示的)贬损性的评论和行为。对一个孩子说:"你那样做不对,你应该这样做。"这不是找碴儿，而是给予指导。找碴儿包含一种特有的、责备的语气，只有这种形式的父母干预才符合这个标题。

第二，确实有孩子会对斥责做出积极的回应。某些孩子受到严厉批评时反应良好，但这些孩子对其他方法没反应。友好的劝说和鼓励似乎不起任何作用。换句话说，对大多数孩子最有效的方法对他们来说是无效的。为什么会这样？在这种情况下，我们面对的是顽固不化的孩子——这些孩子已经对冲突麻木不仁，只屈服于暴力。我们将结合"体罚"问题更详细地讨论这些孩子的心理，因为在那时，他们特有的态度更清晰可辨。

在其他情况下，找碴儿可能偶尔也会有好的效果，尤其是对那些雄心勃勃的孩子来说。但即便在这时，也同样可能产生不利的影响。如果谨慎且有节制地使用这种方法，可能会对孩子的壮志起到鞭策的作用；相反，频繁且激烈地挑错，会令有抱负的孩子灰心丧气，有时，他们会立刻放弃努力。这里我们再次看到，父母同样的态度如何在不同的孩子身上产生不同的效果。

除了上面提到的例外情况，找碴儿的效果通常是一样的——令大多数孩子灰心丧气，妨碍他们的行为和成就。因此，如果他们对父母的批评习以为常，不再当回事，也许这样更好。但无论如何都会形成一个不快乐的恶性循环：父母找碴儿—孩子不改进—越发找碴儿—孩子变得更糟糕，变得很固执，如此循环往复，这就是众所周知的不满的父母与孩子之间关系的典型特征。多少家庭悲剧源于这种错误的关系！

有一种糟糕的做法尤其危险，那就是不停地数落孩子的缺点。

如果你想提醒孩子笨手笨脚，应该考虑一下后果。如果你生气伤心，因为你希望他完美，你的态度是可以理解的。所以，你可能会对他说："你一定长了两只左脚。""没有比你更笨的人了！""你走过的地方，寸草不生。""你就像一头闯进瓷器店的公牛。""你碰过的东西没有不坏的。"你的话至少有一个肯定的结果——发泄一腔怒气。但这些话能影响孩子吗，会激励他变得更机敏吗？大概率会出现相反的效果，因为可以肯定的是，他的笨拙在很大程度上源于气馁。他觉得自己笨拙，于是做出相应的举动。你没有告诉他任何新东西，只是证实了他对自己的轻视。

反复怒斥孩子愚蠢、懒惰、邋遢，或者其他缺点，也会产生类似的结果。如果他还没有认为自己有这些缺点，你的话一定会让他相信自己有。然后，这个缺点就会在他的心里扎根，因为这样的评论让他彻底丧失了努力提高自己的勇气。他想："如果我就是这么愚蠢（笨拙或懒惰），努力又有什么用？"于是，他把自己的弱点视为理所当然，更有甚者，看到别人为此烦恼，他会感到心满意足。

因此，你这种打压的态度，可能就是他养成坏习惯的直接原因。我们可以在所谓孩子不诚实的情况下清楚地观察到这种现象。如果你误解了孩子丰富的想象力和他混淆幻想和现实的倾向，指责他撒谎，他可能会认为自己天生就不是一个诚实的人，也许以后真的会开始撒谎。

怕什么，来什么。你可能因为心烦意乱，告诉孩子你看不上他。你生气时，往往会夸大他的缺点，而且，你以为你说话的语气没这么重。为了发泄一种愤怒，制造一打新的烦恼，这么做值得吗？

贬低

这种唠叨、找碴儿、打骂——简而言之，就是贬低孩子、引起冲突的训练孩子的方法——在实际应用中产生的效果恰恰事与愿违。

大多数父母对待孩子的坏习惯——啃指甲、挖鼻孔、不修边幅等——的态度表现为各种各样的警告、责备、承诺和威胁；然而，如果你希望向孩子灌输这样的习惯，这些恰恰是你要采用的方法。假设有人问，教孩子挖鼻孔最好的方法是什么。只给他树立榜样是不够的，劝说也不一定奏效。但有一种方法屡试不爽，那就是等孩子把手指伸进鼻孔的时候，你就扇他一巴掌；不一会儿，他的手指又会伸进去，这时，你只需要对他大喊，不许他碰鼻子。重复这个过程，威胁、打耳光的同时，让你的语气变得更加激烈、不耐烦。过不了多久，孩子就会养成挖鼻孔的习惯。这不正是父母们实际上使用的方法吗？唯一的区别是，他们认为这么做可以让孩子改掉缺点。他们完全没有意识到，他们的方法必然会导致相反的结果。他们的父母这样对待他们，他们又不加批判地对自己的孩子采用同样的方法。

孩子的逆反心理一旦被激发，就会反抗。每个人的反应不一样。你可能以为，随着时间的推移，家长和老师会注意到这一事实，放弃这些无效、有害的训练方法。但我们惊奇地发现，事实远非如此。

原因很可能在于，我们对不同教育方法对孩子的不同影响缺乏认识。对我们来说，直接的、表面的结果是唯一明显的后果。父母的处境和一百年前的医生一样，尽管出于好意，但由于不知道疗效如何，对病人造成了严重的伤害。几百年来，事故中或战场上造成的伤口都用旧亚麻布做成的纱布包扎。没有人怀疑这种处理方法会导致严重的，甚至致命的感染。医生伊格纳兹·塞麦尔维斯[1]最早发现对伤口进行无菌处理的必要性，这一技术有效地防止了人为的伤口感染。

正如以前的医生不知道伤口应该消毒处理一样，今天绝大多数的父母都不知道这样一个事实，即孩子的精神创伤——这些创伤会导致孩子淘气、不听话、不能完成既定任务，以及各种各样的错误——必须谨慎处理，以免恶化。如今，现代"深度"心理学让我们可以理性地理解孩子，乃至整个人类的内心世界，我们第一次有可能观察和理解各种儿童训练法所引发的行为和反应。现代教育学试图打开家长和教师的眼界，让他们看到孩子的本质和缺点，从而不再使用错误的、有害的训练方法。

---

[1] 伊格纳兹·塞麦尔维斯（Ignaz Semmelweis，1818—1865）：匈牙利产科医师，现代产科消毒法倡导者之一，被尊称为"母亲的救星"。塞麦尔维斯的观点在当时不被接纳，后来他处处碰壁，被送入精神病院强制治疗，遭到守卫殴打，半个月后死于败血症，死时年仅四十七岁。

教育学领域的革新者比医学领域的革新者面临的问题要棘手得多。诚然，塞麦尔维斯因为同时代人的顽固，吃了不少苦头，他对人类的贡献换来的却是蔑视、贫穷和早逝；但渐渐地，他的研究成果终于得到了认可。然而，心理学上的发现却不能得到如此清晰有力的证明；不过，某些训练方法的效果十分突出，只要是客观的观察者都能发现。主要的难题是，我们对待孩子的态度不客观，可能也客观不了。大多数医生拒绝治疗自己的家人，但训练自己的孩子是逃不掉的。

我们在第一章反复提醒家长注意，有很多难题阻碍我们客观地对待自己的孩子，此外，还提到很多父母，为了个人私利，使用某些对孩子没有任何好处的训练方法。认知再清楚，如果你出于内在需要，非要跟它作对，又有什么用？证据再完美，对一个不愿看到它的人有什么用？审视自己，你就会发现，你时常觉得不得不轻视你的孩子。很多父母不敢真诚地认可孩子的成就，这就是他们不愿意表扬孩子的原因。如果他们突然慷慨地表示赞赏，肯定会在后面加一句轻蔑的话："今天你表现得还不错。你怎么就不能一直这么乖呢？"品行端正被认为理所当然，只有出了差错和回避问题的时候才会引起注意。父母不肯承认这种态度背后的自私自利，并试图加以掩饰，声称担心孩子骄傲自满。

每当孩子调皮捣蛋，父母的这种自私自利就会凸显出来。任何对自己与孩子的关系有信心的人都会冷静地、默默地引导他渡过难关。但觉得自己无法应付这个局面的父母就做不到这一点。也许他不知道如何正确处理这个问题，或者暂时没时间搭理孩子。通常，他很担心这会给孩子的后续发展带来令人不快的后果。这时，轻视的态度就会出现，通常伴随着激烈的批评。在这种情况下，各种贬低的方式开始发挥作用——从咆哮到动手，其中有千百种不同的方式：责骂、训斥、嘲笑等。这种冲动的、情绪化的贬低是许多父母惯用的伎俩；它表现为各种形式的过度监督、唠叨、持续的严厉与易怒。

同样的倾向也在某些父母身上存在，只是不那么明显，他们系统地将贬低孩子的方法作为深思熟虑过的公式应用在儿童训练上。有些父母认为，只有严厉地、有计划地羞辱孩子，或者有预谋地责打孩子，才有可能将孩子养育成人。他们没有意识到，这种策略表明，他们想战胜孩子——通过使用最极端的强制手段来维持自己的优势。因此，贬低孩子的目的是维护父母的权威。

这样对待孩子必然引起反抗。父母的权威是用来教导孩子遵守秩序的，但任意滥用权威会激起孩子的反抗。无论他表面上多么顺从，内心却是抗拒的。因此，需要用暴力来维持的权威暴露了其固有的弱点。

严厉

> 拉里是独生子。他三岁时，母亲就去世了。他的继母是个善良、能干的女人，但她和丈夫都不理解这个男孩的沉默寡言和无声的对抗。因此，他们试图"驯服"

他；只要行为不当，他就会受到严厉的惩罚。无论他做什么，他的继母都会找碴儿。一到晚上，她就把拉里的所作所为一五一十地告诉丈夫；如果他表现不好，他父亲会连续几天不跟他说话。拉里很少听到好听友善的话——因为他总是闷闷不乐，"不配"被善待。

拉里表面上是个听话的孩子，但并不能让父母满意，因为，他并没有真正参与到家庭生活中来。他不仅不爱说话，他的固执还一再显露出来。他有时不自觉地说一句挑衅的话，有时不能按时回家，或者拒绝完成分配给他的任务。他即使服从，也能看出很不情愿。

用这些方法，表面上看也许能"驯服"孩子，但这种绝对的严厉会妨碍孩子发展社会兴趣和提升归属感。无论哪种情况，都会加重孩子已有的无助感，使他痛苦地意识到自己的软弱和依赖。他不把父母当朋友，他也不是他们的朋友。他内心反抗他们，不放过任何机会展示他的冷漠或怨恨。如果系统地实行严厉的策略，可能不允许有任何公开反抗的迹象，但双方都承认有隐藏的敌对行为。

羞辱

许多父母认为，他们可以通过羞辱孩子，慢慢让孩子放弃抵抗，从而改掉他的某些缺点和坏习惯。他们可能会要求孩子站在墙角，或者跪在地上，但即使这些方法也满足不了他们的创造性想象力，这种想象力有时是被一种施虐狂的冲动激发出来的。

> 每当八岁的艾伦"不乖"时，她就要跪在父亲面前，大声且清楚地说出自己错在哪里，重复自责几遍，最后请求父亲惩罚她。这——不难想象——并不是一条易于执行的规则，而且，忏悔的行为开始前，总要有一段长时间的吼叫、威胁和责打。

这种羞辱的效果很容易预测。孩子顶多习惯被贬低，他会不自觉地做父母期望他做的事。但被这样对待的孩子的心理历程与他的表象截然不同，无声的嘲笑和诅咒伴随着他温顺的言辞和谦卑的行为。因此，他被培养成一个道貌岸然的伪君子。他表面品行端正的动机高度可疑。

这类孩子的精神素质受到了严重影响，经常会患上神经症；而这类经历往往会引起情感生活紊乱，使其有受虐倾向——孩子们发现有可能将所谓的惩罚转化为快乐的源泉。父母可能以为他们给孩子带来了不适，相反，却给孩子带来了感官上的愉悦。因此，孩子在貌似最卑贱可怜时赢得了胜利。

体罚

我们很高兴地发现,体罚作为一种系统实用的儿童训练法,使用的人越来越少了。但仍有很多人大声为体罚辩护,声称打孩子能迫使他们认可父母的权威和优越性。尤其是在孩子刚出生那几年——据说——因为孩子不懂事,所以,打屁股是唯一能让他听话的方法。甚至有人声称,即使孩子再长大点儿,也必须用棍棒来避免迫在眉睫的危险;在某些情况下,他们认为其他方法无效。我们讨论的是惯常的责打;有些父母只是迫于情绪压力,在控制不了自己的"神经"时才会动手打孩子,这样的父母有时候知道,总的来说,体罚是不可取的。

因此,我们必须先考虑一下,是否真的存在不打孩子就解决不了的情况,婴儿又该如何被对待?当然,话语影响不了婴儿,他听不懂。但这样就有理由打他屁股吗?毕竟,训练中,语言并非必不可少,相反,往往是多余的。因此,和婴儿打交道时话语的无效并不重要。更有效的训练方法——让孩子体验要求和建议背后的逻辑——在哺乳期及以后都同样适用。当孩子想抓住某个可能伤害他的东西时,不管他是否哭闹,只要把那个东西拿开,放在他够不着的地方就行了。在其他情况下,事情也可以这样处理,在没有实际危险的情况下,可以让婴儿体会一下某些东西可能造成的痛苦。假设孩子非要在婴儿车里站起来,使劲往前趴,他随时有摔下去的危险，责骂最多只管用一会儿。这时，你可能觉得有必要狠狠打他一巴掌。但如果你小心翼翼地将他的婴儿车微微倾斜，这么做不是更有效吗？这个做法会让他意识到有危险，并主动坐下来。如果一次这样的经历不够，那就让这个孩子多经历几次；很快，婴儿就不想再引起不必要且不愉快的坠落感了。

对大一点儿的孩子来说也基本如此。有一次，在讨论体罚不可取时，一位母亲举出下面这个例子加以反驳：

> 她有两个年纪很小的儿子，哥哥多次打开厨房的煤气阀门。她跟他解释这种做法很危险，但无济于事。她还给他读了报上的一篇文章，他从中了解到，这么做会造成可怕的煤气爆炸，但他仍无动于衷。最后，当他重复这个把戏时，他母亲狠狠地揍了他一顿。此后，他再也没这么干过；几年后，他告诉母亲，每次经过煤气灶，他都会想起那次母亲打他，并忍住不打开阀门。（注意这种持续存在的欲望！）

在这种情况下，打屁股真的是唯一有效的解决办法吗？当然不是！只要稍微接受点儿训练，父母就能想象出这个男孩粗心大意的行为会带来一连串自然后果。举个例子来说，母亲本可以郑重地对两个孩子说，只有那个知道煤气不能随便打开的孩子可以随时去厨房玩，另一个人只能待在外面，直到他能做到经过煤气炉时不去碰它。这样的方法，如果一直贯彻下去，也许能立刻解决这个困扰。有很多类似的方法教孩子不要乱鼓捣煤气灶。

从最初的婴儿期开始，孩子就必须尊重并遵守秩序，必须让自己的欲望适应这种要求。然而，体罚绝不是达成这一目的的必要手段，即便孩子认为自己罪有应得。如果父母打孩子的时候知道孩子的感受和想法，他们就会惊恐地退缩，再也不会动手打他。（正常健康的孩子就是这样。）受到惩罚时，经常挨打的孩子会因为仇恨和愤怒产生可怕的想法，甚至希望打他们的人去死，这种想法并不少见。你真的相信这种经历会让孩子产生端正行为的冲动吗？相反，我们完全有理由相信，这个孩子会进一步变坏，即使最残暴的殴打也不会对他的态度产生有益的影响。他内心的反抗没有停止，越挨打，他的反抗意识越强。

我们必须区分偶尔挨打和频繁或经常挨打的孩子。从没挨过打的孩子会被这种经历吓呆，从而留下非常深刻的印象；因此，他们可能会尽一切努力避免这种事情再次发生。但一般来说，他们是发展得很令人满意的孩子，体罚似乎完全不适合他们，特别是考虑到，即使是孤立的暴力体验，也一定会带来极大的心灵冲击，而且往往会造成持久且有害的影响。孩子们学会了惧怕和屈服于暴力，每挨一次打，他的尊严、勇气和自立精神就会被摧毁一点儿。

然而，有些孩子只有挨打才会服从。有时，他们好像故意找打。他们用任性和无礼惹恼父母，似乎有系统地引起他们的愤怒。劝说、警告和威胁完全没用；最后，心烦意乱的父母只能打孩子泄愤。然后，孩子像变了个人似的——亲昵、顺从、乖巧。经常能看到这种例子，而这些明显的结果被用来证明体罚是可取的。但结果真的像看起来那么好吗？这个做法很糟糕，为什么孩子会如此积极地回应呢？

一些理论家在谈到所谓"对惩罚的渴望"，一种据说渴望惩罚的内疚感时，提出了一种相当大胆的解释。在我看来，其实事情要简单得多。在这些情况下，我们通常指的是感觉自己被忽视、被嫌弃的孩子。通常，一个孩子在弟弟或妹妹出生后会变得格外令人讨厌。他试图通过调皮捣蛋将父母的注意力转移到自己身上。只要你不够生气，他就会感觉自己被怠慢了；直到你心烦意乱到什么都顾不上，他才会心满意足。如果你发完脾气就后悔，试图通过抚摸和亲吻给孩子赔罪，你就会明白，怪不得他会为了引起父母的关注，甚至得到一些爱的表示，而开始讨打。他表现得像个农夫的妻子，含泪跑到牧师面前，抱怨丈夫不再爱她，因为他已经整整两个星期没打她了。打人表明注意力高度集中在被打者身上，正是这一点促使很多孩子形成了如此奇怪的态度。有时，他们甚至很喜欢这种感觉，觉得自己有本事在需要的时候把父母气得火冒三丈。

然而，这并不是父母打孩子的目的，他们以为自己是在教育孩子；没想到的是，他们故意让自己沦为了满足孩子欲望的工具。孩子挨打后的良好表现，是他为了达到自己的目的甘愿付出的代价；他带有挑衅的顽皮，是他无意识计划的重要组成部分，他的目的要么是获得关注，要么是惩罚和刺激父母。

有些孩子对挨打可能有不同的反应。除了反抗父母，有时，我还会在孩子身上看到似乎相反的反应。暴行通常会引起恐惧和憎恶，但有时也会让人产生一种明显的依恋，甚至挚爱。在某种程度上，我们现在面对的是在前面提到的情感生活障碍。孩子通过把父母的暴力变成感官愉悦的源泉，将暴力消解掉。这样的孩子也会经常讨打。

通常，严厉的父母会在晚年特别受人喜爱和尊敬。成年人已经忘了小时候每次挨打时不愉快的感觉。他经常宣称，其实他很感激自己挨的那些打。在这里，我们看到孩子对每个行使权力的人所表现出来的尊重。因此，挥舞棍棒的父亲可能很乐意成为权力的象征；当他不再被认为是一种威胁时——但只有到那时！——他的孩子才可能爱他。他们甚至会模仿他，因为这样的父母所生的孩子，长大后会认为打孩子无可非议，甚至对此大加称赞。我们经常从他们口中听到这样的话："我小时候就挨打，现在我不是过得挺好的吗？所以，这么做对我的孩子们也有好处。"然而，对他和任何人来说都是一样的，体罚造成了深远的影响。他们只是没有意识到这一点。每个小时候挨过打的人的性格里都有挨过打的痕迹。

童年时挨打的典型结果是，要么长成一个卑微、胆怯，同时又谄媚、狡猾的人，要么长成一个傲慢、讨厌、自负的人。几乎每个小时候挨过打的人都有暴力倾向。他可能会成为一个非常有能力的人，他的冷酷和严厉，也许能让他特别适合在商业或某些领域取得成功。但他缺少真正的温和、热情和亲密接触的能力。并不是他不能有更深的感情，而是他无法摆脱对他人的不信任。从根本上来说，他可能总是担心儿时经历过的羞耻和屈辱的情景重现，因此变得冷酷无情。

F先生小时候经常挨打。他的父母非常爱他，在很多方面也很纵容他；但每当他们不知道该怎么办时——他们经常这样——他们就狠狠地揍他一顿。F先生是个非常成功的商人，以沉着冷静著称。他有一个看上去很爱他的迷人的妻子，还有几个漂亮的孩子。但是，F先生一个要好或亲密的朋友都没有。与其说他讨人喜欢，不如说他令人畏惧，因为他这个人很傲慢，拒绝承认任何人与他平起平坐。没有人可靠到合他的心意。没有人比他更了解他的生意。由于他不考虑别人的感受，甚至到了没有分寸的程度，得罪了很多本可以跟他建立更密切关系的人。

他无情地欺压他的家人。他极力克制自己，不让孩子像他小时候那样挨打。尽管他在这一点上做出了让步，却依然非常在乎自己在方方面面被视为一家之主。他发号施令时，所有人必须立刻照办。他的嫉妒心极强，不给妻子任何自由，他规定她什么时候去哪里，可以和谁交往。他时常以在陌生人面前把妻子搞得很难堪为乐。只要有任何不同意或反对的迹象，他就会大发雷霆。他发怒、吼叫、咒骂，或者冷嘲热讽，尖酸刻薄。

可以清楚地认识到，他表面上的优越感背后隐藏着恐惧。他把自己保护起来，以免遭到断然拒绝和来自与他有来往的任何人的（象征性的）打击。因此，他树敌众多，甚至疏远了妻儿。他不理解，也不想理解，为什么那些在他面前唯唯诺诺的人一有机会就欺骗他。他感觉得到，但不想承认这些事实；当他不得不面对现实时，醒悟的过程很可怕。如果他的生意失败，他所受到的打击同样可怕——他很害怕发生这种不测，并因此时常夜不能寐，因为这意味着，他赖以建立声望和权力的物质优势的终结。

然而，仍然有人在使用体罚这个方法，尽管所有人都清楚它是无用的、荒谬的，且有百害而无一利。下面这个事实揭开了这个谜团的真相：挨过打的孩子成为父母后大多提倡"棍棒底下出孝子"的理念。他们认为，打孩子是出于理智，实则是出于一种奇怪的内在冲动。他们想生动且激烈地向孩子展示自己的优越性；他们担心，否则制服不了他的反抗；而且，他们没有意识到，使用暴力显然暴露了一个根本的弱点，那就是他们已经黔驴技穷。他们不承认这么做意味着他们有多么怯懦。如果一个男孩打了一个比他弱小得多的孩子，人们会认为他这么做不公平，这是恃强凌弱。一个大人打自己的孩子和打一个柔弱无助的小孩有什么区别？既然没有这个必要，也不会产生预期的效果，如果你有打孩子的冲动，你应该从自己的性格里去找这种冲动的根源。然后，你就会意识到，你有一定的暴力倾向；你喜欢展示你的权力和优越感；最重要的是，承认权力有限是你无法忍受的。那么，在你抬手打人的那一刻，也许你能意识到这一点。在孩子面前，你感到软弱无助。这种无能为力的感觉使你想利用一切可能手段，甚至利用身体上的优势和暴力，来显示你们之中谁更强大。这种欲望十分强烈，你根本不会停下来思考你要做的事是否有益，甚至是否公平。

为了反驳这些事实，你可能会认为孩子"需要"挨打，或者求助于老借口，所谓的"神经脆弱"，说你"控制不住自己"。但即便如此，情况也是一样的。你知道不该打孩子，但当你感觉无助时，你还是会诉诸暴力。尽管你觉得自己错了，然后通过哀叹"神经紧张"来安抚自己的良心。

社会团结意识对孩子的健康成长至关重要，它与孩子内心对其生活的社会秩序的认可密不可分；贬低孩子只会阻碍，绝不会增强这种社会团结意识。孩提时代被贬低和压抑的个体，永远不会成为一个真正的社会人；他仍是一个半驯服的动物。因此，旨在使孩子成为社会积极成员的训练方法，必须避免任何倾向于压制和羞辱他的权宜之计。

第五章
具体的训练情境

孩子生活中的各种外部情境构成了具体问题。如若处理不当，可能会对他以后的发展造成深远且有害的影响，从而成为随后种种困难的开端。在这种情况下，隐藏的冲突往往会令人困惑地突然显现。

如果你对孩子有正确的态度，并遵守基本的行为准则，那么，面对每个新的情况，你都会毫不费力地决定该怎么做。但你最好多了解一下孩子在各个成长阶段的需求。现代母亲通过各种课程和实践操作，特别是在身体护理方面，为照顾婴儿做准备。但照顾婴儿还需要了解他的其他需求——关于他的活动、游戏和兴趣，这些需求每年都在变化。详细描述这些需求超出了本书的范围。（我们推荐你仔细研究以下书籍：阿诺德·格塞尔的《儿童生活的最初五年》，阿诺德·格塞尔、弗兰西斯·伊格尔合著的《五岁到十岁的儿童》，本杰明·斯波克的《婴幼儿保健常识》。）在本章中，我们将谈到某些重要情况所引起的心理方面的问题。

产前调整

期待孩子到来时，你（父母）面临着人生的第一项教育任务。早在孩子出生前，你的态度和期盼就已经和他建立了一种关系。这期间，你可能会犯第四章讨论过的所有典型的为人父母的错误。恐惧、过度焦虑、期望过高和过度作为可能是经常出现的隐患。当心！你应该有意识地利用孕期来增强你的斗志、勇气和自信。你最好通过书籍或课程学习婴儿护理和儿童心理学方面的知识。但要小心这些研究所带来的影响。如果你因为大量的信息和建议变得气馁或忧虑，你就没有从学习中得到任何好处。如果你担心自己是否有抚养孩子的能力，你就会逐渐削弱你的力量和智慧，而这正是你赖以充分履行职责的基础。

最初的体验

婴儿与周围人最初的接触非常重要。一旦他有了错误的印象，并因此给出错误的回应，想要纠正他的行为模式，就要付出很多努力和心血。早在孩子听懂大人说话之前，他就会对周围环境做出反应，并感知人与人之间的关系。他能敏锐地觉察到其他人的情绪，并予以回应。父母的焦虑和担忧会导致婴儿胆怯紧张。父母的冷静轻松对孩子内心的安静平和有益。毫无疑问，破坏母子和谐关系的恶性循环可能首先是由孩子引起的。婴儿的早产、严重的疾病，或者婴儿的发育障碍会让母亲心烦意乱，这是可以理解的，但她的心境也会反过来影响孩子，抑制他的适应过程，从而不断激起母亲的焦虑不安。又或者，恶性循环开始于其他令人不安的情况，与孩子无关，令母亲焦虑，最终影响到孩子。甚至造成最初困难的原因已不复存在，母亲与孩子之间被破坏的关系仍令双方都感到不安。因此，在保持自己的情绪平衡时，再怎么小心都不为过。这一点永远是正确的，而且在婴儿生命的最初几周和几个月里，这一点尤为重要。

婴儿弱小无助，你应该努力保护、帮助他，这是可以理解的，但如果孩子从一开始就体会到无助的好处，就培养不出他足够的勇气和自立的能力。每当面对很小的困境，你都要有极大的克制力，才能忍住不去帮孩子，但这么做的回报是巨大的。一方面，孩子努力控制自己的身体，应对各种困境，并且越来越成功；另一方面，孩子会变得勇敢、独立。怜悯和恐惧是错误行为的动机，不仅妨碍孩子的发展，更重要的是，扰乱他与其他人的关系。父母的野心和虚荣也会导致他们虐待或压迫孩子。

婴儿从出生的第一天起，就是一个独立的人，必须适应周围的社会秩序。尽管他在某些功能上需要支持和帮助，但他完全有能力依靠自己的聪明才智去适应生活，他有权获得这种经验。

喂奶

孩子吃奶时，有了第一次和他人合作的冒险经历，抱着奶瓶喝奶也一样。因此，从他出生的第一天起，必要的规律训练就可以开始了。一旦他习惯了，遵守秩序就会成为一种愉快的经历。一开始就定时喂养有两个好处：会让婴儿接触秩序和规律，这是社会生活不可或缺的一部分；规律地摄取食物也符合生物规律，因为所有的生理机能，尤其是植物性机能（vegetative functions），都有一定的节奏。孩子越早建立起自身机能的自然节奏，他的身体和社会能力就会发展得越好。定期排便也可以遵循食物摄入的节奏很早就开始；但排便训练要等到孩子能够控制他的器官进行有意识的动作时再开始。相反，食物摄入不需要控制器官。孩子开始接触规律喂养后，他的胃不需要任何特殊控制就能自我调节。

制订喂奶时间表需要考虑到每个孩子的需要。在制订合理的时间表之前，应该先咨询一下儿科医生。研究表明，对一般孩子来说，每隔四个小时喂一次奶是最好的。但如果孩子特别虚弱或生病，他可能需要另一种时间安排。随着他长大，时间表可能要不断修订，但你应该始终有一个明确的计划。

大多数喂养错误是父母毫无根据的焦虑造成的。过度焦虑的父母担心孩子吃不饱。他们低估了一个生命体的能量。只要不干扰孩子的食欲，他就能照顾好自己。这次少吃了，下次就会补回来。如果他在吃奶的时候睡着了，也大可不必担心。他饿着肚子醒来时，你也没有必要因为他呜咽就改主意，或者打乱规律，提前给他喂奶。如果你让步，你就无法让孩子享受到规律进食的好处。

然而，喂奶时间表可能让所有父母产生新的焦虑。你不要把它当成一把悬在头顶上的剑。早几分钟或者晚几分钟并没有多大差别。给婴儿喂奶时，要保持安静、镇定，这一点非常重要。婴儿对紧张和焦虑的反应非常强烈，这会扰乱他的植物性机能。无论你的焦虑是什么引起的——担心奶瓶的温度、孩子所吃的食物的数量或质量，或者喂奶的准确时间，都没有关系；你的焦虑比任何轻微偏离要求更有害。

断奶

断奶是儿童训练的又一个难题。如果断奶的时间到了，你就应该遵循既定计划，不要因为孩子反对放弃一个舒服的习惯就动摇。你的优势纯粹是被动的：绝不让步。你可以让宝宝的饥饿感帮你的忙，无须强迫或施压。如果你能控制自己的担忧、焦虑和同情，你就能做到冷静、友好，但坚定。这样一来，宝宝就不会认为你更感兴趣的是给他喂奶，而不是他本身。

由于他习惯了纯流食，一旦开始接触固体食物，可能会嫌恶地推开。如果你强迫他吃这种食物，他的厌恶会只增不减。如果孩子拒绝吃某种食物，就不要给他替代品。这样，他最终会接受他最初不喜欢的食物。

早期肌动活动（motor activity）

孩子天生渴望直立。长到足够强壮时，他就会自己坐起来，然后站起来。你不要逼他做他做不到的事，而且永远不要表现出焦虑。在站立和行走的过程中，孩子不仅学会使用双腿，四处走动；更重要的是，通过这种练习，他有了最早的自力更生的经验。给予太多帮助会阻碍他学步，也会阻碍他培养自立的能力。

孩子也必须学会跌倒。他一跌倒，你就上去安慰他，或者把他抱在怀里，说明你高度重视泪水和自怜。但如果你对他的哭闹无动于衷——毕竟，他很少会摔得很重——你就会让他逐渐适应更剧烈的疼痛。父母焦虑的话，孩子容易哭鼻子，而且经常哭。他们试图通过这种方式在受伤后立即得到补偿。

孩子独自待在围栏里，站起来，迈出第一步时的自立精神是值得尊重的。如果牵着他的手，拉着他走，这个过程就会变得格外艰难。他学走路时不必依赖他人，否则，每当他缺少必要的帮助时，他都会不自信。

如厕训练

孩子快一岁半时,根据他的发育情况,可以训练他上厕所。如果孩子能让尿布保持两个小时干燥,就可以训练他上厕所了。秩序感源于守时和条理。如果定时把他放在马桶上,无论他是否需要排便,他都会知道上厕所的好处。这个过程越随意越好。无论他做什么,你都不要斥责、动怒。争论和愤怒是完全多余的。夜间叫醒孩子上厕所是不可取的。这么做会导致他在半睡半醒时排便。他可能看上去完全醒了,但通常没有。

这个过程应该持续到他让你带他去厕所,或者他自己去。如果后来他的清洁状况倒退——偶尔的"意外"可以忽略不计——你应该恢复训练他上厕所的惯例。这是他该做什么而不做什么的自然后果。但你必须弄清他倒退的原因,并尽量补救,也许是他嫉妒新生儿,自己也想做宝宝。在这种情况下,如果他控制不住自己,还是给他戴上尿布比较好。无论你做什么,让他定时上厕所,还是使用尿布,你都应该只做一天,第二天再给他一次机会。但如果他又开始尿裤子,你就必须每天隔两个小时带他上一次厕所;如果他不听话,特别是在他很小的时候,可以增加到一个小时一次。不管他是否小便,你让他在厕所待的时间不要超过几分钟。但是,你必须保持这个习惯,尽量少说话,以免让他获得过多关注。别说你没时间这样训练孩子!训练婴儿需要时间,如果你不花费必要的时间完成这项任务，将来，孩子会以一种更令人不快和不安的方式占用你更多时间。

初次独立

早期训练的隐患是你的焦虑和纵容。从一开始，你就要特别小心，人天生溺爱宝宝，不要成为这个倾向的牺牲品！他一定会试图获得过度关注，并让你为他服务，你要小心提防，认真观察，加强防范，抵抗他的阴谋。哭闹和夸张的无助是他的武器，你可以学会区分各种形式的哭泣和鸣咽——无论它们是在表示实际的需求、疼痛或不适，还是只是一种引起关注的手段。我们很容易低估孩子在困难情况下照顾自己的能力。如果他伤到自己，他不需要你的同情和安慰，他需要的只是一句加油打气的话。这个建议听起来很残酷，但是你当时的安慰更残酷，因为当他知道通过痛苦可以得到关爱后，他会遭受更大的痛苦。

孩子哭闹是很自然的事——他用这种方式告诉你，他想从你这里得到点儿什么——但只有当他真正需要时，你的帮助才是适时的。即使在孩子出生后的第一年，如果你放开手，让他自己想办法解决问题，你会发现，孩子学习肌肉控制，甚至克服身体障碍的能力有多么惊人。他们最需要的是激励，而不是保护。如果他们发现哭闹不会给他们带来帮助，他们就会寻找更合适的解决方案，并学会照顾自己。而且，最重要的是，他们能少受苦，更快乐。

凯伦八个月大时，我看见她卡在围栏里，两条腿从栏杆里伸出来，整个身体扭曲，她挣脱不开。她母亲就坐在旁边，没上去帮忙，而是用平静的语气说："你自己能出来——加油，凯伦。"婴儿当然听不懂她的话，但明白了其中的含义。她不哭了，很快，她的两条腿就抽出来了，她一脸大功告成的表情。

接下来这个小插曲发生在凯伦十五个月大的时候，她喜欢爬椅子，而且刚刚学会从椅子上滑下来。很快，她就开始练习爬上爬下。在练习过程中，她兴奋不已，充满活力，突然，她从椅子上跳了下来，摔了个嘴啃泥。她的鼻子流血了，她哇哇大哭。她母亲平静地把她扶起来，默默地把她领回椅子旁边，说："再试一次，凯伦。"孩子犹犹豫豫，抽搭着，又爬上去。"滑下来。"孩子尽管不哭了，但怕得要命，她伸出手求助。妈妈鼓励道："你自己能行，凯伦。"她往下滑，小心翼翼地滑了下来。母亲再次建议她爬上椅子，这次，孩子很快就滑下来了，完全没有表现出恐惧。她的小脸肿了好几天，但意外发生后没有留下任何心理创伤，否则，这种创伤会存在很长时间，不仅影响孩子的勇气和安全感，还会影响她与母亲及其他潜在帮助者的整体关系。

孩子越早学会依靠自己的力量和能力，就越会有安全感，越感觉舒服自在。

生活在成人世界里

也许有人认为,孩子生活在一个为成年人设计的世界里是"不自然的",在孩子眼中,成年人是巨人。然而,这就是我们必须面对的现实。我们能理解蒙台梭利和其他人所付出的努力,他们为儿童创造了一个微缩世界,帮助他们有效地履行职责。尽管一个被过分保护的、气馁的孩子可能需要这种安排来变得勇敢、自立、独立,但更明智的做法是,让孩子在成年人的环境中培养这些品质,因为无论如何,他都要生活在其中。出于同样的原因,把孩子关在为他量身定制的房间,远离他可能会破坏的房间也是不明智的。无论他在哪儿,在客厅,还是在厨房,他都必须学会举止得当。

很多家长不知道如何做到这一点。能不能向婴儿解释什么东西能碰,什么东西不能碰——什么东西易碎,甚至很危险?的确,婴儿可能理解不了词语和复杂的句子,但他明白你的意思,而且会记住这些经历。"那么,"你可能会问,"如果婴儿碰了不该碰的东西,这个时候,难道不该打他的手吗?"当然不。甚至没有必要用严厉的语气威胁他说"不行,不行"。你只要平静地把他带走,他就会明白什么是不该做的。小孩子不难发现他们做错了什么。并不是因为缺乏知识使他们具有破坏性;相反,他们这么做是因为他们知道这种行为是被禁止的。大多数父母已经不知不觉,但系统地训练了他做错事。你看小宝宝打碎东西会引起怎样的激动和混乱。他确实从中得到了很大的乐趣，那么，他为什么不让自己重复这种愉快的经历呢？

婴儿第一次扔东西的时候，也是你观察自己的时候。你可能会把东西捡起来。这种早期经历是很危险的。你可能以为孩子没注意到发生了什么，其实，他注意到了，而你没有。他扯下窗帘，或者把抽屉里的东西全都倒出来的时候，你可能觉得他很"可爱"。毕竟，这可能是他第一次证明自己的肌肉力量，因此，你可能真的乐在其中。孩子怎么可能知道，几个月后，他做出类似的行为，你却会发火呢？那么，你该怎么做？很简单：当他碰了不该碰的东西，当他拉扯或扔东西时，你只要冷静地把他放回围栏，同时柔声细语地表达遗憾。很快，他就会发现，做了哪些事会失去你的陪伴。孩子很聪明，不可能得不出正确的结论。他必须接受周围环境的要求；否则，他就不能享有四处走动的自由。但是当他被抱走后，一旦他准备好了，你就应该立刻再给他一次机会。（如果他太小，不会表达自己已经准备好了，你可以过一会儿就给他一次机会。）这种训练不需要打屁股、尖锐批评，或使用暴力；平静地发出必要的命令即可。一个受过良好训练的孩子会习惯家里的各种东西，不会伤到自己，也不会弄坏东西。

我们可能需要思考一下扔东西这件事。孩子坐在高脚椅上、你的腿上、婴儿床或婴儿车里扔东西是一件很"正常"的事。在这种情况下，别把东西捡回来就够了，要么就对他的行为视而不见，要么把那个东西拿走。

孩子通过观察和体验，就能自然且自动识别危险。然而，有些危险的危害太大，不能通过偶然的经历去识别，必须系统地训练孩子。比如，触摸尖锐的物品、跑到大街上去、划着火柴、触摸滚烫的东西，或其他需要特殊训练的类似行为，只把孩子或物体移开是不够的。你可以，而且必须花时间和孩子一起做试验，直到他了解其中的危险。当言语、解释和说教意味着禁止时，它们不仅不起作用，甚至还是有害的。孩子需要实际的示范。你可以拿一把刀，或一把剪子，向孩子展示它会伤人。如果你不小心割伤自己，你可以给他看你流血的手指，并告诉他你有多痛。当你邀请孩子在你的监视下触摸热炉子时，他会记住并吸取教训。你也可以让他用同样的方式明白划着火柴的危险。你可以通过训练他如何在街上注意安全，教会他不要自己跑到大街上去。让孩子和你一起走，不要牵手，直到你们走到马路边。然后，你牵起他的手过马路，解释说，过马路就是这样的。你可以花时间把这种体验当成一种游戏来重复，直到孩子接受这种方式。

游戏

　　游戏才是孩子的正业。无论他做什么，无论他学什么，对他来说都是一场游戏。但这种游戏是一件很严肃的事。他的整体发展，他对自己和世界的掌握，都取决于它。当孩子做游戏时，重复并不是毫无目的地追求快乐，而是自我教育所必需的训练过程。如果一个孩子没有时间和机会玩游戏（符合年龄的），他的发展会受到不好的影响。

孩子的游戏首先是功能游戏。他熟悉自己的身体，并使用四肢，但很快，他就开始熟悉周围的事物，并通过感官拥抱世界。后来，他的游戏变成工作游戏。他用积木、玩偶、彩色的圆球和方块，或者其他玩具，创造新的东西。通过工作游戏，他逐渐明白，想要有所作为，必须遵守一定的规则。他对自我选择的目标渐渐有了责任感。在集体游戏中，他被训练着适应社会规则。他早期与母亲做的简单游戏属于集体游戏。在这种游戏中，他第一次体验到自己以外的人的本质和重要性。当纯粹活动的乐趣转变为成就带来的满足感时，工作本身就从工作游戏中产生了。

父母要遵守一条重要的原则，那就是，孩子必须有充分的机会不受干扰地玩耍，必须允许他遵循自己的意愿，并对他的成就给予高度认可。他的玩具要尽可能简单，这样，他的幻想才能被激发出来，并且有发挥的空间。玩具越简陋越合适，尤其是在幼儿时期。娇生惯养的孩子无法单独或结伴玩耍。有些孩子适应不了集体游戏，他们只能自己玩。因此，通过观察孩子游戏，你会发现他的很多发育障碍，你要立即尝试补救。

为了维持良好的亲子关系，父母花些时间和孩子一起玩耍是非常必要的。只是念书给他听，带他去散步还不够。诚然，这种时候，你觉得和孩子很亲近，但没有足够的互相参与，也没有互相让步，除非你真的和孩子一起玩耍。遗憾的是，很多父母不愿和孩子一起玩，也不知道怎么跟孩子一起玩。结果，他们不抽时间陪孩子玩，或者意识不到这样的游戏活动有多么重要。让孩子吃饱穿暖，保持整洁，不调皮捣蛋，已经够他们忙活的了。等这一切都做完，他们只想休息。许多父母，尤其是父亲，对和孩子一起玩耍不感兴趣。如果孩子要求他一起玩，他会很厌烦。如果他对某种玩具感兴趣，他会自己玩，孩子则沦为旁观者，或是站在一旁像随时待命的仆人。准父母们都应该学会跟孩子一起玩耍，这是将来为人父母重要的准备工作。

和父母一起玩耍对孩子来说极其重要。只有那些能安排愉快的活动并跟他一起玩的人才能对他产生影响。在游戏的过程中建立你们的关系，保持你的影响力，并准备有序的合作。游戏时，你可以观察孩子，引导他承担责任，并为一个共同的目标做出贡献，教他积极参与集体活动，并保持良好的心态，成为一个输得起的人。特别是当你有不止一个孩子的时候，你必须和他们一起玩。在这种愉快的、有组织的活动中，他们可以学会把彼此当成朋友，而不是竞争对手。每个家庭成员都参与的共同娱乐活动能最好地激发出他们的归属感。

穿戴

孩子要履行的职责变得日益复杂。如果你鼓励他自力更生，少施压，少强迫，他学起来只会更轻松。孩子天性爱玩。直到他入学前，你可以一直利用他爱玩的本性。如果他的职责以游戏的形式呈现，他会很喜欢完成这个任务。很多人反感责任这个概念，正是因为在培训的过程中,他们工作的乐趣被剥夺了。"必须"这个简单的词,往往足以使最愉快的职业变得可憎。

如果你把自己穿衣服表现得很有乐趣,孩子就会把学着自己穿衣服变成一种游戏。当你提议玩有趣的穿脱袜子的游戏,或者穿鞋子、系鞋带的游戏时,他会热情地参与你的计划。(当然,这种"游戏"的严肃程度不亚于其他形式的儿童游戏。)如果过一段时间,他被允许尝试自己从头到脚穿戴整齐,他会精力充沛地开始执行这项任务,甚至可能在遇到困难时拒绝别人提供帮助。当然,当你开始向他施压,或者埋怨他笨手笨脚的时候,游戏就结束了。如果你特别喜欢给他穿衣服,总体上把他当成玩偶对待,即使你最终决定是时候让他自己穿衣服了,他也永远学不会。出人意料的是,如果你挑起冲突,孩子的健康发展一定会受到影响。孩子可以通过表现得笨拙、迟钝,迫使你不停帮助他,他对你的控制使他丧失了各种能力。

说话

跟孩子说儿语是一种非常错误的做法。你应该避免只使用他能听懂的词语,而且,你也不该模仿孩子的发音。此外,当他说话含混不清时,你不应该特别努力去理解他在说什么。如果你让孩子觉得听懂他的话很容易,他就没有理由发音清楚了。你甚至会为只有你能听懂他说的话而感到自豪。在这种情况下,你的骄傲会阻碍他正确清晰地表达自己的想法。

如果你想帮助他，自己必须缓慢、清晰地说话，这样，他才能学会正确地发音。你可以用更难的词，不必犹豫，他重复错误时，你不要订正他。他口齿不清时，你不要批评或责骂他。纠正他唯一有效的方法是你不愿意理解他的意思。

洗漱

个人卫生方面的情况也很类似。为什么小脸小手脏兮兮到处跑的孩子里，男孩比女孩更常见？这并不是完全因为女孩有"好打扮、爱美"的本能，而是因为母亲更娇惯男孩。他们有时认为，憎恶清洁整齐才有男子气概，他们还把洗澡、梳头和搞个人卫生等同于娘娘腔。

因此，虽然男孩可能会通过拒绝你让他自己洗漱的要求来表达他的优越感，但同时，他可能很乐意将洗漱过程转化为你不得不提供的个人服务，因此，脏兮兮的脖子和耳朵要么是表达反抗，要么是寻求关注。

洗漱也可以变成一种愉快的游戏。但强迫孩子洗漱会破坏这个游戏，而且很容易导致两个极端——自我忽视或苛求。邋遢的自然后果是没有人愿意和脏孩子在一起，无论是一起吃饭，还是一起玩耍。

饮食习惯

进餐时间不仅用来吃饭。这是少有的全家人聚在一起，共同做一件事的时刻之一。用餐氛围和用餐过程是否井然有序，体现了一个特定家庭的整体结构。一旦孩子可以自己吃饭了，就应该和其他人一起吃，从而成为正式的家庭成员。如果必须喂他吃饭，他可以坐在餐桌旁的高脚椅上，但应该和大家分开吃，因为对一个成员的任何优待或区别对待都会扰乱整个家庭关系。

作为父母，你不仅要对用餐氛围，还要对维持用餐秩序负责。这是孩子了解你的想法和感受的时候。愉快的谈话是良好饮食习惯的一部分。

为了让孩子遵守秩序，每个家庭成员都必须按照社会上通行的方式进餐。孩子学会不挑食，也是正确饮食习惯的一部分，否则不可能保持均衡饮食。

只要孩子违反秩序，就要受到惩罚。如果他举止失当，他就不能和其他人一同进餐。（当他严重扰乱秩序时，不要威胁他，直接行动即可。）下次，他可以和家人一同用餐。如果他没有准时坐到餐桌前，其他人开始用餐后，他就没有位置了，这样，他就错过了这顿饭。（只有当你发现孩子行为懈怠时，才有必要严格遵守以上建议。一个和谐的家庭也许并不需要依靠自然后果来维持每个家庭成员的合作。）

不过，以下原则必须严格遵守，不然，你就会有麻烦：孩子吃不吃饭是他自己的事，没有人有权哄诱、劝告、斥责或威胁；如果他不好好吃饭，玩食物，或者磨磨蹭蹭，没和其他人一起结束用餐，那么，没有人会等他，而且应该把他的盘子收走。如果一个人感觉不太舒服，吃不完碗里的饭，那么，吃饭的时候就不用给他准备别的食物了，这是很正常的事。（当然，你要考虑孩子的口味。他们可以再来一份，或者来一小份。）关于吃饭，一个字都不要说，不要对吃饭很慢，或习惯不好的孩子给予任何关注，他必须在没有提前警告或现场劝告的情况下体验不好好吃饭的后果。

帮忙做家务

你应该在孩子很小的时候就让他积极参与家庭生活。这会提升他的社会兴趣和合作能力。此外，还能增强他的自信心，使他将来有所作为。如果把任务以游戏的形式呈现，孩子一定很乐意配合。此外，如果你能唤起他的雄心和自豪感，他很容易听从你的管教。如果你同意他帮忙，他会觉得自己长大了，很强大，会为自己会做的事感到骄傲。跑腿等小差事能为孩子证明自己有用提供大量机会。但是，如果你在请他帮忙时态度粗暴、不耐烦，就会引起他对任务的反感。试图利用承诺或威胁，奖励或惩罚，来让他完成任务也是错误的。这会让任务本身沦为一个讨厌的附属品，而获得奖励或避免惩罚则成了真正的目的。

只有当孩子把合作当目的,并从中获得满足感时,才能树立正确的观念。这和孩子对游戏的态度是一样的。只有在这种情况下,他才能心甘情愿地准备执行任务,哪怕任务是讨厌的,或棘手的。培养这种准备就绪的状态(preparedness),对于孩子日后的发展、一生的成功与幸福,都是至关重要的。

"废黜"孩子

对孩子和父母来说,最困难的情况之一是更小的婴儿出生,这是一件人生大事,这一事件影响了孩子的整体发展,并塑造了他们的性格。到目前为止,孩子一直是家里的老幺,或独生子女;现在,他眼看着自己被赶下台。慈爱体贴的母亲突然与自己分离,这种最无情的切割是一个陌生的入侵者造成的。因此,孩子对新生儿的敌意时常表现得很明显。很多诗歌、故事和漫画都幽默地描述了大孩子的愤慨。

但通常这种情况一点儿都不好笑。孩子可能会建议把婴儿还给鹳鸟[1],或者一本正经地建议把婴儿扔到窗外,或者丢进火炉里,而且将语言付诸行动的情况并不少见。大孩子可能企图对婴儿施

---

[1] 送子鸟传说最初出现在中世纪的日耳曼北部,据说未出生的灵魂栖息在池塘、沼泽等水域,白鹳常造访这些地方,并将这些未出生的灵魂带回来。1838年,安徒生据此创作了童话《鹳鸟》,其中关于送子的情节被描述成婴儿熟睡在水池里,做着甜美的梦,等待着鹳鸟来把他们送到父母那里。

暴，有时，你可能不得不保护婴儿；有时，孩子会以笨手笨脚为借口掩饰这种企图。但是，当我们听说他让婴儿从婴儿车里摔下来，或者从桌子上掉下来的时候，我们就清楚地知道，"被废黜"的大孩子心里已经有了敌意。

此时，他需要特别的关心。对他残暴粗鲁的言行感到愤慨是荒谬的。他对死亡没有概念，而且，他对婴儿的感情，类似于对一个无生命的物体，比如一件玩具的感情。诚然，他的态度暴露了一种令人反感的喜欢引人注目的倾向，但这应该归咎于父母和他们的娇惯，因此，不该过分追究他的责任。你现在必须意识到，每次严厉的责备只会增强他被忽视的感受，从而引发他越发积极且强烈的反抗。

他担心你不再关注他，于是可能采用不正当的手段，重新获得你的关注。在这种情况下，很多孩子会故意制造麻烦，调皮捣蛋，或者在某些方面有缺陷。所以，你尽量不要对他们的意图做出回应。你可能经常被激怒，被迫采用极端手段，这么做可能会导致你永远疏远你的大孩子。

只有一种办法能帮他摆脱困境。你可以指出他年龄大的优势，争取让他成为你照顾年幼孩子的伙伴。你只要强调他宝贵的洞察力、判断力和意志力就可以做到这一点。你可以令人信服地证明，你现在花在他身上的时间减少了，但并不意味着你对他的爱有丝毫减少。在这种情况下，作为父亲，也许能给予大孩子更多关注，而作为母亲，自然忙着照顾小的；但如果父母遵守让宝宝尽量多休息的原则，就会有很多时间给另一个孩子。无论如何，你都不该试图接受他为了吸引你的关注而采用的那些讨厌的、挑衅的手段。如果你在不发生冲突的时候关注他，就可以用宽容理解的态度忽视这些手段。你应该特别用心地为"被废黜"的孩子安排愉快的经历和共同的活动。

在你努力对两个孩子一视同仁时，你可能总想让互相竞争的孩子享有平等的权利。你希望公平对待两个孩子，但这有时会导致一种特殊形式的竞争。我看过这样一个案例，一位母亲竟然要给巧克力和水果称重，以保证两个孩子得到的一样多。结果，母亲沦为孩子的奴隶。如果你想公平对待两个孩子，就不能允许他们为谁得到的比另一个人多争吵。多少并不重要，两个孩子都不在乎，只要"得到的更少"不意味着"拥有的价值更低"。

两个孩子和平合作的先决条件是减少嫉妒，嫉妒会让人时刻留意偏袒的迹象。嫉妒是一种永远无法从任何人的个性中完全消除的特质，但孩子只有在感觉自己被忽视时才会嫉妒。有些父母有一种致命的天赋，就是让所有孩子都觉得自己被冷落了。他们认为应该指责每个孩子，并让他们针锋相对。这个做法加剧了孩子之间的竞争。这是大家经常讨论的羞辱式教育的结果。你可以让每个孩子感觉到你是爱他的，而且，如果一个兄弟姐妹碰巧在某些方面做得比他好，也不会减损他的个人价值。如果对他的个人能力和成就给予适当的认可，他就会觉得没有必要总是拿别人的标准来衡量自己。

不可否认，在两个孩子之间取得平衡很难。这是有两个孩子的父母所要承受的最沉重的负担。失败的孩子要么是父母出于某种原因对他产生了偏见，通常是因为，父母不明白斗争是孩子感觉自己被忽视引起的；要么是父母更娇惯的那个失败了，结果灰心丧气。当一个孩子丧失勇气，选择放弃时，另一个孩子的发展也会受到损害。一个孩子表面上的娴熟和优秀往往建立在战胜对手的基础上。如果在以后的生活中，那个成功的孩子无法同样轻松地超越对手，或者由于受到某些刺激，另一个孩子最终变得更成功，那么，整个能力和礼仪结构就会崩塌，甚至表面上的胜利者暗地里挑起的由恐惧引发的冲突也会暴露出来。为了避免出现这种局面，父母一定要非常谨慎，不要拿一个孩子和另一个孩子做比较。你认为这会激励失败的孩子，其实，这种想法完全错误，这只会令他绝望、沮丧，导致他放弃所有竞争的努力，而且会危及胜利者——使他确信，一旦他不再出类拔萃，也会茫然无措。

频繁的争吵和打闹源于争强好胜，只有当你小心翼翼地避免偏袒任何一个孩子时，这种冲突才会平息。谁先挑起的争吵，谁对谁错，并不重要。很多孩子之间的冲突都是为了得到你的关注。你的态度应该是，无论谁对谁错，孩子们必须学会和睦相处。如果他们吵吵闹闹，令人心烦，应该把他们两个都赶出去，直到他们停止争吵。介入他们之间的斗争和争吵是危险的，而且徒劳无益。干涉只能起到延长和煽动的作用。如果一个孩子来找你告状，你必须告诉他，他不能和他的兄弟或姐妹和睦相处，这太糟糕了。毕竟，每个故事都有两面性！而今天犯错的孩子可能只是想报昨天受伤的仇。一个孩子犯错或捣乱，整群孩子都要为此担责。他们必须学会互相照顾。

如果你安排很多愉快的共同活动，通过与他们一起玩耍，一起远足，分享激动人心的经历，互相竞争的孩子的归属感和合作精神就会被最大限度地激发出来。从事这些活动时，尽量避免斥责任何一个孩子。如果一个孩子行为不端，你应该从两个孩子身边走开。这会让孩子们意识到，他们的乐趣和愉悦是相互依赖的。只有意识到这一点，他们才能在相互尊重和体谅中团结起来。

初入社会

为了做好适时且逐渐给母子关系松绑的准备，孩子应该尽早，即三岁后，开始与其他孩子交往。换句话说，他应该上托儿所、幼儿园了。这类集体活动的必要性，以及与之相关的问题已经在第三章详细讨论过了。在此，我们只简要地提几个孩子入托后会遇到的问题。

被宠坏了的、胆小的、极其依恋母亲的孩子，可能会对有其他孩子的社会产生强烈的抵触情绪。他在他们中间找不到他所期望的纵容和关怀。他可能想方设法不去幼儿园。他呜咽、哭泣，甚至可能出现神经问题。他这些行为的目的显而易见。如果一个母亲任由自己上当受骗，那么她不仅阻碍孩子适应集体生活，而且开创了一个危险的先例，孩子发现神经失调和抱怨可以帮助他达到目的——帮助他逃避不愉快的处境。这些孩子试图通过制造焦虑的反应来动摇父母的决心。他们半夜尖叫，还会无缘无故地哭。他们害怕"坏"孩子,抱怨他们有攻击性,试图让父母对这个群体产生偏见。同时,他们自己怪异的行为引起其他孩子的反感。如果你同情孩子,为他说情,或者走极端,让他退学,那么,他永远也学不会如何与人相处。当孩子试图逃避有其他孩子的社会时,你的态度最好是坚定的。你必须克制住自己的焦虑和怜悯。温和地坚持,不要太严厉,也不要激动,或者大惊小怪,通常,这么做的话,过几天,孩子就不抗拒了。

开始上学

以前,上小学的第一天是童年的一件大事。如今,由于幼儿园和托儿所普遍设有学前班,而且在很多国家,一二年级时,学业与游戏结合,上学这件事的影响在一定程度上减弱了。然而,对孩子来说,学校仍然代表着一个全新的环境。他只能通过自己的成绩来赢得认可。他的社会不再是一个游戏团体,而是一个学习团体。

你应该尽力让孩子为上学做好适当的准备。他必须有学习能力。疏忽或溺爱会妨碍孩子的智力发展。他可能不会正确地表达,或者在其他方面没有做好上学的准备。在孩子达到入学年龄之前就教他阅读和做简单的算术题,对他没有任何好处,只会在他入学后降低他对阅读和算术的兴趣。如果他提前认识了字母和数字,他就得不到进步和成长带来的满足感。更重要的是,他能自己穿衣、洗漱,以及独自克服困难。然而,父母往往会忽视这些品质。

此外，孩子学会自己过马路和注意交通安全，也是自力更生的重要组成部分。长时间接送孩子上下学不利于他在同学中的地位，他会落下"妈宝"的名声，通常，这种关注会让他感到羞耻。

帮孩子做作业是一个严重的错误。所谓的帮助，对孩子而言，通常是一种考验和威慑，因为，焦虑可能会让你变得易怒烦躁。你可能会进一步令孩子气馁，激起他更强烈的反抗。你应该把孩子的进步交给老师，只在他偶尔询问信息时伸出援手。如果和他一起做作业，你绝不能失态，否则，你会把学习变成一种折磨，让孩子产生抵触心理，使他永远无法掌握形式知识[1]。因此，老师是否应该要求家长监督孩子做作业是值得怀疑的。一个孩子如果有不良的学习习惯、成绩不及格，或者不肯写作业，这就表明父母对待他的方式是错的。既然以前他们不能很好地调教孩子，现在又怎么能指望他们帮孩子养成更好的学习习惯呢？

实际上，提出这样的建议通常是想推卸责任，老师和家长都将孩子的反抗归咎于对方。如果老师无法将自己的"商品"推销给孩子，就应该意识到自己不称职。很多老师可以从销售人员那里学习到非常多实用的心理学知识，如果顾客拒绝购买商品，售货员不能责怪顾客。家长监管不力当然应该受到谴责，但这种监管不应该延伸到孩子的家庭作业上。

孩子到了学龄，却不让他上学是不对的，因为学校的重要性

1　形式知识（formal knowledge），指被书写出来、明晰化了，并用某种形式承载的知识。

不仅在于他所积累的知识。优秀的家庭教师也能很好地传授知识。任何家庭教师都无法提供的真正有价值的部分是，这个孩子与其他孩子共同学习。孩子学会适应一个群体，适应一种严格的职责秩序。因此，如果他直到二年级甚至三年级才入学，他的困难将会成倍增加；他可能会变得很冷漠，变成一个很难交到朋友，在人群中一直都会感觉不自在的"怪人"。

暂时的疾病

生病很正常，所有孩子都会生各种各样的病，而所有父母都渴望保护孩子，让他们远离疾病。然而，比任何身体上的危险更大的危险是，重病或反复发作的疾病所带来的情感后果。比如，孩子可能以为，母亲在他生病时比他健康时更爱他。一旦他产生这种错误的观念，他想健康的意愿可能就会被削弱，尤其是当他生病就可以不履行不愉快的职责（比如上学或做家务）时。康复后，孩子们往往试图保留他们在生病期间所享有的特权。他们在吃饭时惹麻烦，抱怨轻微的不适，最后可能发展为疑病症患者。众所周知，相比于对生病不感兴趣的孩子，娇生惯养的孩子患上百日咳后，症状持续的时间要长得多。

生病期间，孩子需要特殊照料，但即使在此期间，他也必须遵守一定的秩序，父母不能过于迁就他。他不应该得到太多关注，或者不同寻常的关爱；不要给他太多礼物，也不能满足他的一切突发奇想。你对他的同情是可以理解的，但你肯定不希望在他暂时的身体痛苦之外，再加上一种持久的适应不良，比如今后必须享受同样的溺爱。如果你让生病显得太简单，或者太愉快，他可能将其视为一种理想状态（而且，我们知道，如果一个人想生病，生起病来非常容易）。

逆境

当然，列出所有可能对孩子有害的事件是不可能的。生病代表其中的一种。但还有很多事会让孩子成为特殊的同情对象：父母一方或双方过世，家庭的种种不幸，突然破产，等等。过分的纵容和同情会让这类情况的危险增加很多倍。当然，孩子可能需要帮助，但亲戚朋友应该小心，以免他们的善意阻碍他的发展。他必须学会依靠自己的才智战胜困难。如果你的帮助能促使他自愿找到正确的道路，而不是仅仅在外部为他铺平道路，那么，这种帮助会有价值得多。怜悯可能极其有害。

外部形势的变化

另一种可能有害的经历类似弟弟或妹妹出生时的情形：搬家，换学校，甚至换老师。如果孩子觉得自己没有能力适应环境的变化，他就会放弃努力。无法适应新的环境，表明他非常气馁，他以前的行动计划不再适用。这时，他需要的是你的帮助，而不是压力。你必须设法弄清他的问题到底出在哪里，你会发现，事态的变化暴露了他以前的人生计划的缺陷。现在，你的注意力应该集中在这些缺陷上，而不是他目前的不适。你不要被外界的挑衅蒙蔽，故障藏在更深处。也许到现在为止，孩子一直处于主导地位，但他发现维持原来的地位不容易了；他可能被宠坏了，不习惯有人反对他。以前他可能不需要承担任何责任，也不需要做任何决定，现在一切都要靠自己了。因此，外部环境的决定性变化成了一块试金石，检验孩子能否适应社会生活的需要。所以，由此产生的困难提供了一个机会，让孩子修正以前人生准备工作中的缺陷。

特别是就幼儿而言，我们可以把外部环境的变化当成一个机会，为孩子的发展创造更好的条件。必须适应新环境使孩子更容易适应秩序和要求的变化。这对新习惯的养成尤为重要。因此，很有可能从一开始就建立一种新的秩序，尤其是如果之前错误的训练方法或孩子的反抗，阻碍了秩序的维持。你会发现，在新的形势下，更容易纠正先前溺爱的结果，或者改善孩子对你和其他孩子的态度。

简而言之，你有机会为整个训练过程创造一个全新的、更有利的环境。然而，从第一天起，你就必须确保贯彻执行新的制度。当然，不能通过冲突来实现。新秩序必须通过找到更好的合作形式来取代旧的战斗方法，从而与旧秩序区分开。在新的形式下，你有机会引起孩子的兴趣，赢得他的信任，因为他对友谊和亲密有更大的需求。如果你做好准备,不纵容,不让步,孩子会效仿你,并融入你通过身体力行建立起来的秩序。

挫折

家庭、玩伴,或其他方面带给孩子的挫折,很容易让他心灰意冷,这个倾向对他来说具有重要意义。他必须学会接受失败。如果你,他的父母,无法忍受他的不幸遭遇,你的激动帮不了他,反倒会让他更气馁。当你生气、责骂他时,他会认为这种挫折象征进一步的、更严重的失败。无论是谁,遇到一次挫折就认输,那么他一定没有做好准备应对生活中各种司空见惯的困难。相反,他应该加倍努力,集中精力去应对。因此,失败可以成为取得新成就的宝贵的动力。而你的责备、诽谤或绝望的表达,可能会极大地削弱孩子的抵抗力。当然,把事情搞得太容易,同样是错误的——过分安慰他,甚至不让他承担任何后果。许多家长会这么做,举个例子来说,如果孩子在幼儿园和小朋友们处得不好,他们就把孩子接走。他们甚至用礼物,或者特别的款待来安慰他。这么做绝不可能教会孩子在逆境中坚强不屈。他必须学会自己奋斗。你要起的作用是增强他的勇气和自信。要做到这一点很容易,只要表达你对他坚定的信心,并给出令人信服的证据,证明你由衷的关心和友谊。"下次你会做得更好!"但首先,你必须对孩子有信心,因为这种信心是他取之不竭的力量源泉,即使他碰了一鼻子灰,只要你对他有信心，他也不会丧失勇气。

家庭纷争

不利的环境条件可能会让训练变得异常困难，可能会让父母感到绝望，他们在其他方面很能干，却给不了自己的孩子他所需要的支持和指引。

当你的丈夫、母亲、婆婆或其他亲戚频繁干涉你育儿，随时随地插手，对你所做的一切吹毛求疵时，你作为母亲是十分值得同情的。虽然这种人因为溺爱或严厉、唠叨或反复无常，对孩子施加明显不利的影响，但孩子可能完全不理会别人的劝告。有一件事你不该做，那就是，任由自己被他人的行为引入歧途，你不能指望通过做相反的事来平衡或减轻他人犯下的错误。这只会增加已经造成的伤害，错上加错。至少，你可以成为孩子生活中一个不变的因素——一个完全可靠的因素。如果你能维持这种地位，他甚至可能学会容忍外来的影响，同时不受伤害。当然，如果有人通过极度纵容和花大价钱收买，试图让孩子疏远你，这时，你想保住自己的地位并不容易。不利的影响会考验你的勇气和可靠性。如果不气馁，你会找到更好的方法重新赢得孩子的好感——比如示好、一起玩耍、交谈、讲故事，激发孩子的能力，认可他的成绩。从长远来看，对待孩子的正确态度总会胜过通过纵容或收买获得的虚假成功。

人们总是忍不住把孩子当盟友，去对抗其他成年人，尤其是当其他人也试图这么做的时候。如果你玩这个游戏，你对待孩子就会丧失客观性，并很快沦为他手中的一件工具。最重要的是，你会不分青红皂白地批评或表扬孩子，在期望和情绪上失去正确的判断力，并且明显让孩子和你自己之间的关系失衡。你和其他家庭成员之间可能存在冲突、纷争、竞争和怨恨，你对孩子的态度应该保持不变。只有这样，你才能正确地抚养孩子，并对他的发展产生有益的影响。不管其他人会造成多大的危险和损害，这一点你是能够做到的。

这同样适用于孩子所处的环境中出现的其他不利因素：不良生活条件、贫穷、没有时间陪伴、疾病或其他灾难。你的责任只能是，在特定的情况下，尽你所能，为孩子做到最好。情况越糟糕，就越需要你的能力。如果你自己愤怒、懊丧，孩子就得不到你的帮助。你的蔑视和反叛、你的敌意，你寻找替罪羊，这些都是可以理解的；但对孩子来说，这意味着外部环境恶化——负担加重，毕竟，这本来是他无须承受的。如果你支持他，而不是纵容他，那么，来自外部的痛苦和压迫，也许会成为他取得非凡成就、凝聚一切力量的动力。通过你的理解和你给予他勇气和自信的能力，你可以帮助他为一个更美好的未来铺平道路。

我们不能要求所有家庭成员、亲戚和保姆都有教育能力，但他们作为教育者的影响力不可低估。我们可以，而且应该期待他们有平静、友好的态度，避免使用粗俗不雅的语言，遵守适当的行为规范。孩子在自己家里初次体验社会生活，因此，他与各个家庭成员之间的关系对其发展意义重大。然而，如果孩子周围的人举止欠妥，你要专心尽你所能做到最好，而不是改变他们。

"沉默的伙伴"

可能对孩子的行为产生一定影响的人（除了已经提到的那些）有很多，他们可以被称为教育中"沉默的伙伴"，其中包括家里所有的朋友、偶尔来家里拜访的客人、杂货商和送货员、邻居和孩子的玩伴，以及后来通过书籍、戏剧、广播和电影等媒介给孩子留下持久印象的作家和演员。审查所有这些影响是不可能的，也没有这个必要。你无法阻止一个孩子看到、听到对他不好的东西。防止伤害唯一适当的方法是，提高他对错误影响的抵抗力。你可以通过观察孩子来识别他所受到的影响。你可以减轻不太健康的影响，鼓励更有益的影响。单纯靠禁止不行。经验表明，禁果最甜，越抑制，好奇心越强。只有说服孩子赞同你的观点，才能保持你的影响力。如果你明智理性地跟他讨论问题，孩子会渴望并愿意倾听。孩子和所有人一样，不喜欢别人告诉他什么对他有利，什么对他有害。他会对劝诫说教充耳不闻。

父母最重要的职责之一就是向孩子传递正确的道德观和价值观，帮助他分辨是非，这样，他就可以在一个由是非组成的世界上生存。你可以不把邻居孩子的错误态度，或者广播里的恐怖故事、某些漫画书和其他拙劣作品带来的可怕影响视为危险和烦恼，而是当成一次难得的机会，你可以借此机会和孩子进行有趣友好的讨论，向他传递健康的观点。如果恐怖故事开始时，你不是关掉收音机，而是和孩子一起听，解释各种噪声是如何产生的，以及没头脑的人如何被诱发出恐惧和兴奋的情绪，孩子就会像聪明的成年人那样，认为这些节目很愚蠢。如果邻居的孩子说脏话，你的孩子自豪地回家展示他新学到的知识，你可以和他讨论为什么那些孩子会说脏话。只是厌恶地指出这些话有多"坏"是不够的。无论如何，孩子知道这一点，所以他才说脏话。但是，他会发现，他并不需要借助这些手段让人眼前一亮，也不需要以这种方式感觉自己很重要。街头那些不幸的孩子没有其他机会获取关注和认可。如果他拒绝说脏话，他甚至可能获得一种新的力量。如果一个孩子被父母保护得很好，没有经历过这样的挑战和危险，在面对现实生活时，他很可能会毫无防备。

性启蒙

当你的孩子对性功能表现出兴趣时，你可能会感到尴尬、无助。你也因此流露出对性问题的担忧。这在一定程度上是你父母在性启蒙上态度拘谨的结果。在此，我们再次看到教育中错误的态度和方法代代相传。

我们不打算在这里探讨性话题令人害羞的更深层的社会原因。我们反对假正经，并不意味着鼓励无耻。但我们必须认识到，父母针对这个自然过程的假腼腆，对孩子的情感发展是个很大的缺点，甚至可能影响他日后的爱情生活。此外，这必将导致孩子不再信任父母。如果孩子提出自然天真的问题，而你不能给出简单合理的回答，性就会变成一个神秘的、禁忌的、可怕的秘密。不仅如此，为了满足好奇心，孩子会求助其他信息来源，而这些信息来源通常是十分可疑的。无论如何，他都会对你隐瞒他对这个问题的想法和思考，而且，你可能永远也无法重新获得他对你的绝对信任。

然而，性启蒙绝不像你想象得那么困难、尴尬。你可能担心两种情况：一是孩子会问出他理解不了的问题；二是你也许不得不给出觉得有失分寸的回答。然而，如果态度是正确的，这两种担忧都是杞人忧天。确实，孩子从很小的时候就开始问和性有关的问题，在他三岁到五岁。但如果你遵守某些基本原则，会发现，很容易恰当地回答所有的问题。孩子期待一个确切的、清楚的答案。直截了当地回答他提出的问题，这样既不会超出孩子的理解范围，又可以避免所有尴尬。父母之所以害怕直接回答，通常是因为，他们担心——这是他们的想象——接着孩子会追问更多问题。

事实并非如此。一个简单且准确的回答就会让孩子完全满意，再过一段时间，也许是几年，他才会提出下一个问题。这个问题同样符合他的智力发展水平，并且需要同样简单明了的解释。借助动植物王国的繁殖进行暗指的价值似乎被大大高估了。大多数情况下，这些暗指肯定会超出幼儿的理解范围，而且还会把他的注意力转移到他暂时还不感兴趣的过程上来。

孩子自己对动物的观察则截然不同。有机会进行这类观察（比如在农场）对孩子是非常有利的。我们知道，每个人只能从他的观察中吸收他所能理解的东西；同样，孩子也只能从类似的观察中学到他所能理解的东西。因此，他会自动调节启蒙的进程。在这种情况下，孩子在青春期之前不需要具体的解释。到了那个年龄，他需要在性问题上得到全面的指导。然而，如果你太羞涩，或者太无知，这项工作不一定非由你来完成。

一般来说，孩子的兴趣是沿着以下思路发展的。幼儿时期，他可能会问："宝宝是从哪儿来的？"你可以毫不犹豫地回答："从妈妈这儿来的。"因为他暂时不会追问下去。后来，孩子才会好奇宝宝在妈妈体内什么地方。回答依然很简单："在妈妈的心下面。"再后来，他想弄清楚最初宝宝是怎么到那儿去的……"从爸爸那儿来的。"最后，你可能会面对你最害怕的问题："宝宝是怎么从爸爸那儿进到妈妈身体里去的？"但他想知道的比你以为的要简单得多。在他这个年龄，他并不想了解具体的细节；解释这个问题为时过早，而且完全不合时宜。只要你如实回答："爸爸妈妈相爱的时候就会发生这种情况。"他就会很满足。一般来说，他进入青春期之前不会过分探究。

必须补充的是，好奇心增长的这些阶段是没接触过其他信息来源、受庇护的孩子所特有的。仅就他这种情况而言，过早解释可能冒犯他的保守，或扰乱他情感生活的发展。如果孩子已经通过外界的经历或影响"被启蒙了"，那么，试图把他当成一个天真无邪的小孩，在他看来，只能是荒唐可笑的，只会迫使他变得很虚伪。下面这则趣闻相当巧妙地描述了这种常见的情形。

> 奶奶带约翰尼和玛丽去动物园。他们站在鹳鸟的笼子前，奶奶解释说，这只鸟把孩子带到父母身边。突然，约翰尼转身对玛丽说："你觉得我们该怎么办？告诉奶奶真相，还是让她继续这样傻下去？"

针对孩子的问题，每个不真实的回答都会危及他对你的信任。因此，没有理由给孩子讲送子鸟的神话。同样错误的回答是："不关你的事。反正你也不明白是怎么回事。"这样的回答——更不用说真正的指责了——会把孩子推向一个不良的方向，导致他过度重视自己的问题，而他被过度激发的好奇心往往会给他带来不利的影响。

你应该如实回答孩子的问题，但这条规则有一个例外。你必须确保他问问题不只是为了引起关注。如果他的动机是获取关注，那么不应该有逻辑地回答他的问题。否则，你可能会灌输给他一些他暂时理解不了的新想法，特别是当他碰巧问到有关性的问题时。稍后我们会讨论一个真诚的问题和一个寻求关注的问题之间的区别。你必须仔细分辨孩子提问的目的，尤其是当问题涉及性的时候。

你最大的困难将来自心智已经成熟而身体尚未成熟的孩子。如果你觉得无法跟他坦率地谈论一切，可以把他送到儿童心理学家或医生那里去；或者你可以送他一本专门为启蒙儿童设计的好书。(我们推荐以下书籍。针对幼儿：卡尔·德·施魏尼茨的《成长》，弗朗西斯·布鲁斯·斯特兰的《出生》，伊夫琳·S.贝尔和伊丽莎白·法拉戈的《新生儿》。针对青少年：爱丽丝·凯利赫的《生命与成长》，多萝西·巴鲁克和奥斯卡·瑞斯合著的《我的身体及其工作原理》，伊迪丝·H.斯威夫特的《逐步进行性教育》。）无论如何，这些做法都是明智的。但如果你能克服你的羞怯，如果你的知识储备足够丰富，你亲自参与他的整个性教育，一定会对你和孩子的友谊有帮助。如果你觉得有必要承认你对某些答案不太确定，也没什么大不了的。

比身体机能的启蒙更重要的是发现两性的社会差异。孩子学会区分男孩和女孩，首先是通过着装，然后是发型、身材、皮肤和嗓音，但很快他就会意识到，男女在生活中扮演着不同的角色。他对这些差异的早期印象非常重要。如果孩子认为自己的性别低人一等，那么可能导致他很难融入社会。他可能会反抗——没有成功的希望，因为性别是不可改变的。男性角色优越的假设，不仅会激起女孩的抗议，也让男孩们担心他们可能无法成为"真正的男子汉"。这种"男性钦羡"[1]导致两性逃避各自的"自然"功能，因为要么女性觉得丢脸，要么男性觉得太难，要么是为了维护优越感而夸大这些职责。女孩可能会反对女性气质，逃避与她的性别有关的责任，并模仿男孩；而男孩试图通过愚蠢的，通常是反社会

---

[1] 男性钦羡（masculine protest）：阿德勒提出的概念，认为不论男性还是女性，都有一种要求强健有力的愿望，以补偿自己不够男性化之感。

的行为举止来证明他所谓的优越性。当代的激烈竞争又加剧了这种性别斗争,斗争始于童年,并且每个孩子在对自己的性别角色和来自异性的威胁所形成的观念和偏见中茁壮成长。[我在《婚姻:挑战》(*The Challenge of Marriage*)一书中更详细地讨论了这些问题。]

因此,要尽早正确地指导孩子。只有通过早期谨慎的启蒙,才能避免将来孩子对性、爱情、婚姻、责任和职责的恐惧。过度焦虑的父母也可能在这一点上挑起冲突,如果你对女儿说:"你就像个假小子!"或者对儿子说:"你表现得像个女孩。"你会让孩子对自己的性别不满。母亲绝不能让女儿有理由相信她自己更愿意是个男人。对孩子来说,意识到父母想要一个男孩,而不是女孩是致命的,反之亦然。事实上——尽管社会和法律偏爱男性(如今已经不太明显了,但远未消除)——但每一种性别都有其明显的优缺点。重要的是,每个人,无论是男是女,都能基于自己的性别,找到获得幸福和成功的正当途径。

适龄化教育

对待孩子的方式必须符合他的年龄。这个要求不言自明,但父母经常做不到。倘若背离这一准则,你的错误行为可能会走极端。你对待孩子的方式,要么落后于他的年龄,要么超前于他的年龄。无论是哪种情况,父母的错误都会阻碍孩子的发展,影响必要能力的培养，加剧他的自卑感，并妨碍他正常地适应社会。

这个错误是对孩子观察不充分，以及对其处境理解错误引起的。他的存在不只是为了满足父母的愿望和期待，他本身是一个独立的人，他要满足自己的需要和要求，而这在很大程度上是由他的年龄决定的。在很多情况下，父母没有考虑到婴幼儿的心理发展是一个连续的过程。虚荣和溺爱的父母想延长孩子的婴儿期。因为这个年龄段的孩子非常"漂亮""可爱"。他们希望他永远是个婴儿。所以，他们模仿他最早的咿呀，用一种不自然的、孩子气的方式和他说话，他们认为这是与孩子交流的唯一正确的方式。他们不知道这么做会在多大程度上阻碍孩子语言能力的发展。未来几年内，他们继续使用"可爱的"语言，直到孩子上学很长时间以后还在谈论"奶奶（granny）""保姆（nursie）""睡觉觉"。他们迷恋孩子最早期语言所特有的声音变化。由于保持说话习惯和其他特性，四五岁的孩子，有时仍停留在两三岁时的生活状态中。

而且，孩子经常可以摆脱他那个年龄所需要承担的责任。有些学龄儿童每天由父母帮着洗漱、穿衣，有时甚至不用上学。直到七八岁，他们还像婴儿一样被母亲和家人温柔地呵护。往往过了青春期，他们才有权自己做决定。

许多父母很难意识到孩子已经长大了。他们只把他视为自己的"宝宝"，无法想象他已经像自己一样，长成了一个有自主权的人了。这有时会引发一些怪异的情形。我曾经认识两个女人，一个六十来岁，一个四十来岁，是一对母女。女儿对母亲百依百顺。她出门购物前，母亲叮嘱她："不要在外面待太久。""上街要小心，别出什么事。"这位四十岁的女人总是礼貌地回答:"是,母亲。"还好,很少有孩子会容忍这种荒唐事;但如果父母可以为所欲为,这种现象会比实际情况普遍得多。

由于这些原因,孩子逐渐发育成熟的时期尤为关键。遗憾的是,女孩和男孩都要在青春期克服内心巨大的困难,而且,如果父母不愿意承认他们的孩子变了——突然长大成人了,孩子还会陷入更大的麻烦。孩子在外表和心智上都已经完全长大了——当然,还没有稳定成熟——但仍被父母当孩子看待,确实,一两年前,他们还是孩子。令人难过的训斥、限制个人自由、对个人的漠视和不尊重,这些都是父母不了解孩子发展的典型结果。从负责的父母到友好的伙伴和同类的转变应该逐渐完成,并从孩子一入学就开始。但大多数父母很难完成这一转变。

说来奇怪,相反的态度往往导致相似的结果,即孩子发展迟缓。如果父母只顾自己的利益,不顾孩子的需求,那么我们就会看到他们对孩子的教育毫无计划性。因此,父母经常要求一个特别小的孩子取得他完全做不到的成就。这些成就所包含的活动通常对孩子的发展不太有利,却能满足父母的虚荣心和野心,让他们感到安慰。因此,很多孩子在入学前就学会了读写,这些因为早熟所以看起来不同寻常的能力让父母感到兴奋。但同样是这些孩子,没有人帮助,可能还不会自己穿衣服、上厕所。如果孩子没有展现出可供父母炫耀的才能,他们就会感到气愤,认为他头脑迟钝。很多父母试图把孩子变成神童,人为地培养某些伪成就,而实际上,他们的孩子在那些方面并没有真正的天赋。这种行为起不到鼓励孩子的作用。由此造成孩子的不自信就很好理解了，将来还可能一败涂地，彻底崩溃。因此，高估孩子的资质，往往与贬低他的能力一样，都会阻碍孩子的发展。对小孩子来说，被当作成年人对待是一件非常糟糕的事。

> 七岁的马克参与父母的一切谈话。每次家里来客人，父母都会允许他一起进餐。他和他的父母一样，很晚才上床睡觉。吃饭时，他——像他父亲一样——手里拿着一张报纸！他的父母为他的"成熟"和"聪明"感到自豪。但同时，他又给他们惹了很多麻烦，因为他一点儿都不听话。只要他的想法没有立刻得到满足，他就会变得很暴力，甚至动手打他的母亲。他从不吃摆在面前的食物，他没有朋友，而且，由于他的鲁莽好斗，他和任何人都处不好关系。他的缺点和他（表面上）的优点之间的联系非常明显。无论是他的优点，还是他的缺点，都拜他的父母所赐。

此外，孩子对有些东西缺乏必要的了解，不能指望他做决定。同样，由于对孩子的发展状况理解有误，这一刻，父母可能认为他比实际情况更愚蠢、不讲理，下一刻，又期望他具有与他的实际年龄不符的智慧和洞察力。有时，孩子甚至会被卷入他根本无法理解的个人冲突或商业问题中。

孩子敏锐的感知力和判断力时常令我们震惊。他的思维过程在许多方面比我们的自然；他会立即客观地推理，而不是像成年人那样，根据既定的社会模式进行推理。但仍有一些心理联想是他无法理解的，必须逐渐掌握。因此，谈论和分析情况及问题时要符合孩子的理解力。你绝不能低估孩子的智力，甚至拒绝给他想要的解释。但你也不要让你自己的担忧成为他的负担。你应该研究他在面对生活中的问题时有何反应，不应该将任何典型的儿童心态误解为迟钝、没有分寸或残暴。有些问题，几乎所有孩子都不明白——生死的问题、商业利益的问题、社会问题或政治问题。这种情况下，父母很容易对幼儿的理解力产生误解。尽管并不容易，但我们仍有必要正确评价孩子智力成熟前的各个发展阶段。

青春期

性成熟期充满各种潜在的危险。世界突然变了个样。这不只是因为孩子长高了，还因为他的腺体功能发生了变化。这两个因素都让他对自己缺乏信心。他必须重新学习使用自己的身体，并适应一个全新的环境。他体会了一些刺激的感觉，努力让自己融入整个社会，并在一个混乱且令人困惑的世界里找到自己的位置。在这个年龄，成长中的男孩和女孩需要并热切地寻求帮助和指导；但他们很少从自己的父母那里得到这一切。父母仍然觉得他们是小孩，并以相应的方式对待他们。随之而来的两代人的激烈冲突扼杀了共情和合作的萌芽。对父母来说，这是一个艰难的时期——孩子快速成长，已经有了成年人的外表，但未来几年内仍是孩子。很多十二岁到十四岁的男孩和女孩看上去已经完全是成年人了；所以，他们会被陌生人当作成年人对待，自然也就抗拒被父母当小孩看。社会成熟度与身体发育之间的差异，需要你有很强的理解力和洞察力。凭借身为父母的权威不会对你有任何帮助。你的影响力取决于你能否赢得并保持孩子的友谊和信任。如果你因为缺乏同情和善意而没有做到这一点，或者，你因为强调你的权威，而破坏了迈向新的友谊的第一步，那么，在孩子开始过自己的生活，并准备好作为成年人进行友好合作的那一刻，他就会惨遭疏远。

女孩发育得更快，也更明显。女性的腺体发育，在外观上产生了比男性更明显且更令人愉悦的变化，而且这种变化使她们更容易被社会接纳。这就是女孩似乎比男孩更早"成熟"的原因。然而，女孩应该提前为成熟后要发生的一些事做好准备，否则，她第一次体验性功能时可能会感觉不适、痛苦，甚至导致她认为整个性生活是令人难堪、讨厌和可鄙的。多大年龄性成熟并不重要。你不必担心它来得太早或太晚。只有在异常延迟的情况下（到了十五六岁还不来），才需要咨询医生。如果一个女孩迟迟不来初潮，但因为喜欢看上去像个成年人，而嫉妒她更早成熟的朋友，那就要让她知道，女性气质的外在标志是相对无意义且不重要的。在这个从童年到成年的过渡期，年轻人往往过于在意外表。他们想被视作某种人，但他们不确定自己究竟是不是那种人。你越强调他的幼稚，你的孩子就越倾向于模仿成年人的言谈举止。因此，通过削弱他作为一个准成年人的自信，你可能会阻碍他的内在成熟。

由于父母无法理解和重视青春期的各种感觉和困难，因此产生了青春期所特有的反抗——不仅反抗父母和教育者，也反抗整个世界。男孩和女孩都会叛逆，并企图用傲慢来掩饰自身的弱小感和脆弱感，在感到疑惑不解和无足轻重时，"年轻女郎（flapper）"会举止过火，青春期男孩则会走极端。但是，自以为是和夸大其词的倾向，并没有因为贬低和轻视，而得到缓解，反倒会导致自卑感加剧，从而导致他们做出更多不适当的补偿行为。他们渴望成为大人物，比起社会认可的活动，反社会行为更容易满足这种愿望。往往是没有得到父母、学校和教会承认或适当引导的野心，驱使男孩和女孩走向犯罪。对于一个有抱负的女孩来说，通过性爱要比通过学业成绩得到认可和赞美容易得多。当父母和老师责骂、批评她时，只有迷恋她的男性的爱慕能让她有被需要、被接纳的感觉。一个雄心勃勃的男孩如果在成绩上比不过好学生，他可能会通过逃学、赌博、喝酒，以及和女孩约会来感觉自己很重要、很勇敢。他只能通过砸窗户、偷东西，甚至更糟糕的暴力行为，才能成为一名英雄。

> 心理治疗期间，一位病人抱怨她十六岁的女儿变得完全不听管教。她成天和各种男孩鬼混，很晚才回家，不帮忙做家务，邋里邋遢，没有礼貌。任何劝告、承诺或惩罚似乎都对她不起作用。在我的要求下，她女儿来见我。她很漂亮、聪明，也很镇定。我问她感觉如何，

和妈妈相处得怎么样，她是否快乐。她高兴地回答说，一切都好。问："你不是偶尔和妈妈吵架吗？"答："哦，妈妈有时候很烦躁，但她说的不是真心话，一切很快又好起来了。"问："她指责你、唠叨你，难道你不难受吗？"答："哦，我不难受，我不介意。"

这时，我变得认真起来，坦率地告诉她，我跟她母亲很熟，我知道和她一起生活很难。女孩惊诧地看着我，眼里噙满泪水，她释放了。她先是哭得很厉害，说不出话来，然后，慢条斯理、吞吞吐吐地说："所有人都认为我是个坏女孩，妈妈是天使。她对我没有一句好话，我做什么都是错的，只有我弟弟是好孩子。我永远是个坏孩子。我想让妈妈开心，但她根本看不见。我得到的只有斥责。我从来没听她说过我一句好话，没有表扬，没有欣赏。"

这就是她的故事。这是一个成年人第一次听到她的故事。她的反抗只是出于自我保护和天生的骄傲。当我把这件事告诉她妈妈时，她不相信。从来没有人见这个女孩哭过，也从来没有人打破过她逍遥自在的做派背后令人费解的冷漠。

任何人想帮助这些年轻人，都必须透过他们的狂妄自大，认识到其根子上的沮丧。然而，很少有半大孩子的父母能够认识到这一点！在青春期这个人生阶段，年轻人对自己最不自信，最清楚地意识到自己没有社会地位，最想自我感觉良好，他们很愿意在成年人的社会中发挥作用，如果这能给他们带来认可和平等。他们想做出令人赞赏的贡献，但这种机会的大门很少向他们敞开。他们渴望得到指导和支持，但很少有成年人可以让他们感觉到自己被理解、被欣赏，并能与之坦率交谈。只有在极少数的情况下，父母才会表现出足够的尊重和欣赏，戳破那个顽固的自以为是的面具。因此，孩子几乎被迫投入了别有用心的朋友和领导者的怀抱，只是因为他们平等地接纳了孩子，就让孩子以为这些人更理解自己。

松开父母的束缚

训练的目的是让训练本身变得多余。松开孩子与父母之间的束缚是一个自然渐进的过程，其实早在婴儿断奶的时候就开始了。他在幼儿园和学校融入新的群体，导致这个分裂（dissolution）的过程进入更多重要的阶段，并随着青春期和孩子上大学、开始创业或适应职业生活而接近尾声。如果父母还没有跟孩子疏远，那么，他们将仍是孩子最亲密的知己。然而，作为教育者，他们的职责已经履行完毕，但这并不妨碍孩子继续尊重他们的意愿和意见，好朋友之间向来如此。如果父母作为教育者的职能一直被保留到超出自然限度，孩子的发展就会出现紊乱或者实际缺陷。为了避免成为多余的人，父母们经常试图让孩子永远受自己支配。同样，孩子尽管表面上努力争取独立，但由于害怕承担个人责任，即使结婚后，也可能保持幼稚的无助感。

松开父母与孩子之间的束缚是必要的，但会给一些父母带来困难，因为他们不承认自己的孩子有新的人格，有自己的权利和要求，他们期望通过孩子满足自己的愿望。因此，在他们眼中，孩子不是一个有自主权的人，而是他们的私有财产。他们无法想象孩子是一个独立的人。这不是一个只在青春期出现的新问题，而是贯串了孩子的整个童年。因为孩子不是在一个固定的日期"长大"的；如果父母不学会与孩子建立并保持友谊，孩子会从最早的婴儿期开始远离父母。如果父母在孩子小时候就在这方面失败了，那么，等他长大后，他们就要自食其果。如果孩子像陌生人一样和父母生活在同一屋檐下，并在离家后失去一切亲密的联系，到那个时候，父母也不要抱怨孩子的不体贴或冷酷无情。

正确地松开父母的束缚，是你作为教育者的最高成就。你和孩子之间真正的关系比时间更长久，不会因为距离、职业和社会差异，或者组建各自的家庭而被破坏掉。然而，你的时代终究会过去，你要为新一代人让路。那些今天看上去弱小的人，将是明天的中流砥柱。只有深厚的情感纽带能超越时间流逝、斗转星移。你退场后，孩子必须在生活中站稳脚跟。即使在他很小的时候，你也不该问他这个没用的问题："我不在的时候，你会怎么办？"相反，你应该学会在你还在的时候后退一步。现在就让孩子独立吧！今天，你必须有勇气把他交给生命，交给其他人，交给整个人类社会。他必须从今天起就建立一种一对一的平等关系，因为，他在这段关系中成功与否,以后将会证明你是不是好父母,你有没有按照正确的方式养育孩子。

第三部分

难管教的孩子

第六章
理解孩子

如果孩子从出生起就能得到妥善抚养,如果父母无可挑剔,孩子的成长环境无比和谐,那么极端的不法行为、违反秩序和适应不良的情况大概不会发生。但由于这些有利条件很少存在,孩子会制造各种各样无尽的难题,谈论从一开始就应该做些什么来避免陷入困境是无济于事的;我们必须引导父母和孩子解决他们现有的问题。

我们已经试着向你展示了儿童训练中的有效方法,并指出了大多数父母必然会犯的错误。你也许有可能训练自己避免以前的错误,并采用迄今为止没有尝试过的方法。但你不能指望立刻见效。孩子绝对没有放弃对立情绪。你甚至可能发现孩子变得更糟糕了,这是他看到你改变方法后的第一反应,他已经调整自己,适应了冲突,如果你停止斗争,他可能会加倍努力,迫使你回到旧的关系中去,他已经适应了他的行为模式,并为此做好了准备。为了让他从冲突的形势中解脱出来,面对他强迫你重蹈覆辙的挑衅,你的态度必须坚定。

放弃以前的方法只是第一步。你必须了解你的孩子，否则，你帮不了他。这种完全缺乏理解是当代亲子关系的悲剧之一。大多数父母对孩子行为不端的原因一无所知；他们完全不知道他的行为的原因和目的是什么。在接下来的案例中，我们将试着解释孩子为什么会这么做，以及他的目的是什么。你会理解他的基本生存理念。这也许有助于你识别出指导他行为的人生计划。然后，你可能会意识到他所面临的困难。到目前为止，你可能只意识到了你们遇到的困难。只有当你了解了他的矛盾心态，你才能真正帮他解决这些问题。

为了对你的孩子施加有益的影响，你必须学会客观地观察他。还有，不把他的不当行为看得太重，你才能做到这一点。不要再把他的过错当成道德问题来看。行为不端的孩子并不是"坏"孩子。他只是不快乐、误入歧途、灰心丧气，并且没有找到解决他所面临的社会问题的正确方法。他正在努力寻找自己在家庭中的位置，努力满足他人的要求，并承受他人施加给他的压力，但他的每一次不良行为都表明他在这个过程中的一次判断失误。

由于父母几乎不了解孩子的观念和看法，他们对他解决问题的方式感到困惑。母亲时常满怀困惑和愤慨地列举孩子的诸多劣迹、缺陷和过失。"他怎么能这么做呢？你看看他又干了什么！"她的说法不能按字面意思解释；只有了解父母或孩子所在环境中的其他主要人物所扮演的角色，才能理解孩子的行为。双方的行动和反应完全合乎逻辑，从心理学角度看，又都是错误的。真正的问题并不是道德问题，而是人与人之间相互关系的问题。父母提出的道德水准，只是他们用来捍卫自己被击垮的权威的工具（整个社会都容易有这种误解）。因此，内在的、被扰乱的关系被掩盖了，问题被转移到了判断上，而判断本应是客观的。这种态度使教育问题停滞不前，无法解决。

孩子的每一个行为都有目的，这个目的符合他为融入社会所付出的努力。一个行为端正、适应性强的孩子，通过遵守制约他所生活的社会群体的规则，找到了被社会接纳的方式。他感觉到群体的要求，并采取相应的行动；环境允许他积极，他就积极，环境需要他被动，他就被动；他在该说话的时候说话，也知道应该在什么时候保持沉默。他可以是领导者，也可以是追随者。一个完全适应社会的孩子——如果真有的话！——不会显露自己的个性，他只会反映他所处环境的社会需要。只有当他与完全适应社会稍有偏差时，他才会通过为自己找到和发展的独特的方式展现他的个性。

从这个意义上说，一切个人活动都意味着对绝对一致性的轻微偏离。我们不能将这种偏离视为适应不良，因为，任何社会群体的需求都不是一成不变的。社会群体本身需要改善、成长和进化。将自己的想法强加给群体的个体是群体发展的动力。如果他的想法对群体有益，他的方法具有建设性，那么，他依然——也只有这时——是适应良好的，尽管并不完全与群体保持一致。因此，纯粹的一致性可能成为社会发展的障碍，从而成为一种社会适应不良的表现。

适应不良可以被定义为妨碍群体功能及其进化的行为。藏在成年人适应不良背后的心理动力（psychological dynamics）十分复杂。揭示意识之外的各种作用因素，揭开成年人的面具，需要付出很多时间和精力。成年人的基本态度并没有改变，和小时候一样；但进入青春期后，为了颜面，他们学会了掩饰，学会了接受社会设定的模式。成功地掩饰自己的意图和动机被称为成熟。孩子还没有到这个发展阶段，虽然他也不知道自己的目标和意图，但他公开表明了自己的态度。因此，仅仅通过观察，就能识别儿童行为的目标。

孩子所有令人不安的行为都指向四个可能的目标。它们代表了他对自己和团队中其他人关系的看法。他试图：（1）获取关注；（2）展示力量；（3）惩罚或报复；（4）证明自己能力不足。

孩子的目标可能偶尔会随着环境变化：他可能这一刻吸引他人关注，下一刻就维护自己的权力，或者寻求报复。通常，我们可以通过孩子的行为判断他的主要目标是关注、权力，还是报复，抑或试图通过向外界展示，并向自己证明能力不足，来逃避任何行动和责任。他可能会使用不同的方法达到目的，而且同样的行为模式可以用于不同的目的。

关注获取机制（attention-getting mechanism，缩写为AGM）在大多数幼儿身上是有效的，这源于我们的文化中抚养儿童的方法。年幼的孩子很少有机会通过有用的贡献来确立自己的社会地位。他们被允许为家庭的幸福和需要做出贡献的机会太少。哥哥姐姐和成年人做了所有该做的事。年幼的孩子只有通过年长的家庭成员才能感觉自己被接纳，并成为家庭的一分子。他们的贡献赋予他们价值和社会地位。因此，孩子通过礼物，通过爱的表示，或者至少通过关注来不断证明他被接纳。由于这些东西都不会增加他自己的力量感、自力更生精神和自信心，孩子需要源源不断的新证据，以免感到迷茫和被嫌弃。他会尽量以社会能接受的方式得到他想要的东西。然而，当他不相信自己能有效使用对社会有益的方法时，他会想尽一切办法让其他人为自己效劳，或者获取关注。只要主要目的达到了，羞辱、惩罚，甚至身体上的痛苦等令人不快的影响都无关紧要。孩子们宁愿挨打，也不愿被忽视。如果一个孩子被忽视、被冷落，他肯定会感觉自己被排斥、被嫌弃，而且在群体中没有任何地位。

想要得到关注的愿望可以通过建设性的方法得到满足。只要孩子觉得自己能成功，他自然会倾向于建设性的方法。然而，如果他的要求变得很过分，或者环境不能满足他的要求，孩子可能就会发现，行为不端会给他带来更多的关注。于是，斗争开始了。一段时间内，父母可能会屈服于这种挑衅，不会太生气、太恼怒。愉快和不愉快的插曲保持平衡：孩子想让父母把心思放在自己身上的愿望得到了满足，并维持着一种可行的平衡。但是，可能有一天，父母决定制服孩子，阻止他做那些令人心烦恼火的事。然后，孩子改变目标，他和父母陷入争夺权力和优越感的僵局。孩子试图让父母相信，他可以为所欲为，他们阻止不了他。或者，他可以用一种被动的方式向父母表明，他们不能强迫他做他们想让他做的事。如果侥幸成功了，他就获得了胜利；如果父母将自己的意志强加在他身上，他就输了；但下次，他会带着更强硬的手段卷土重来。这种斗争比他争取关注的斗争更激烈：孩子的适应不良更明显，行为更有敌意，情绪也更暴力。

父母和孩子之间这场争夺权力和优势的斗争，可能会达到这样一个程度，即父母会采取一切想象得到的手段来制服犯错者。相互的对抗和敌意可能会变得很强烈，以至于愉快的经历所剩无几，无法维持相互的归属感、友好、或合作。于是，孩子转向第三个目标：他不再指望得到关注，他获得权力的努力似乎也没有希望了，他感觉自己被父母排斥、厌恶，唯一的满足感来自伤害他人和为自己所受到的伤害进行报复。在他看来，这似乎是唯一的选择。"至少，我可以让他们恨我。"这是他绝望的座右铭。在某些群体中，他仍可以获得个人优越感和权力，于是相较于那些他失去一切地位的群体，他的行为没那么残暴。这类孩子最暴力、最恶毒：他们知道怎么做伤你最深，而且懂得利用对手的弱点。即使向他们展示权力和力量也无济于事。他们反叛，他们有破坏性。由于他们从一开始就确信没有人喜欢他们，于是，他们挑衅任何和他们接触的人，并让那些人排斥他们。被别人认为讨厌，对他们来说反倒是一种胜利，这是他们唯一能取得的胜利，也是他们寻求的唯一的胜利。

被动的孩子不会朝着公开斗争的方向走。如果他的对立情绪被击溃，他可能会气馁到不指望自己的存在有任何意义。如果一个孩子认为获取关注或权力很重要，但发现自己得不到时，也可能得出类似的结论。于是，他沮丧地放弃，拒绝参与活动，不肯发挥作用。如果结果只是挫败和失败，那似乎做什么事都没有意义。因此，他的失败，就是向他逼近的最大的危险，孩子会通过向自己和别人证明自己能力不足来竭力避免这种危险。他利用自己的无能做掩护，这样，别人就不会要求他做什么，也不会期待他做什么。通过这种方式，他试图避免更多丢脸尴尬的经历。

适应不良的儿童可能主动，也可能被动，在这两种情况下，他们都可能使用建设性或破坏性的方法。方法的选择取决于孩子感觉自己被群体接受，还是排斥：他总是通过破坏性的行为表现对抗，这种归属感或缺乏归属感是从建设性方法转向破坏性方法的决定性因素。主动或被动的行为表明孩子有多少勇气。被动性往往基于个人的挫败感。这两组因素的结合构成了四种行为模式：

1. 主动—建设性
2. 主动—破坏性
3. 被动—建设性
4. 被动—破坏性

上述次序是以适应不良的实际进展为基础的。很多父母和教育工作者倾向于认为，"主动—破坏性"的孩子比"被动—建设性"的孩子要糟糕得多，其实未必如此。如果孩子的反社会态度没有发展得太严重，比如在获取关注的情况下，可以诱导他把破坏性的方法变成建设性的方法；但想把一个被动的孩子变成一个主动的孩子却极其困难。"被动—建设性"的孩子没那么不友善，但需要更多帮助来培养他的自信和勇气。

获取关注（目标1）是唯一通过四种行为模式都可以实现的目标。（因此，用于获取关注的各种行为模式将被相应地划分，而其他行为模式只出现在目标2、目标3、目标4中，不分主动还是被动的方法。）"主动—破坏性"和"被动—破坏性"的方法可以用于寻求优势（目标2）或复仇（目标3），而表现能力不足（目标4）当然只能使用"被动—破坏性"的方法。

简单地讨论一下关注获取机制的四种类型可能有助于阐明这一观点。"主动—建设性"的关注获取机制，类似于一种非常合作顺从的行为。不同之处在于，在这种情况下，孩子的良好行为只是为了获取关注和认可存在的。如果孩子没有得到预期的关注，良好行为就会变成不良行为。于是，他可能会尝试"主动—破坏性"的方法。这类行为可能类似于用于实现目标2或目标3的行为，区别仅仅在于缺少暴力和对抗。孩子仍然只寻求关注，这个目标一实现，斗争就会停止。想彰显自身权能的孩子不会满足于单纯的关注，他想随心所欲。

使用"被动—建设性"的方法获取关注的群体非常有趣。很多家长和老师不认为这个群体中孩子的行为是不当行为。他们的愉快、魅力和顺从使观察者忽略了他们的被动和依赖他人背后的沮丧。在男性文化中，"被动—建设性"的行为模式几乎是对女性的要求，因此，"被动—建设性"机制在女孩中更常见。我们已经指出了那种错误的倾向，即忽视了"被动—建设性"的孩子比"主动—破坏性"的孩子更沮丧。"被动—建设性"的孩子没那么不友善，但需要更多帮助来培养他的自信和勇气。一个用"被动—破坏性"的方法寻求关注的孩子，最终很可能会变成第四组那种完全气馁的孩子。

本章专注于理解孩子的问题，但我们也可以就如何应对各种群体和类型的孩子阐述几条基本原则。注重关注的孩子必须学会独立，并认识到付出，而非接受，才是获得社会地位的有效工具。在四组关注获取机制中，我们应该努力帮助所有孩子变得积极起来，并将破坏性的方法转变为建设性的方法，直到孩子不再需要任何特别关注。注重权力和优越的孩子不应该接触他们已经成功地反抗并仍在反抗的权力和压力。承认他们的价值，甚至他们的能力，对让他们自信起来至关重要，这样，他们可能就不需要权力驱动（power drive）了。他们必须知道，有用比权力重要。通常，想惩罚和报复的孩子确信没有人喜欢他们，或者永远不会有人喜欢他们。帮助他们是一个漫长的过程，需要证明有人喜欢他们，或者他们可以被喜欢。对于那些因气馁而放弃的孩子，必须慢慢地让他们重新认识到自己的能力和潜力。

孩子表现出来的各种行为困难并不一定意味着他们追求同一个目标。比如，懒惰完全可以用来实现全部四个目标，既可以用来获得关注和帮助，也可以通过拒绝必须要做的事来确立优越感，或者用来报复野心太大的父母，并让他们受到人身伤害，或者怎么努力似乎都看不到希望时，也可以拿懒惰当借口。

在下面的讨论中，各种行为问题将根据它们最常使用的一个目标尽可能准确地排列。但是，一个特定的问题出现在某个标题下，不一定意味着它不能出现在其他情形或其他目标中。

本节的重点放在阐明孩子与其父母和兄弟姐妹的关系上，并以此作为理解其行为的基础。为了便于参考，有些材料是重复的，特别是关于处理每个问题可能使用的技巧，我们只会简单提及；对于具有相似心理机制的问题，这些简短的建议必然有相似之处。

一、关注获取机制

"主动—建设性"的方法

"模范"孩子

很多孩子是父母和老师的宠儿，实际上，他们并不像看上去那么完美。他们只是非常努力地展示自己的"乖巧（goodness）"，以获得赞美和认可。在某些情况下，很明显，他们并不是真的那么乖巧。通常，他们和同龄人的社会关系很糟糕；如果不能表现出众，他们就会感到迷茫。他们渴望完美、正确、更强，他们的父母往往是野心勃勃的完美主义者，这些特质就是他们刺激的结果。有时，他们还鼓励孩子与其他兄弟姐妹竞争。与兄弟姐妹竞争往往导致孩子追求掌声。为了保持自己对弟弟或妹妹的优势，或者为了比得上，甚至超过哥哥姐姐，他会努力变得乖巧、可靠、体贴、勤奋、有合作精神，寻求并承担任何可能的责任。他和他的父母都没有意识到，他的优秀会影响另一个兄弟姐妹，使后者灰心丧气、适应不良。模范孩子的价值经常是以牺牲问题儿童为代价实现的。

　　九岁的比利是个很棒的小男孩。四年前，他失去了父亲，他给了母亲极大的安慰和帮助。他很早就帮妈妈做家务，还照顾六岁的玛丽莲。尽管他年幼，母亲有任何问题，都会跟他商量。实际上，他承担起了"家里的男人"这个角色。比利唯一表现不太好的领域是在学校。他朋友很少，对功课也不是很感兴趣。考虑到比利在学校无法获得他在家中所享有的非凡地位，我们也就不会觉得奇怪了。

　　不难想象玛丽莲是个怎样的孩子。她无法无天，母亲不知如何管教她，只能寻求帮助。她邋里邋遢、不可靠、吵闹，令人苦恼、讨厌，是个真正的"顽童"。妈妈搞不懂这两个孩子怎么会如此不同！她很难认识到比利的优点和玛丽莲的缺点之间有什么联系。

　　我们和两个孩子一起进行了如下讨论：首先，我们问玛丽莲是否认为妈妈喜欢她。不出所料，她的反应是摇头。然后，我们向她解释说，妈妈非常爱她。但是由于她，玛丽莲，不相信母亲爱她，于是总惹母亲生气。也许她认为，只有当她调皮捣蛋的时候，母亲才会关注她,如果她试着有不同的表现,她就会知道母亲也爱她。

然后,我们问比利是否希望玛丽莲成为一个乖巧的好女孩。他立刻喊道:"不!"我们问他为什么,他很尴尬,思考如何作答。最后,他说:"反正她不会是个乖孩子。"然后,我们向他解释,也许我们可以帮她,他也可以帮她,我们一起努力,可能会把她变成一个好女孩。他愿意这么做吗?他有点儿不确定地说,是的,他愿意。我坦率地告诉他,我不相信他说的是真话;我确信他第一次说的"不"更真诚、更准确。但他为什么不想让她变成好女孩呢?也许他可以告诉我。他沉思了一会儿,然后说:"因为我想成为更好的那个。"

这类孩子如果不被认为比别人好,他们甚至不喜欢做好孩子。如果他们不能更好,他们就不乖了,就像比利在学校里表现的那样。如果我们能成功地帮助问题儿童,所谓的好孩子往往会变得很讨厌,有时,这是他一生中第一次这么讨人厌。因此,仅仅调整问题儿童是不够的,必须改善整个关系。比利需要的鼓励和玛丽莲一样多。他对自己的地位也没有把握,害怕失去它。他渴望做个好孩子,这只是他对自我怀疑的一种补偿。

通常,更小的孩子会利用自己的乖巧作为获取优势的工具,来弥补自己在年龄和力量上的不足,从而赢得父母的关注和青睐。有时,女孩通过变得非常体贴负责,来补偿兄弟所享有的特权,这对她们的男性竞争者不利,由于没有姐妹乖巧,他们会变得更加不可靠、更加自私。女孩的这种"乖巧"可能会危及自身的幸福和与他人和谐相处的能力，因为不知不觉中，她让别人觉得自己很可恶；她可能会让自己变成一个受气包，一个任人踩踏的门垫。这会给她一种道德优越感，一种特殊的荣耀。这样一来，她可能会变成一个假圣人，总把自己的痛苦归咎于他人。因为她的适应不良很少被及时发现，所以没有人努力帮助这样一个"好"女孩。

夸张的责任心

过分认真时常被当作一种技巧来用，以获得他人的认可，并显示自己比其他孩子更有道德优越感。在夸张的良心背后，隐藏着对特别关注的追求——通常，任何人都察觉不到，甚至连孩子自己都意识不到。只要获得关注和认可，只要父母满足孩子不断认可和安慰的要求，他就会规规矩矩。但孩子的方法迟早会受到质疑，要么父母不再答应他过分的要求，要么兄弟姐妹或玩伴反感他得到的特殊照顾。

然后，这种极端的良知可能以一种"主动—破坏性"的方式使用，然后被用于获取更多的权力和优越感，甚至凌驾于父母之上。不同寻常的野心和强大的辩解能力，可以促使孩子用过分认真掩盖他对优越感和权力的追求。让他干什么，他就干什么，但得到的结果恰恰相反，结果是，冲突所针对的父母可能会陷入无助的愤怒之中。然而，一切都被感情和善意掩盖着。他为了把每件事做得格外出色，付出的努力毫无节制，甚至到了强迫症的程度，搞得他父母心烦意乱。他不是不爱干净，正相反，他一天洗三十次手！时间就这样消磨掉了。他因为同样的原因，不准时吃饭，中断学习，上学迟到。对秩序的过度热爱掩盖了反抗秩序的斗争。他并不懒惰，相反，他整天学习，以至于父母不得不喊停，让他上床休息。如果你让他别学了，去睡觉，第二天，他当然准备不充分，考试不及格。正如任何形式的隐秘的对抗，这种态度会引发神经症。

你不该被孩子行为的敌对性质误导，也不该因为试图强行干涉他的事，而让自己与他发生冲突。敦促、劝诫，更不用说威胁，要么没有效果，要么只会让权力斗争愈演愈烈。你必须认识到孩子产生敌对态度和叛逆的原因。大多数情况下，这缘于父母的过分纵容和（或）高压。孩子不信任自己，也不信任周围的人。因此，他强调自己的善意，为自己的缺点找借口。

> 十一岁的玛丽是个过分认真的孩子。父母非常爱她，也非常焦虑，总担心他们的独生女。他们研究她的情绪，预测她的每一个愿望，到处跟踪她，精心照顾她，不让她过度劳累。她出于一种健康的本能，反抗这种极端的担忧是很自然的事。但她崇拜她的父母，不能公开表达反抗。然而，她对待任何事都极其认真，对自己犯下的每一个过失和错误都会深感懊悔，这给她的父母带来了极大的苦恼。结果，她犯了更多的错误，远非单纯的愚

笨所能解释。父母要求她做的任何事都成了问题；很快，父母对她提任何要求时都会十分谨慎。

父母在反对孩子夸张的道德价值观时，可能会变得烦躁，甚至严厉。在这种情况下，孩子不会屈服于压力，也不会放弃他的道德信念和善意，反而会增加内心的反抗，以至于将内心封闭起来。从行为上看，他可能像一个非常顽固叛逆的孩子，与一个公开叛逆的孩子唯一的区别仅在于他保持了他的"善意"。

聪明的言辞

很多孩子引人注目是因为，他们能够以惊人且有趣的方式表达自己的想法。他们无论说什么都很有魅力。父母时常在熟人面前夸耀子女"聪明""可爱"，吹嘘子女时，他们并不考虑孩子是否在场。孩子当然为自己有如此出色的能力感到高兴，并滔滔不绝地发表聪明的言论。孩子小的时候，说起话来古灵精怪，同时展现出天生的观察力，因此，言谈间会散发一定的魅力。但渐渐地，无礼可能会变成一种困扰，欢乐会被沮丧替代。将孩子卷入困境的是父母本身的笨拙，而现在，他们非但没有帮助孩子从困境中走出来，也没有以一种友好的方式说服他改变态度，并把他对认可的渴望转移到其他更容易接受的渠道，而是开始斥责他。最糟糕的是，给他贴上"胡言乱语""话匣子"等标签，因此他将来一定会朝着这个方向发展。

强烈的说话的冲动源于渴望得到认可。这是焦虑的表现。当然，这种倾向在难以通过更积极的方式捍卫自己的观点的人身上表现得最明显。女性更健谈，可能就是这个原因。打小报告，同一个缺点的另一种特殊形式，同样有助于提高个人威望。阻止小孩子把心里话脱口而出是很难的，因为他们很清楚，把不该说的话说出来才会引起轰动。你必须理解这种诱惑，不要因为孩子的过错，而过于严厉地责备他。不过，你可以让他明白，谨言慎行是一种高深的造诣，证明他已经长大了，这样就很容易训练他掌握这种能力。通过这种方法，孩子可能会发现，沉默比说话更可取。然而，仅仅是规劝，特别是责备，永远也不能触及爱说话的根本原因。

"主动—破坏性"的方法

出风头

有抱负的孩子，如果在取得实际、有用的成就方面受挫，可能会用最匪夷所思的方法把自己放在最显著的位置上，引人关注。

> 八岁的欧文有一个比他大三岁的姐姐。她精力充沛，有能力，学习起来很轻松。她才十一岁，但看上去

已经像个大姑娘了。男孩则瘦小娇弱，但很有进取心，决定权一直掌握在他手上，爱出风头。他在学校里躁动不安，注意力不集中，还用滑稽的动作和手势扰乱课堂秩序。

父母对这种吸引关注的倾向做何反应？他们觉得这个孩子爱慕虚荣，难以取悦，通常会试图抑制他这种明显希望得到认可的努力。这种努力当然是徒劳的，因为孩子非常气馁，而贬低他只会让他对自己的评价更低。他装出一副没有野心的样子，因为他不怎么用功学习，而且在学校里貌似满不在乎地接受惩罚和批评。而实际上，他的野心很大。但他的抱负并没有指向取得有用的成就。这条路被他的姐姐堵死了。她把欧文挤到了后面。

欧文必须明白，他没有必要一直成为大家关注的焦点，并以此抵消姐姐的优势。他夸大了姐姐的重要性和他对自身地位的怀疑，他错误地试图坚持己见，由此引发的不满进一步证实了他的想法。因此，你必须向他表明，他不仅因为自己的能力受到尊敬，而且，你是爱他的。迄今为止，只有当他做出令人震惊的事时，他才感觉自己很重要。这种做法可以停止了。当他行为不端时，有必要让他偶尔体会一下不可抗拒的秩序，正如他表现良好时，有必要得到你的关心和关注。

冒失

孩子们试图给别人留下深刻印象的把戏数不胜数。他们那些奇怪的想法往往惊人且有趣,天真的父母对这种行为背后的原因一无所知,因而常常一头雾水——比如,他们四岁的儿子(家里最小的孩子)突发奇想,想用刀把汤切开!孩子经常以"折磨"大人的方式获取关注。他们以这种方式让人感觉到他们的存在,让家人紧张不安,比如打断父母的谈话,不让母亲和熟人聊天。

八岁的格特鲁德在家里排行老二,是个被宠坏的孩子,只要她在场,母亲就不能把注意力放在其他人身上。如果母亲想和别人说话,格特鲁德就会用手捂住她的嘴,要么就大喊大叫,让谈话无法进行。在尖叫和抗议的间隙,她搂住母亲的脖子,不停亲吻她。她的疯狂躁动使她成为保姆们眼中的捣蛋鬼。但她在学校非常用功,她的勤奋似乎证明忽视她那些不太值得称赞的品质是合理的。她是"老师的宠儿",也是班上成绩最好的学生。她知道,在学校,耍她那些花招不管用。

"行走的问号"

孩子不仅会用坚持不懈、毫无来由地表达爱意来惹恼你，还可能通过提问让自己引人注目。你可以很容易地判断出，他是想询问信息，还是只为了引起你的注意。如果他确实心存疑问，你不该拒绝如实作答，但讨论假问题就完全没有必要了。后者的明显特点在于孩子提问题的方式，他根本不注意你说什么，有时甚至不等你回答就提出新的问题。家长们通常注意不到这种游戏。甚至当孩子频繁提出同样的问题时，他们也搞不明白是怎么回事。等耐心耗尽了，他们就粗暴地斥责孩子，孩子对这种谈话中的突然转变感到震惊，真的很受伤。

有一次，在一个朋友家里，我看到下面这一幕。一个妈妈把她三岁的小女儿抱在腿上，给她读绘本。每读一页，小女孩就让妈妈停下来，问："这些人在干什么？""这只狗为什么会在这儿？"每次妈妈都耐心地回答她。看了几页后，我插嘴问道："这些人在干什么？"小女孩回答得很正确！读下一页时，我保持沉默，孩子问了一两个问题，妈妈又耐心地回答。按照这个次序来：读某一页时，我问问题，孩子回答；读下一页时，孩子问问题，妈妈回答，以此类推。妈妈读完这本书后，我说，我很喜欢这个游戏。妈妈惊讶地问:"什么游戏?"她根本没注意到发生了什么事。

这个故事看似可笑,其实可悲。这表明父母很少意识到孩子的诡计,从而助长了错误的关注获取机制。这个小女孩在被放到床上后叫父母过来三四次:要水喝、要上厕所、要擤鼻涕、要去取忘拿的什么东西——父母都依了她,直到被激怒。这类游戏通常会有这样的悲惨结局。

你不该让孩子问如此轻率的问题。如果你仔细听,把这些问题与认真询问区分开来并不难。但你必须认识到,孩子有时为了扩展自己的视野,会表现得格外粗鲁无礼;实际上,他们有一大堆真诚的问题。然而,还是可以区分深思熟虑的问题和纯粹脱口而出的问题:后者的特点往往是问题形式老套或无意义。孩子永远在问的"为什么?"可能源于对知识真正的渴望;但更多时候,只显示了他对吸引关注的渴望。即使你已经确定是后者,你的反应也不应该是训斥他。你可以提醒孩子,他不可能是在认真地询问。

你可以友好地做到这一点。如果达不到预期结果,他很快就会停止乏味的提问。如果你回答这些问题,你的回答不要合乎逻辑——因为孩子已经知道答案了。你可以和他玩个小游戏。如果你同意轮流问问题,孩子先问,然后你问,通常是有效的;或者,你可以像他一样,问他一连串的问题;或者你可以编一个奇妙的故事,来回答一个简单的问题。不过,所有这些游戏应该以适当的方式引入,向孩子解释为什么他会问这些问题,告诉他你愿意关注他，如果他需要的话。如果你暂时没有时间，你可以说，稍后再回答他的问题。如果你为了让他安静，合乎逻辑地回答问题，或者说"我不知道"——这是假话，又或者对他大喊大叫，试图阻止他，这些做法都不会为你节省时间。所有这类回答只会刺激他继续用问题烦扰你。

我们必须再次强调，缘于孩子增长知识的需要而产生的问题，绝不能被忽视或嘲笑。轻视会导致孩子丧失信心，迫使他去寻找其他信息来源，还有可能阻碍他的智力发展。客观严肃地提问的孩子，通常能理解简单的回答。你永远不要对他说，他太小了，理解不了。你必须费心思去弄清问题的真正要旨，如果答案仅限于问题本身，就不会超出孩子的理解范围。成年人认为孩子的问题无法回答，并且认为孩子理解不了这个问题，可能只是因为，他这个成年人立刻想到一个确切的回答会引发其他问题。然而，孩子提出的问题不会超出他能想到的深度（当然，只适用于严肃的问题）。

除了客观和唐突的问题，还有所谓的反问："是这样吗？""你真是这么想的吗？""你说话当真？""你这样认为吗？"任何针对这种询问的回答充其量是笨拙的，而且，在任何情况下都是没有根据的。尽管如此，总是挑剔、批评孩子的父母会经常借着这些问题对孩子说些严厉的，至少是不太友好的话。

"坏小孩"

"坏小孩"的特征是，有能力在完全错误的时间有某些言行。他的目的是，在任何情况下，把人们的注意力吸引到自己身上，并以最简单的方式取得成功：一有可能就打破不成文的法则和惯例。通常，这些孩子特别迷人，因为他们聪明机智，而且戏剧化地表现自己的魅力。他们的策略是，不做任何明令禁止的事，而是将允许的事做到极致。

> 八岁的弗朗西斯是个"坏小孩"。他失去了双亲，由两个哥哥和一个姐姐抚养。他们在抚养他的过程中，意志坚定，但缺少理智。他们对他的态度在富于同情的纵容和无可奈何的严厉之间摇摆。但他知道怎样才能获得关注。有一次，因为他撒了个谎，他哥哥严厉地批评了他，还趁机训诫了他一番，强调做人要诚实，结果令人震惊——第二天，一个远房亲戚来串门，弗朗西斯立刻告诉那个人，家人对他没有一句赞美的话。后来，哥哥姐姐责备他，他直率地回答，人总要说实话。从此以后，没有人能让他放弃这种过分的诚实。每当有客人来，他的家人就会战战兢兢；他们知道弗朗西斯有一种不可思议的本事，挖出一些真实的糗事，讲给大家听。

当然，一个名副其实的"坏小孩"，并不仅限于说些令人难堪的话。他诡计多端，花样百出，创造力非凡。

有一次，在我们的儿童指导中心，我因为轻信，上了一个孩子的当。一个大约五岁的小女孩第一次来我们这里咨询。她母亲讲述了这个孩子的种种恶作剧，以及她如何恳求孩子不要再这么做，当然，这些努力全都白费了。这期间，女孩坐在长凳上玩墨水池。她母亲警告她，并把她的手拉开，但无济于事。那时，我急于展示该如何应对这种局面；于是，我说："继续玩吧，把你的手放在墨水里，你就会弄脏手指，这样肯定不太好看。不过，如果你愿意的话，就继续玩吧，你可以试一试。"正如我所料，孩子被我的话吓了一跳，不再玩墨水池了。但突然，大约十分钟后，我听到她母亲一声尖叫。女孩把双手插进墨水池里，然后，骄傲又狂喜地举起滴着墨水的小拳头。

显然，想改造"坏小孩"并不容易，原因很简单，他们狡猾且聪明。然而，在以后的生活中，他们行为的后果很少会像心烦的父母以为的那么糟糕，因为，这些孩子很精明，会盘算什么时候，以及在多大程度上搞个恶作剧。但我们还是要设法对付他们。当然，除非父母中止与他们之间的冲突，并赢得他们的理解和同情，否则就不可能做到这一点，因为这些孩子很聪明，能认识到自己行为的目的。让他们体验自然后果并不是那么简单的事，因为他们自己——正如我们刚才在弗朗西斯的案例中看到的——巧妙地利用其行为不好的结果来达到自己的目的。不过，让孩子承担逻辑结果的合适机会还是可以找到的。

首先，父母经常让孩子的把戏得逞。父母训斥他，但又觉得他的把戏很好笑；当然，这会激励他在同类事情上取得更大、更好的成就。访客或其他只是偶尔看到这种场景而被逗笑的局外人却施加了特别有害的影响。因此，剥夺孩子在客人面前炫耀的机会是个好主意。你只需要对孩子说："你认为今天阿姨来的时候，你能表现得乖一点儿吗？我们试一试，好不好？"如果他表现得不好，接下来两三次有客人来访时，你可以不让他露面。然后，你可以再给他一次机会。但与此同时，你必须努力赢得孩子的好感。最重要的是，你必须了解整个局面，这可能涉及他与哥哥或姐姐的竞争。你还要避免过度关注孩子或刺激他的野心来满足你自己的虚荣心。

不安定

这种特质也有一个明确的目的。

> 十四岁的莉尔总是焦虑不安。她不停地换衣服，换朋友，改变活动，改变兴趣，很快就会厌倦一切。有一

阵子，她在数学方面表现出色，后来，她的兴趣转向了历史，她如饥似渴地啃完好几本大部头的书，然后把它们丢到一边。她一直在展现她多么有天赋，如果她能一段时间坚持做一件事，她能做什么。这就是她的行事原则。

莉尔有一个能干又认真的哥哥，她一直生活在他的阴影下。从表面上看，她是两个人中更有才华的那个。但他更有成就，也更可靠。所以，莉尔试图暗示她能取得怎样的成就。她对自己履行诺言的能力没有信心。她不仅害怕失望，实际上，她还会激起失望。她处处让人失望——在人际关系上、在学业上、在兴趣爱好上。她没有意识到，幻灭并非来自外部，而是源于内心。

不安定的孩子不重视坚持不懈的价值。即使他相信，或者希望相信自己能成功，他的野心也不在取得成就上。由于不够勇敢，他很容易放弃，并转向下一个计划。他最初夸张的热情暴露了他的悲观。他不能慢慢来，因为他确定，时间会证明他的能力不足。

没有理由认为他的不安定是与生俱来的。这种假设是孩子自己编造的借口，也许是受到家人和同伴错误的责备引起的。只有洞察孩子的诡计及其人生计划的改变，才能对他有所帮助。你可以和大一点儿的孩子坦诚地商讨这件事，但对于年幼的孩子，转变只能来自你对情况的理解。你必须赋予他新的勇气，帮助他改变目标。这个孩子对做事不感兴趣，一心想的是事半功倍。他必须了解工作和努力带来的满足感，无论结果如何，而不是追求卓越，或者轻而易举就取得成功。

"被动—建设性"的方法

过分依赖

孩子们，尤其是在他们小的时候，会找到很多愉快的方法，不费吹灰之力，就能获得关注。他们只要看一眼，所有人就会向他们伸出双手。他们表现出爱慕和欣赏，所有人就会落入他们的圈套。他们利用自己的弱小和无助，让别人为他们效劳；但他们的做法十分迷人，所有人都会甘愿为他们做一切。他们从不搞破坏，也不惹人烦，因为那样他们会失去权力。他们可能会变得诡计多端，实际上，他们只关心自己，尽管表面上好像只对别人感兴趣。

这种依赖他人的倾向，迟早会导致关系不稳定。只要他们能取悦他人，一切都好；但是，当情况不允许他们讨人喜欢时，他们就不再礼貌了。一开始，为了吸引关注，他们可能会具有破坏性。如果失败，他们很容易变成第三类孩子，过分渴望被喜欢可能导致他们认为根本没有人喜欢他们。很多依赖他人的孩子，在发现自己的魅力不再起作用时，比如，他们被一个新生的弟弟妹妹"废黜"，会变成充满敌意，甚至很残忍的人。

虚荣

只因为他们是谁，而不是因为他们能做什么而受到赞美的孩子，容易变得虚荣。虚荣源于不做任何值得赞赏的事就能赢得赞赏的能力。大人夸赞孩子的外貌会助长他的虚荣心。如果孩子认为这种认可是他在家庭群体中获得地位的基础，那么，他的虚荣心就会变得根深蒂固。漂亮的孩子如果学会更多依靠外表和他们给人留下的印象，而不是依靠自己的成就和努力，那将是一件很危险的事。对自身能力逐渐失去信心，只会让他们越发依赖他人的认可，变得越发虚荣。这最终会导致冲突，因为他们索求更多，付出更少。

消除极度虚荣是一项十分艰巨的任务。一个人过分追求声望，缘于强烈的自卑感，如果你不知道这一点，就会试图用贬低的方式断然拒绝表面上虚荣、自负的孩子，但这样只会削弱孩子的自信心，增加他自以为是，或者以其他形式自我炫耀的冲动。虚荣的孩子受不了让其他人优先，因此，他会回避任何他们无法胜出的情形。一旦明显受挫，虚荣的孩子可能会害怕参加任何有其他人在场的活动。因此，每个虚荣的孩子在对成功没有把握的时候都会胆怯。你必须学会看穿自负的面具——就像看穿冷漠的面具一样。一个男孩可能在学校什么也没学到，却依然雄心勃勃。同样，一个孩子完全不在意着装和个人形象，也绝不意味着没有虚荣心。这类孩子已经不再试图给人留下好印象。他们不像其他人那样只对外表整洁感兴趣。如果他们不能用自身的魅力打动人，就会毫不在乎，甚至用自己的邋遢去吸引眼球。这种"随便"显然是虚荣心在作祟。如果孩子不关心自己给人留下怎样的印象，他就会尊重传统的外貌标准。

我们该如何克服虚荣？首先不要培养虚荣心。大多数父母通过强调"别人会怎么说"来刺激孩子的虚荣心。很多父母希望孩子能通过他的吸引力或魅力发光发亮。他们给他打扮，在他的衣服上大做文章，为他的"成功"感到高兴。但是，他获得的赞美并没有得到其内在价值感的充分支撑。通过炫耀，他过分重视别人的意见，而牺牲了对自己的尊敬。如果不能打动别人，他就会觉得自己的重要性受到了质疑。但即使他的成功无法给他带来真正的自信，他也可以轻松地通过自己的外表赢得别人的认可，这时常导致他认为成就微不足道。他不需要学习，不需要勤奋，不需要有任何特殊才能。即使虚荣心与有益、重要的活动结合在一起，他的自卑感也会暴露无遗。没有人想声名狼藉，除非他认为自己没有价值。想当第一的人，会被这样一个想法不停地折磨，那就是，没准儿什么时候会失败，别人会超过他。要求孩子出类拔萃的父母把对失败的恐惧灌输给孩子。虚荣的孩子一心想令人钦佩，只是因为他一直生活在担心自己做不到的恐惧之中。

这种忧虑——只有通过别人才能证明自己重要的感觉——同样存在于腼腆的孩子和自负的孩子身上。他们都害怕被人嘲笑，认为这是最大的不幸；但虚荣的孩子仍然有勇气使用建设性的手段来对抗这种危险，而胆小的孩子只想逃避，通过软弱和不足来争取认可。在这两种情况下，必须教育孩子不要太在乎别人的看法，而要在自己和自己的成就中找到真正的价值。与外在印象相比，他必须认识到有用的贡献的价值，对人类价值错误的看法令他痛苦；他的野心不该被压制，而应该得到正确的疏导。

"被动—破坏性"的方法

腼腆

十岁的苔丝是个腼腆的孩子，和比她小三岁的弟弟截然相反。弟弟意气风发、坚定果断，乐于应对任何事；她则很容易尴尬，沉默寡言。被提问时，她总是无言以对。她最喜欢和母亲待在家里，没有母亲陪着，她从不出门。在学校，她也很孤僻，只有一个好朋友。别人和女儿说话时，母亲的典型反应是："你怎么不回答医生的问题？别老盯着地板！站直咯！"有人问苔丝问题，母亲总是代为回答。要她等孩子回答，简直不可能。苔丝已经很高了，却还想躲在母亲的裙子后面。这种行为意味着什么？

苔丝和弟弟竞争激烈。她觉得自己因为他而被轻视，这不仅因为他是个男孩，而且，他比她更敏捷、更活泼、更聪明、更能干。父母一直鼓励这个男孩超越姐姐。他还小的时候，父母要求女孩让着弟弟。无论他做什么，都是"出色的""可爱的"。以前，她被当作独生女娇惯，现在，她变得很固执，闷闷不乐。她很快就学会利用自己的依赖和笨拙，不仅逃避照顾弟弟的责任，还能迫使母亲更关注她。但这么做有一个缺点，她不得不忍受母亲频繁数落她愚笨无能。尽管如此，她还是成功地把母亲的注意力集中到了自己身上。

很多胆怯的孩子也会采用相同的策略。（然而，我们必须把他们和那些受到胁迫，也就是受到惊吓的孩子区分开。）他们通过自己的行为强迫别人关心他们、帮助他们。想从他们那里得到答复，需要花费时间和精力。他们的行为是令人不悦、令人厌烦的，但我们不能对他们漠不关心。毫无疑问，他们什么也不做就能引人注目。他们的沮丧可能是与野心结合在一起的，否则，这些孩子不会努力获得关注，而是彻底放弃，听任自己陷入完全消沉的无所事事之中。害羞的孩子害怕被人嘲笑。他们借助自己的胆怯，尽量回避任何必须积极参与的活动，但他们仍然要求并期望所有人都关注他们。这种方法有时会导致严重的神经过敏的症状，比如面红恐惧症[1]。患有这种神经症的人会逃避一切社会责任，但他们仍然通过

---

[1] 面红恐惧症（erythrophobia），又叫赤面恐惧症、红脸或脸红恐惧症，是指由于害羞、窘迫等情感变化引起的脸部及颈部皮肤发红的现象。这种情况严重时，可引起患者的心理障碍。

脸红，设法感觉自己是众人关注的对象。

苔丝的母亲向我们展示了不该这样对待一个害羞的孩子。女孩的行为自然会导致持续的监督和指导——因为这正是她害羞的目的。但做她的监护人是谁也承受不起的。孩子对活动和义务的恐惧只能通过系统的鼓励来克服。这个过程相当复杂，因为有的孩子会借口能力不足，逃避生活中必须做的事。如果受到表扬，他们要么不肯相信，要么受宠若惊，但越发惧怕将来的失败。这样的孩子想要重拾自信，需要相当长的时间，而这需要系统的努力。只是说一些鼓励赞赏的话语是不够的。孩子需要更确凿的证据，证明你信任他、认可他。

依赖与邋遢

依赖性很强的孩子——通常不整洁——会给人添很多麻烦。他们总是需要有人告诉他们、提醒他们该做什么，并最终为他们操办一切。

如果孩子被强行剥夺天生的独立的愿望，他就会对他人产生依赖。父母不相信孩子的能力，想减轻他的不便，或者想通过保护孩子证明自己有多么重要，都可能导致孩子彻底放弃对自立的渴望。母亲越能干，就越容易大包大揽，孩子的依赖性也就越强。

孩子能自己做的事，你就不要替他做。如果他习惯了饭来张口、衣来伸手，这种做法必须立刻打住。当然，不要不耐烦。孩子笨手笨脚是因为缺乏练习，培养技能需要时间。与此同时，你可以鼓励他、鞭策他，但永远不要因为不耐烦或用错地方的同情，减轻他的任何义务。

孩子缺乏自立能力，并不只是父母的责任。

> 八岁的特鲁迪什么都不会干，或者说，即使她设法完成了一项任务，做得也很差。她做什么都会做错，需要持续的帮助。一家人出去散步，她总落在后面，你必须叫她，最后还得去接她。她会自己穿衣服，但穿得很不整齐。她要吃的食物都需要别人帮她切好。她倒水的时候，水总洒在杯子外面。她反复无常，邋里邋遢，好逸恶劳。总之，她需要有人照顾她，当她的仆人。确实有这样一个人！她母亲是商人，很少有时间陪她，但特鲁迪有一个比她大四岁的姐姐，把她照顾得很好。十二岁的安妮认真、聪明，超乎年龄地能干。她不仅管自己的事——因为大人根本不关注孩子们——也管妹妹的事。而且，她不肯卸下这个额外的负担。有一次，她们俩一起露营。安妮控制不住地教育妹妹。她想整天在妹妹身边发愁、唠叨，她在家已经习惯这样了。因此，这个有教养、勤奋的女孩扰乱了整个营地的气氛，至少和她那个粗鲁笨拙的妹妹一样。

你会明白特鲁迪为什么会变成那样。姐妹俩的竞争导致她们分别拿起了防御性武器和进攻性武器。作为两个人中更能干的那个，安妮可能会获胜，但特鲁迪势必会得到更多的关注。一个孩子试图积极地通过有用的成就赢得认可，另一个孩子则通过愚笨被动地争取。仅仅鼓励特鲁迪是不够的。诚然，如果希望她有更大的成就，必须鼓励她。但是，她会避免取得成就，因为成就会让她失去与更有能力的姐姐一争高下的手段。只有对两个孩子都施加影响，才能改善现状。两个人之间激烈的竞争必须缓和下来；只有这样，才有可能削弱双方的关注获取机制。她们必须学会互相配合，而不是互相对抗，因为两个人都缺少社会兴趣。（安妮在与人交往方面也不成功，这个例子很典型，也很容易理解。她没有真正的朋友，因为他们拒绝给她所渴望的优越地位。）因此，两个孩子都必须学会在生活中扮演好自己的角色。

然而，没有必要为了改掉孩子的某个不良品质就改变他的整个人生计划。任何一个孩子都可以被灌输某种秩序感。唯一的条件是，不能粗心大意。人类的机体天生适应规律和系统。邋遢最初是作为一种诡计或手段发展起来的。孩子认识到一些行为的好处，比如不按时起床，不会自己洗漱、穿衣，不按时吃饭，拒绝收拾玩具，或者不在规定时间上床睡觉。孩子通过这些方式，在与父母的斗争中获胜，从而获得他所希望的关注。为了让他改掉这些习惯，必须避免冲突，让他承担自然后果。但是，父母本身也必须遵守秩序，否则，孩子很快就会用父母自己的缺点对付他们。

缺乏专注和耐力

孩子缺乏学习能力，时常被归咎于一种所谓的精神或身体上的缺陷，这种缺陷使他在任何一段时间内都无法持续关注一项任务。这种"精力不足""神经能量受损"的假设是完全错误的，尽管这一点似乎被焦虑的父母和胆怯的个人经历证实了。这些人往往把自己或孩子的失败归咎于神经衰弱或体质虚弱。就像人们每次都把看似愚笨说成先天低能，这反倒会让问题变得更严重。

> 十五岁的弗兰是一个神经质的、"虚弱"的孩子。她正在读高中，虽然人很聪明，但遇到了很多困难。她很容易疲惫，放学后，一天剩下的时间经常要在床上度过。她甚至很难在课堂上集中精力听讲。当她有特殊的作业，或者有考试时，她甚至会彻底崩溃。前一晚，她就开始吃不下，睡不着。有时，她病得很重，不得不卧床休息。上小学的时候，她就开始坐不住，两只手动来动去。小学低年级时，她留过一级，所以，她父母本来不打算让她读高中，但她又哭又闹、花言巧语，最终如愿以偿，因为她的朋友都上了高中。可是，她学习很吃力，而且总是需要帮助。
>
> 父母和医生都认为她体质虚弱，但造成这种情况的

真正原因是什么呢？四岁前，弗兰发育良好，精力充沛，活泼好动。可是，四岁后，她整个人都变了。她是家里的独生女，她母亲和父亲的关系很糟糕，很少花时间照顾孩子，把孩子交给了一个保姆，但仍然望女成凤。弗兰长得不够漂亮，不合母亲的心意。母亲给她买最漂亮的衣服，把她打扮得像个公主。弗兰很重视自己的外表。如果得到一双不喜欢的鞋，她会哭闹一整天。大家都很同情她，因为她父亲待她和她母亲很不好，后来还抛弃了她们。无论她想要什么，亲戚都会买给她。从商店的橱窗前走过时，看到喜欢的东西，她就会停下来哭闹，直到得到那个东西为止。

不过，总的来说，她是个规规矩矩的孩子，从不把自己的意愿直接强加于人。她采用不同的手段得到自己想要的东西。十岁以前，她还要女佣帮她穿脱衣服。她非常顺从，为人随和，成功地把所有人都变成了她的仆人。直到现在，她仍在扮演"可爱的小女孩"，穿着短袜，戴着蝴蝶结，跑来跑去。没有人狠心到拒绝她的任何请求。她总是挑大一点儿的孩子，或很小的孩子做玩伴。即使比她小的女孩也会立刻像妈妈一样照顾她，而她也欣然接受。但她更喜欢和大人玩，她母亲劝她不要和其他女孩亲密接触，声称她们只会教她坏习惯。所以，她最喜欢一个人玩。

从四岁起，她就系统地利用自己的弱点作为获得服务的手段。她吃饭要有人催,她的体重下降得很快。一走远路,她就会精疲力竭。有一次,在乡下,她的个头已经很高了,亲戚们抱不动她,只好雇了一个人开车把她送回家!她做不了家务。一切对她来说都太难了,她总是绕开厨房。她向来不擅长做手工——她太容易累了。她总想为母亲做点儿什么,但一直没做出来。

弗兰的母亲从来都不关心她,除非她生病了。最近这几年,弗兰经常生病。正如我们看到的,即将到来的一场考试就足以让她卧床不起。从以下细节可以看出,她的守规矩在多大程度上只是作秀和一种给人留下好印象的手段。她房间里的书桌和书架上摆满了课本,还有一大堆其他的书。她从不看书,除非有人走进她的房间;这时,她似乎专注于某门功课,或者某个自己设定的、永远也完不成的任务。

在这里,你可以清楚地看到,当一个雄心勃勃的孩子发现很难通过有用的成就来获得认可时会采取怎样的手段。显然,弗兰有无尽的野心,但她周围的人都不这么认为,因为她从没在学校或其他地方试图取得过任何真正的成就;相反,她极力避免这么做。表面上的"体质虚弱",其实是她最有效的借口;更重要的是,这个借口有助于满足她被看护和照顾的需求。

像弗兰一样,许多孩子试图以虚弱为借口,并以此为手段,使父母沦为他们的奴隶。然后,父母考虑到这种"虚弱",免除了他们的各种责任。然而，如果你试图强迫他们顺从，你很快就会发现，这个弱点比你的强项还要强大。任何暴力或压力都无法促使孩子跟你合作。他的雄心、他努力的整个趋势，都必须转到一个新的方向上去。以前的纵容必须被一个系统的共同工作计划取代。到目前为止，孩子一直是你牵挂的对象，他充分利用了这一点。现在，他必须成为与你共同工作的伙伴。

自我放纵与轻浮

十五岁的乔治是一个轻浮、放纵，只活在当下的男孩。他是家里的独生子，父母没有时间照顾他，于是，他一岁时就被托付给一个姑妈。这位姑妈有一个比他大三岁的女儿，但为了让乔治忘了自己寄人篱下，姑妈对他宠爱有加。他总是得到更大份的布丁和更多的糖果，后来，他又有更多的零花钱，而且姑妈允许他比自己的女儿晚起床。女儿在学校的午餐只有面包黄油，乔治的三明治里却总有肉。姑妈只辅导乔治做作业。他八岁前一直是姑妈给他洗澡，而她的女儿很小就自己洗澡了。

尽管乔治享受这种优待，两个孩子并没有公开的冲突。女孩适应了这种情况，一定的独立性和能力消解了她所遭受的冷落。她也努力照顾乔治，因为他发展出了一种特殊的能力——他是个迷人的孩子，知道如何讨好他人（"被动—建设性"的关注获取机制），谁也抗拒不了他。他把所有和他接触过的人利用到了极致，并以一种迷人的方式"榨取"亲戚和熟人的钱财，然后马上用这些钱去买糖果。在学校，他也渐渐得到老师的青睐，成为众人眼中的宠儿。他总是捣乱，但没有人生他的气，他的恶作剧总能得到原谅。他上高中后，遭遇了人生第一次真正的挫折。他惯用的手段不起作用了。学生必须勤奋学习，他一时不知如何应对。上小学时，他的成绩一直很优秀，高中一年级的考试，他勉强及格。此时，他从"被动—建设性"的方法，转向了"被动—破坏性"的行为。

显然，乔治的整个性格受到他童年的境遇，以及他努力应对这种境遇的方式影响。把他的轻浮和贪婪单挑出来，并将它们作为改造他的一场运动的主题毫无意义。他很有野心，但他的愿望是从别人那里得到尽可能多的东西。只有做到这一点，他才会觉得自己重要。学习对他来说是一项沉重的负担。他不想控制自己，因为那样的话，他就必须放弃对他人和生活的要求。他还没有体会到积极成就带来的喜悦。通过成就获得成功的先决条件是长期的努力，这是乔治从未尝试过的。他不规划未来；他想马上得到一切，因此，他无法忍受紧张或悬念，而是利用它们作为获得更大短期好处的手段。如果碰巧有什么事令他不悦，他就会离家出走。如果他想要钱，家人不给，他就找朋友借。他凭借阴险的无助，让别人承担由于他的行为所造成的后果。由于缺乏自控或自律，他随心所欲地索取。

让乔治转移方向的最大障碍是他的亲戚们。他的重新调整取决于他们能否被说服采取一种更合理的态度。他们曾试图把他送到寄养家庭，结果，他逃走了，他的家人又立刻接纳了他。于是，他让所有人都不好过；当他厚颜无耻地藐视现有秩序时，没有人让他承担后果。然而，这是唯一让他意识到问题重要的方法。通过周围人的态度，乔治自然会得出结论，他已经找到了彰显自我的正确方法。而且，如果他的家人不能下定决心从此不再屈从于他的愿望，他们将不得不采用威胁、侮辱、贬低、胁迫等手段开始一场殊死的斗争，这反过来会让他越发抵制、反抗秩序。他不再只是寻求关注和服务，还会寻求权力，甚至报复。

家人坚定的态度和对乔治持续的鼓励——这也许是帮助他改变人生计划的正确方法。

有人追求唾手可得的成功，这类人的典型特征是贪婪，因为他们对未来缺乏信心。任何眼下得不到的东西，对他们来说都是极其不确定的。这种对未来缺乏信心是贪婪的孩子的典型特征。他们攒不下钱。为什么要攒钱？即使今天不倾家荡产，明天也会很不愉快。因此，他们根本不在乎今天的享乐会带来明天的不安，他们认为这是协议的一部分。这些孩子感受到来自更成功的兄弟姐妹的威胁，或者被做法前后不一致的父母惯坏了。当孩子试图违抗一切秩序，获得"特殊待遇"时，自然会有一定程度的反抗。偷偷买来的糖果，从食品储藏室偷来的果酱，本来可以吃一个星期却一次吃完的巧克力棒——这些东西不仅味道好，而且意味着不费吹灰之力就战胜了大人。贪婪和沮丧总是密切相关的。因此，孩子的贪婪表明他的心理平衡被打破了，需要帮助。不过，还是那句话：

帮助不等于纵容。

焦虑与恐惧

在之前关于极其尽责的讨论中，我们提到了神经症的问题。所有神经质现象的核心是恐惧。但是，成年人的深度恐惧被认为是病态的，而儿童的恐惧则被认为是合理的。每个孩子都会有恐惧的时候。只有当恐惧变得很严重时，才被认为是不正常的。

恐惧是无助的表现。凡是觉得自己软弱的人，不仅害怕真实的、迫在眉睫的危险，模糊、未知的威胁也会让他感到焦虑。对于人类，乃至所有生物而言，恐惧反应是一种对更原始的生活方式与生俱来的回忆；因为原始人随时会面临危险，有些危险是未知的，有些则是原始人的思维所无法理解的。而文明人，通常生活在社区的庇护之下，但孩子仍会感到无助，他有这种感觉是因为他对恐惧尤其敏感；当我们同情他的无助时，我们也会回应他的恐惧。

这就是问题的症结所在。孩子学会利用天生的恐惧反应达到他的个人目的。父母越是被孩子的焦虑打动（无论是出于过度关爱、同情，还是因为他们自己也害怕），就越容易屈服于孩子的行动计划。孩子通过恐惧，把自己变成一个无法容忍一切秩序和制度的暴君。

胆小的孩子害怕孤独和黑暗，并通过他的恐惧揭示了他特有的弱点及其成因。只有被宠坏的孩子才会有这种反应。他认为孑然一身是最糟糕的命运，因为他觉得，没有大人的帮助，他无法生存。没有什么比独处更可怕的事了，因为那时，他只能靠自己。同样，在黑暗中，他也只能靠自己。有时，父母给孩子提供用来反驳他们的理由。他们把孤独当成一种惩罚的手段，用妖魔鬼怪或不合适的童话来描绘黑暗和夜晚的恐怖。典型的童年恐惧通常是因为孩子拒绝睡觉发展而来的。很多孩子不愿意去睡觉，要么是不愿意离开父母的温暖和关怀，哪怕是暂时的；要么就是怨恨父母，因为不让他们像大人或者哥哥姐姐那样晚睡意味着轻视他们。因此，上床睡觉，以及与此相关的必须在黑暗中的独处，就成了孩子憎恨的东西。在这种情况下，恐惧变成了一种父母难以抵抗的武器。

这种手段往往会让孩子对父母的依赖深到荒唐可笑的程度。孩子不愿意独自上床睡觉。门必须开着，至少也要留条缝，让灯光透进来，灯光象征着与他人的联系。渐渐地，孩子可能会提更多要求：通往隔壁房间的门必须一直开着；必须亮一盏灯；房间里必须留一个大人，直到孩子睡着；妈妈必须坐在床边，握着他的手；她只要一松手，他就立刻大叫；即使在他睡着后，如果感觉到妈妈要走，他也会醒过来，大哭，并把她留在床边，直到深夜。即使孩子已经接受了必须自己睡这个现实，他仍有可能借着做噩梦和夜间一次次感到害怕，爬到父母床上，摆脱可怕的孤独。

白天，使用恐惧这个手段同样有效。

十二岁的保罗利用他的恐惧控制了全家人。他的父亲老来得子，他有两个已经成年的哥哥和姐姐。家里人都娇惯他、纵容他，但他一直生活在焦虑之中。夜里，他的门必须开着，他不能独自待在房间里；他逃避一切可能会独处的情形。他害怕做作业，害怕其他男孩打架，他不能游泳，不能参加体操运动。每当母亲试图离开，暴力场面就会上演。所以，他的家人总是试图安慰他、帮助他，为他扫清一切障碍。

他母亲来找我咨询，但不是因为担心孩子焦虑。她让我给他开一张不能上游泳课的证明——可怜的孩子在上游泳课前一晚总是睡不着觉！他可以学会独立自主，相信自己的实力，克服自己遇到的各种困难——她从没想到过这种可能性。保罗也绝不会主动去尝试。因为他喜欢生活在这个有人庇护的环境中，尽管他为此付出了沉重的代价——他的恐惧。

不过，保罗在方法的选择上还是相当保守的。

十四岁的欧内斯特在训练父母这方面做得更好。父母必须告诉欧内斯特他们什么时候到家，而且必须精确到分钟，因为他受不了悬着一颗心。他把他傲慢的利己主义藏在对父母过分焦虑的爱后面。他时刻担心他们出事。所以，他坚持要他们准时到家。如果他们在外面停留的时间超过了规定时间,就必须每隔一段时间给他打个电话,保证一切安好。没有人意识到,欧内斯特想要的其实是父母对他的关注。

应该采取怎样的措施消除孩子们的过度恐惧呢?强迫,自然是无用的。最好的做法是忽视焦虑。孩子自然会千方百计反对这个策略,闹出各种各样的"状况"。如果他年纪还小,你可以让他发完火,自己安静下来。你必须给他想要和需要的感情及关爱,但不要迫于他的恐惧这么做。遇到棘手的情况,可能有必要去看一下儿科医生或精神病医生。有时,你也可能通过刺激孩子的野心和自豪感,成功地消除他的焦虑——你把恐惧说成小孩子才会用的手段,他这么做未免有失尊严。最重要的是,你不要把注意力集中在症状上,而应该寻找更深层的原因。

孩子的无助通常源于对大人的依赖。所以,必须给他机会,让他更自立。善于观察的父母会发现,孩子面临问题时,焦虑会变得更明显。因此,他必须学会应对困境。此时,父母的焦虑比孩子自身的焦虑还要危险。此外,父母必须纠正孩子以自我为中心、不惜一切代价为所欲为的倾向。正如我们反复强调的,少一些纵容,是达到这一目的最好的方法。孩子的焦虑源于父母的过度纵容,这个事实已经显而易见,因为在一个没有人纵容他的陌生环境里,他的恐惧会完全消失。然而,对他过于严厉,只会加剧他的无助感。在这种情况下,非要压抑他的恐惧,可能会导致更深层的紊乱,通常,这种紊乱带有神经质的性质。

进食困难

如果父母不强迫孩子吃饭,他就不会有进食问题。当父亲或母亲过度重视孩子的饮食时,进食困难就开始了。如果母亲过分担心孩子的体重,如果孩子体弱多病,或者生病期间体重下降,这种情况可能很早就会出现。然后,他就要承受压力,这种压力起初可能比较温和,但结果可能会发展为强迫,最后变成暴力胁迫。催促孩子吃东西会扰乱他接受食物的能力和意愿,破坏肠胃的正常功能,使孩子对进食产生排斥。此外,承受压力的孩子通常的反应是抗拒。如果这种抗拒针对的是食物摄入,那么,已经过度关注饮食过程的父母会给孩子施加更多的压力。孩子的绝望情绪可能会迅速增加,但永远改善不了孩子的饮食问题。而且,这会让孩子觉得,吃饭不是为了自己好,而是为了父母好。因此,吃饭就成了孩子对付父母的武器,尤其是当孩子感到被忽视或被轻视的时候。比如,家里添了弟弟妹妹,或者孩子病好了,父母不再特别关注他的时候,就可能会出现这种情况。

> 一个两岁的小女孩拒绝吃任何东西,不只是她母亲,甚至连家庭医生都很担心。孩子一吃饭就发脾气,如果让她一个人待着,她会连续几天不吃东西。我们可以追溯一下这种厌食是怎么开始的。有人建议她母亲定时喂

奶（这是一个很好的建议），但她用了什么方法呢？到了喂奶时间，如果孩子睡着了，她就会把孩子叫醒。当孩子拒绝接过奶瓶时，她并没有像应该做的那样，放开孩子，等下次再喂，而是把奶瓶强塞进孩子嘴里。当孩子拒绝喝她喂的第一勺果汁时，母亲采取了更激烈的措施：她捏住孩子的鼻子，等孩子张开嘴呼吸时，把勺子塞进孩子喘气的嘴里。难怪孩子这么排斥进食！

如果父母允许孩子按照自己的自然冲动行事，那么，所有进食困难都将在几天或几周内消失。每个孩子都有类似的冲动。让他饿着肚子，过一会儿，他就会问你要吃的。如果你定期提供食物，他会自动调整自己。

那些难以应对孩子饮食习惯的父母，没有采用这个简单的方法；相反，他们的行为方式通常会让正常的孩子也产生饮食问题。首先，他们试着说服孩子。吃饭的过程变成了一场悲剧式闹剧。母亲警告孩子，不吃东西，后果极其严重。她喂他、哄他，她讲故事，或给予忠告；她提供奖励，或扬言惩罚；最终，她勃然大怒：她开始责骂、吼叫，甚至使用暴力，把食物强塞进孩子嘴里。这样的母亲会因为纯粹的爱而狂怒，却没有注意到孩子的身体扭来扭去，直到孩子把她辛辛苦苦塞进他嘴里的食物吐出来。这时，她要么让步，让他饿着肚子离开，要么根据他的喜好准备特别的食物。有的母亲每天花大量时间准备一份孩子会喜欢和接受的菜单。有的母亲则下定决心，决定"就是要让他习惯这样"，上一顿他不吃的食物，下一顿还给他吃，结果当然是一样的。然而，父母和孩子都可以很轻松地避免这些痛苦。

一方面，孩子的饮食既不该成为讨论的话题，也不该成为混乱的理由。父母应该相信孩子的健康直觉，你不插手的话，他不会挨饿，你插手只会扼杀他的直觉。你的关心给他带来的满足感，远远超过饱腹感带来的满足。想想他从你那儿得到多少关注！只是不吃东西，他就能制服你，让你束手无策。这些社交益处（social gains）比身体舒适更令人向往。有一类父母经常担心孩子的身体发育，并强迫他们吃东西，还有一类孩子在食物充足的情况下凭健康直觉吃东西。相比于后者，前者更容易患上严重的营养不良和摄入不足。纠正孩子饮食习惯的第一步是别理他。不置一词，不要说吃光盘子里的东西，或者快点儿吃。但仅仅保持沉默是不够的。焦虑的母亲即使不开口，动作、眼神和表情也已胜过一切言语。如果你坐在桌旁盯着孩子看，表达你所有的紧张、忧虑、绝望和愤怒，同样会给他过多的关注，并激起他的反抗。

另一方面，孩子必须体验到拒绝吃东西的自然后果。如果他不想吃摆在他面前的食物，你应该给予他拒绝食物的特权，但你不能纵容他，出于同情或担心，给他别的东西吃。这顿饭不吃，就要等下一顿饭。既定的三餐之外，没有零食，没有糖果，也没有面包和黄油，连一杯牛奶都没有。下一顿饭，他要和家里其他人吃同样的食物。

娇生惯养的孩子可能会"屈尊"，吃一些"味道不错"的菜。如果父母满足这种要求，那么，父母要么不懂规则的重要性，要么无法停止过度纵容孩子。我们已经解释过为什么让孩子学会不挑食至关重要。即使是孩子不喜欢的食物,诱导他吃下去也不是什么难事,除非他对食物的厌恶是基于器质性敏感(organic sensitivity)。如果他没和家人一起吃完饭,你应该把他的盘子收走,而且用餐期间,不要再给他任何食物。如果你想训练他吃某种食物,可以安排在那之后给他最喜欢的甜点。他应该知道接下来会有什么,但你必须小心,提到它时,不要让孩子以为这是奖励,或者惩罚。"不吃菠菜,你就别想吃冰激凌……"这样的威胁是极不恰当的。你的态度要随意,但必须坚决,无论他怎么许诺,发脾气,或者为了影响你、动摇你,采用什么花招,你都要不为所动。你可以对他表示同情,但千万不能让步。即使他很努力地吃那些他不喜欢,而且咽不下去的东西,你也不要为其所动。一旦他觉得恶心,吃起来很费劲,你就把他的盘子拿走,对他说:显然,你不饿,你不该勉强自己;但后果还是一样的。

  小弗雷德被邀请参加一个聚会。显然,他的食量很小。其他孩子都吃完了,弗雷德的可可饮料还有几乎一整杯,他嘴里还嚼着没怎么动过的三明治。和他一起来的祖母说,他喝完一杯牛奶,通常要花一个小时。她试图说服他:"你不害臊吗,弗雷德?其他人都快吃完了,快点儿吃!"女主人让她离开房间,然后转身对男孩说:"在我们家,你不想吃的话,可以不吃。把你的杯子和三明治给我吧。"她作势要把东西拿走。弗雷德立刻双手抓住它们，还咬了一大口三明治。现在，他腮帮子鼓鼓的，但咽不下去。他所受的训练对他不利。所以，她坚持说："不，弗雷德，这样不行！我看出来了，你不饿，如果你不想吃，我就把这些吃的东西拿走。"她没再说什么。没过五分钟，可可饮料被喝光了，三明治也被吃完了。祖母对此大为惊诧，不明白他是怎么完成的这一壮举。

还有一个案例——也是我经历过的最糟糕的案例之一——小约翰的案例。他七岁时，妈妈带他来参加我的夏令营。他得了百日咳，病刚好。他不仅一吃东西就咳嗽、呕吐，而且激动或使劲的时候也会这样。他的体重减轻了很多，瘦得皮包骨头。心急如焚的父母雇了一个保姆，每天喂他好几次饭。每次喂食都要花好几个小时。保姆几乎把每口饭硬塞进他嘴里，结果是，他确实吃了一小部分食物，但大部分时间，吃下去的东西全都吐出来了。

我愿意接收这个男孩，但条件是，他的父母两周内不能来探望他，而且不能过问他的体重是增是减。他的父母什么办法都试过了，别无选择。最初几天，男孩什么都不吃，只是看着摆在面前的食物。没有人发表评论。过了一会儿，盘子就被收走了，按照规定，不能给他任何食物。我们给所有孩子提供牛奶和流食时，他也跟着吃一点儿。看着这个孩子挨饿,却什么都不做很难,但这是治愈他的唯一方法。

第一个星期快结束时,约翰开始往嘴里放吃的了。他的做法最好用下面这个趣事来描述:我们去周围的山上远足。我在山顶上遇到约翰,问他感觉如何。他没有回答,我很困惑,平时他是一个很友好、守规矩的孩子。我想弄清他有什么烦恼,但没有得到任何回应。最后,我让他张开嘴。他照办了。我看到一个面包卷,这是他一个小时前吃早饭时放进嘴里的,他把面包卷含在嘴里,没嚼,也没咽。耐心地等了两个星期后,他才开始正常进食。但随后所有难题迎刃而解,他的体重也很快恢复了正常。

我在一个夏令营看到另一个典型的案例。一个十四岁的男孩得过腹部肿瘤,过去几年间做了几次手术。当时,他的身体状态良好,但不能吃东西,一吃就吐。他的体重过轻,而且有饿死的危险。

在营地的第一天,吃晚饭时,他不喜欢端上来的汤。有人跟他解释说,可以不喝这个汤,但这顿饭就没有其他食物了。他还是不吃,但是当肉端上来时,他说"我饿了",但我们没给他肉吃。他惊奇地说:"可我想吃东西!"显然,他准备好吃东西的时候,从来没被拒绝过。我们用友好但坚定的口吻告诉他,我们很同情他,但规则不能打破。这时,其他孩子开始介入。他们看到他营养不良，还哭了起来，恳求给他点儿吃的。所有人都很难过。但是，向他屈服就意味着输掉这场战争。那天，他没有得到任何食物。但几天后，他什么都吃，也停止了呕吐。这证实了顾问医师的诊断结果：进食困难和呕吐是心因性疾病，很可能是父母的关心和劝诱导致的。不过，父母的担心和恐惧是完全可以理解的。

语言障碍

孩子在发育过程中，偶尔出现轻微语言障碍是正常的，不应被视作病理问题。然而，当父母以警告、训诫和责备的方式干预时，所谓的先天性口吃可能会发展成更严重的障碍。因此，语言也可能成为冲突的核心，在这场冲突中，孩子挫败了父母的一切努力。口吃会妨碍与人交往。孩子在与人接触时需要特别自信。孩子往往在他惧怕的人面前口吃。但有时，野心太大也是口吃的根源。与其说孩子害怕人本身，不如说，他担心自己丢脸。口吃是焦虑和害怕失败的表现，但同时也意味着反抗，引起担忧和特别关注。

口吃或许需要专业治疗，但练习说话倒在其次，关键是总体调整。父母想帮助孩子的话，就不要关注语言障碍，更重要的是，运用一切可能手段，缓解他的对立情绪，减轻他的自卑感。

有一种特殊的语言障碍肯定是过度的纵容和娇惯造成的。这是一种伪聋哑。孩子表现得像聋哑人，其实不是。有时很难确定他到底是不是聋哑人。他从不说话，也不听人说话，他觉得根本没有必要说话，因为他的家人会满足他的一切愿望，他用手势和面部表情表示愿望。父母对其适当加以治疗，就会消除这种聋哑，从而对孩子做出最后的诊断。

类似的机制也会导致孩子语言能力不足，说话含混不清，除了家人，没有人听得懂。他们很少与人交流，这符合普遍意义上的"懒惰"。这样的孩子在任何方面都不会付出真正的努力。他们能让其他人帮他们做一切必须做的事。他们慢吞吞，拖着脚走路；他们不自己穿衣服，吃东西还要别人喂——所有这些类似的手段都是以"被动—破坏性"的方法吸引关注。他们可能看上去迟钝、冷漠，其实，聪明得很，知道不需要做太多，因为其他人会为他们安排好一切。如果他们什么都不做，就能得到这么多令人欣慰的关注，又何必自己劳心劳力？如果有谁能劝阻溺爱孩子的母亲或通过照管"宝宝"获得地位的姐姐，"宝宝"很快就会长大，并承担一切责任，哪怕是那些遭到暴力胁迫都不肯做的事。

口齿不清只是假装宝宝（artificial babyhood）的一种症状。如果你想改善孩子的发音，如果他表达得不清楚，无论他说什么，你都可以完全忽略。纠正他的发音，或者让他正确地重复某个单词是不明智的做法。这一切都是过度关注，会刺激孩子保持自己的缺点，而不是放弃。只有当他发现这么做对自己有利时，他才会改善发音。如果他不能让别人听懂他的话，正确发音的好处就会显现出来。

二、争夺权力

每当孩子通过吸引关注获得社会地位的努力遭遇失败,他就会进入一个新的社会关系阶段。多数情况下,这会演变成一场权力之争。通过做不该做的事和拒绝你要求他做的事,孩子对你的权力发起挑战,并试图让自己成为群体中一股强大的力量。当然,权力这个概念不是孩子发明的,他从对父母、亲戚和熟人的观察中发现,权力能带来社会地位,还能解决问题。谁能制服别人,获得胜利,这个人就被认为是聪明的、更强的。作为社会的组成部分,当代家庭的整体氛围有利于相互争夺支配地位和权力。当试图融入社会群体的其他方法失败后,接下来就会尝试通过争夺权力来获得社会认可。

不听话

不听话是孩子争夺权力的典型手段。这种斗争会破坏合作和必要的秩序。每当权力问题出现,孩子就不再顺从。因此,不听话是孩子表达反抗最常见也最普遍的方式。它会连同各种各样的"缺点"同时出现。不过,必须记住,每个健康的孩子偶尔都会反抗。始终默默服从的孩子不是有教养的孩子，而是被唬住了。这种情况下，反抗不会公开化，他们的缺点性质不同。一个孩子不听话，并不只是因为他没有完全按照他应该做的方式去做。只有当你需要强制维持秩序时，孩子才会表现出他有多么不愿意服从。有些孩子的原则是，你让他往东，他偏往西。

六岁的杰克总给他母亲添麻烦。该穿衣服了，他光着身子跑来跑去；该吃饭了，他不肯放下手中的玩具；让他做什么事，他完全不理会；叫他进房间，他肯定朝相反的方向走。他母亲不知拿他怎么办好。

杰克是家里的独生子。他父亲是个"脆弱"的人，总是神经兮兮地抱怨，搞得杰克的母亲很痛苦。她是个勤奋能干的女人，尽管受不了丈夫的神经质，还是会让步，独自辛辛苦苦地维持家庭秩序。她试图给杰克灌输整洁有序的习惯，却遭到丈夫的强烈反对，他非常喜欢这个孩子，不让他有任何麻烦。他总是站在孩子一边，跟他妻子对抗。如果孩子表达什么愿望，父亲会不顾母亲的反对，立刻满足他，杰克已经学会了利用这一点。他为所欲为，因为父亲是他的保护伞；每当母亲坚持自己的立场时，他就立即向父亲寻求庇护。母亲认为她应该用严厉抵消丈夫的纵容，但这么做只会加剧孩子的反抗。

这个男孩仿佛被夹在两个交战的暴君之间，他的人生计划可以从这个角度理解：他通过与一方结盟，对抗另一方，努力赢得自己在家中的地位。他知道，只有战胜母亲的权威才是伟大的胜利。他的理想无关能力和个人价值，而是通过抵抗获得胜利。一有机会，他就会表现出强烈的不服从，即使母亲让他做一些他在其他情况下可能喜欢做的事，他也非要跟她对着干。他的根本错误在于，他认为，仅仅通过反抗，就能获得权力和声望。在有用的成就方面，他远远落后于其他孩子，他连自己穿衣服都很费劲！他不守规矩，缺乏自立能力，而且经常结巴。

父母最大的缺点当然是父亲的过分纵容，尽管母亲的能干在她丈夫和儿子的不足中也起到了一定的作用。通常，孩子不听话与父母的溺爱有关，因为孩子有不服从行为的前提是父母不可原谅的迁就。毫无疑问，母亲也溺爱且过分保护杰克——也许是考虑到父亲体弱，而且容易激动，或者是因为她本身喜欢承担太多责任。总之，男孩从没体验过母亲强制实施自己意愿的能力。她不尝试强制执行，而是发出新的指令："杰克，干这个，去那儿，别碰那个东西！"如果杰克没有表现出任何愿意服从这些命令的倾向，她就再重复一遍。发现这么做也无济于事，母亲就会冲着男孩大喊大叫，甚至动手打他。最后，她只能随他去，再也不想为他费心了。

在孩子不听话的发展过程中，母亲这种态度是非常典型的。我们在一个类似的案例中也能看到这一点。

弗雷德是个任性的八岁男孩。他很小的时候，母亲就去世了，他一直和祖母生活在一起。他家里还有几个叔叔阿姨，以及一个比他大近十岁的姐姐。他经常惹祸，是个典型的"坏孩子"、十足的"顽童"，他任何时候都不会守规矩，总是坐立不安，东游西逛，一刻都闲不住。他手里总拿着个东西，通常是易碎的东西，最终，他会把那个东西摔在地上，发出响亮的撞击声。日复一日，他被告诫："弗雷德，站直，不要用手指敲个不停，放下那只碗，在椅子上坐好！"全家人齐声教导规劝他，但弗雷德充耳不闻。只有当叫喊声震耳欲聋，或者脸上挨一巴掌后，他才会停止做一件讨人厌的事，开始做另一件讨人厌的事。大家都拿他没办法。他在学校里的表现也如出一辙，烦躁不安，喊喊喳喳，扰乱课堂秩序。他的字写得很难看，字迹潦草。然而，他是一个很聪明、有头脑的孩子，他的回答和评论时常令你怒气顿消，你会一笑置之，他怎么高兴，就让他怎么来。

这个男孩有怎样的人生计划？他的人生计划又是如何形成的？他是家里最小的孩子，其余的都是成年人，他唯一的姐姐早已成年，能力一直比他强，因为她立即接替了已故母亲的职责，变得非常能干。母亲去世后，弗雷德一直自怨自艾，尽管他所有的亲戚出于同情，还有他本身的可爱，对他宠爱有加，凡事都让着他。他一定很早就得出结论：只有让别人关注他，他才能显示自己在家里的权威。他想不出别的办法来证实自己的重要性。于是，他变得依赖性很强，功课也不及格。通过这些手段，尤其是让自己引人注目的伎俩，迫使其他人始终关注他。当他们越来越恼火，并试图制服他时，弗雷德的关注获取机制变成了一场权力之争。

现在我们应该很清楚了，除非先改变孩子对自己的看法，否则，任何正确培养弗雷德的努力都注定会失败。他认为自己无足轻重，除了出洋相，吸引所有人注意，为所欲为之外，没有别的办法可以保住自己的地位。如果我们想帮助这个男孩，必须让他明白，他也可以通过有益的贡献赢得大家的认可和尊重。要让一个如此沮丧的孩子认识到真正成就的价值并非易事，但这种鼓励是必不可少的。最重要的是，当他难得不调皮捣蛋，且真的有所贡献的时候，我们必须表现出对他的关注。进步最重要的前提是改变生活方式。除非我们知道，并理解孩子内心冲突的整个背景，否则，很多东西，我们都无法理解，尤其是孩子为什么不听话。

除了溺爱之外，训练中某些纯技术层面的错误也助长了孩子的不听话。我们在此简要概括一下前面提到的一些错误：命令前后矛盾；语气犹豫不决；粗暴、有攻击性或侮辱性的态度和措辞；不等孩子执行命令，就开始不耐烦。然而，最严重的错误是重复命令。孩子不服从的每一条命令都会让他变得更不听话。只有当孩子必须服从时，才有必要给出具体的命令，这种时候少之又少。但是，某件事已经说过一次，就不用再说第二次了；因为言语无济于事，必须用行动来代替。不言自明，这些行动里不包括使用暴力。每当孩子不响应命令时，你可以，而且必须让他的行为所造成的自然后果充分发挥作用。

你可以心平气和地做到这一点。特别是面对一个非常任性的孩子，你必须推迟发出命令，等待合适的时机——当你准备好用一个合乎逻辑的后果来回应孩子的不响应。这种时机出现的次数比逃避反思的父母以为的要多得多。无论如何，你必须避免一遍遍重复命令。孩子首先要学会在意。如果有那么两三次，他发现你说一不二，他就更容易听你的话。

> 一个两三岁的孩子站在橱窗前，不肯挪步。他的父母走在前头，叫他的名字，哄他快走，小男孩就是不动窝。他的父母绝望了。父亲回来，大声训斥他。孩子假装听不见。最后，父亲的耐心耗尽了，抓住男孩，想把他拽走。这时，好戏上演了——孩子激烈反抗，哭号，尖叫，倒在人行道上。他的父母激动地拖着他走。一大群人围过来，纷纷站队，支持或反对他的父母，直到父亲把男孩抱起来，一起离开战场，赢得一点儿也不光彩。
>
> 然而，让这样一个孩子恢复理智太容易了！没有必要大吵大闹。如果父母明智的话，他们会在孩子第一次拒绝离开后告诉他："你想看橱窗里的东西，是吗？很抱歉，我们没有时间，你只能自己待在这儿，我们先回家了。"如果男孩发现他们是认真的，确实要走，他不太可

能不跟着他们一起离开。但假设以前父母对他的态度太宽松，导致他不把父母说的话当回事，而且确信这次他们照样会让步，在这种情况下，他们只需要转过下一个拐角，找一个有利位置，仔细观察他即可。发现父母不见了，他可能就会小跑着追上来。

在某些情况下，找到逻辑后果并不容易。首先，陪伴孩子的时间并不适合训练孩子。（但与此同时，你不能因为害怕争吵，就让孩子自由行动，否则，他会利用你对尴尬的恐惧。）当合适的时机来临时，你可以让这个不安分的孩子选择安安静静地坐着，或者独自待在房间里，因为在这种情况下，你根本无法忍受他的陪伴。同样，如果他在吃饭时无法保持安静，举止不当，那么，别无选择，他只能一个人吃，你可以让他在自己的小桌子上吃；如果他仍然无法表现得像个成年人，你也可以让他在厨房吃，想吃什么就吃什么。由此可见，没有必要劝诫、命令孩子，最后可能导致他为所欲为。不过，绝不要用后果威胁他，而是要让他承担后果！

对于一个不守规矩的大一点儿的孩子[1]，有时不使用点儿暴力，他们似乎很难执行命令。这时最好让他体会一下不良后果。即使面对最固执的男孩，你们也绝不能让步。如果不准时来吃饭，他再怎么发脾气都换不来一份特殊的食物。如果母亲离开房间，他不

1　原文为older child，指年龄在六岁及六岁以上的孩子，通常已经开始上小学或者进入中学。

能阻止她这么做。如果他跟在后面,她可以离开家。当然,如果他不肯举止得体,试图将他赶出房间是错误的。这种事,不强迫做不到,甚至强迫也没用。因此,这很大程度上取决于你如何构建一个让孩子学习服从的情境。

孩子不听话表明他的叛逆和反抗,所以,在改正他的缺点之前,必须化解敌对气氛。在杰克的案例中,我们清楚地看到母亲犯下了严重的错误。她几乎没有做出任何努力,去争取男孩的信任。当然,要与讨好、纵容孩子的丈夫抗衡,绝非易事。但是,若不是她觉得必须以特别严厉的方式弥补父亲的软弱,她当然可以找到让孩子感兴趣,并取得他信任的方法。因此,当孩子不听话时,你必须首先避免引起冲突;相反,当孩子精神状态良好,并乐意友好合作时,你应该在孩子身上投入更多的时间和关注。通过这种方法,你一定能堵住他反抗的源头。

固执

固执也是一种不服从。因此,前一节讲到的很多内容在这里同样适用。当孩子犯牛脾气时,你应该对他采取怎样的态度?劝说、威胁、承诺,甚至使用暴力,通常都是徒劳的。孩子闷闷不乐,无动于衷。

十二岁的乔偶尔犯牛脾气。周日,一家人本打算去餐馆吃饭，结果被邀请去朋友家做客。乔气坏了。到了朋友家，他待在外面的院子里，谁劝他，他也不进去。父母派他的哥哥来找他，朋友家的几个孩子也极力想说服他，但全部努力都白费了。后来，乔告诉我，所有人都恳求他，他非常高兴——误了晚饭也值得。但是，当他们放弃劝他，返回屋内时，他才真的开始生气。最后，他开始后悔自己这么固执。

乔的生活并不称心如意。哥哥令他相形见绌。在他自己看来，他所能做的任何有用、有价值的事都无法与哥哥的成就相提并论。乔时刻意识到哥哥比他强。他只有通过经常犯倔让自己成为家里的绝对主人，家里人都不知道该拿他怎么办。这种时候，连哥哥都显得无足轻重，而他——乔，成了家里的核心人物。

固执的孩子利用自己的行为刺激别人跟他打架。大多数父母会落入这个圈套。固执是感觉自己被虐待或被忽视的孩子用来吸引别人关注，并展示自身力量（"你不能强迫我这么做！"）的很多种手段中的一种。因此，最好的办法是，不要去管那个孩子。如果你用心去理解他内心的冲突，并通过改善你们的关系平息他的怒气，你就可以逐渐让他不再使用这些策略。

发脾气

强烈的好斗和敌对情绪，可能会导致近乎病理性的症状。然而，这些症状背后，只不过是对权力和支配地位的渴望。发脾气也是如此。有些父母可能以为这是一种神经的器质性病变、神经衰弱，或遗传缺陷。然而，乱发脾气的毛病，通常是可以通过适当的方法治好的。但有些父母担心孩子发脾气是因为神经质的倾向，所以会在关键时刻迁就孩子。

如果你，或者其他家庭成员的脾气也很暴躁，你大概也会是这种态度。在这种情况下，你必然认为孩子的脾气是遗传的。然而，这个人（假设他是孩子的父亲）也是一个灰心丧气的人，偶尔也会有横行霸道的冲动。他通过令人难忘、肆无忌惮地展现暴力，试图证明他这个人不好惹。如果事后他似乎为自己的行为感到懊悔，那么，他只是用悔悟和自责来掩盖真正的意图，不让自己，也不让别人知道。全家人开始慎重对待他"脆弱的神经"，并认识到，这种时候，自己的一切权利和特权都必须暂停。如果孩子目睹父亲大发雷霆，他可能会尝试用类似的手段来弥补自己在家中的弱势地位；当其他家庭成员被孩子病态的"遗传"症状吓坏时，他们会像对他父亲一样，让着发脾气的孩子，这么做相当于鼓励他朝着这个方向继续发展。

一个四岁的男孩经常发脾气，他母亲为此十分苦恼。她坚信，他这个"毛病"遗传自他的父亲。这个孩子是在他父亲去世后出生的，因此，他不可能通过模仿习得这种特质。对情况进行一番更深入的调查后，我们发现：丈夫的死让这位母亲深受打击，她全身心地照顾这个遗腹子——她唯一的孩子。出于母爱，从他还是个婴儿的时候，她就开始迁就他。如果哪天，她不再服从他，他会感到愤慨，这是可以理解的。而且，他做了所有孩子在这种时候都会做的事——尖叫。由于母亲一直让步，他的性格变得日益粗暴，只要不满足他的要求，他就暴跳如雷。这时，他母亲惊恐地意识到，他简直就是他父亲的"翻版"。过去，她满足丈夫提出的所有迫切的要求，现在，她要满足孩子的每一个突发奇想。他的一次次发怒，瓦解了她所有的抵抗。纵容孩子这个弱点，导致她不知不觉地让孩子也采用了和她丈夫同样的方法，也许正是她的顺从给她的丈夫惯出了那些毛病。

有时，发脾气会以相当可怕的形式出现，如下例所示：

四岁的弗兰克是家中独生子，患有"呼吸肌痉挛"。他先是怒吼几声，接着突然呼吸急促，摔倒在地，脸色发青，身体僵直，抽搐起来。可以想象，他的父母有多害怕，他们用湿布给男孩擦拭身体，把他抱起来，走来走去，直到最后用爱抚和亲吻让他平静下来。每当孩子不能随心所欲，就会发生争吵，争吵后，男孩就会犯病。然后，父母为了让他平静下来，会答应他的任何要求。

尽管这种场景很吓人，但发脾气并不意味着真正的危险，不过是孩子试图为所欲为；而且，通常会立竿见影。如果不理孩子，如果所有人都离开房间（无论焦虑、惊慌的父母多么不情愿），孩子都会很快恢复理智。如果孩子的年龄大一点儿，他当然会跟着你，但无论他做什么，只要没有人关注，他的努力就都是徒劳的。大一点儿的孩子可能扬言砸窗户、砸家具，或者朝你扔东西，这是在以前训练中形成的模式。你必须记住，破碎的窗户和家具没有精神失常的孩子昂贵。你必须抓住这个机会，不去管他。必要的话，你可能要离开家。你要让他知道，他这么做没用；只需要两三次，足以"治好"孩子的暴脾气。当然，我们不要忘记修补以前溺爱造成的更深的伤害，帮助孩子重新调整他的整体人生计划。

坏习惯（吮拇指、挖鼻孔、啃指甲）

我们之前多次提到，父母的唠叨和引发怨恨的态度会促使孩子养成讨厌的习惯。其中许多行为首先是由父母多管闲事引起的，其他行为，比如吮拇指，孩子天生就有这种倾向，只是被父母的干涉强化、延长了。这同样适用于所有坏习惯——在此无法一一列举，因为它们和父母的要求一样，数不胜数、多种多样。忧心忡忡的父母会提醒孩子特别注意某些特定的行为，这么做向来有害。"坐直咯！走直线！脚尖朝外！别把刀放在嘴里！不要什么都往嘴里放！别做鬼脸！"（这样的例子不胜枚举。）这些警告经常导致孩子彻底养成某种被父母谴责的习惯——这一过程表明了孩子对父母要求的反抗。

一旦习惯养成，即使它的形成与你毫无关系，你也要考虑如何应对。我们将把这个问题，与最常见、最顽固的几个习惯——吮拇指、挖鼻孔、啃指甲——联系起来讨论。

吮拇指本不是什么坏习惯，而是婴儿的一种自然倾向。然而，如果这种情况持续到孩子一岁以后，你就要小心了。强行把孩子的手从他嘴里拿出来，或者打他，都是不对的。有更恰当的，即使婴儿都能理解的方法。你可以给他戴上手套，而且，如果他没有因为你之前的干扰而变得特别沉迷吮吸手指，那么，这样的举动足以破坏他在吮吸时感受到的乐趣。如果他开始把床单的一角，或者任何他能找到的东西放进嘴里，那么，你要记住，你对坏习惯的关注越不明显，坏习惯纠正起来就越容易。如果孩子的年龄更大一些，你想让他戒掉吮拇指的习惯，可以跟他开诚布公地讨论他这种沉迷于简单快乐的倾向。你可以强调，毕竟这是他的问题，不是你的问题，但吮拇指可能导致他的手指或牙齿变形，以后他可能不喜欢自己这样。你们最好少进行这种讨论，不然就又变成你唠叨了。你的主要努力方向应该是帮助孩子找到更好、更有益身心健康的满足感。孩子一直吮拇指，要么是对父母的抗议，要么是因为缺少令人满意的活动。因此，最好让孩子长大后不再吮拇指，而不是以一种不适当的方式干预，从而延长这种习惯。

挖鼻孔也是所有孩子某一时期都会有的习惯之一。如果一开始，孩子不是很倔强，通常只要和他友好地谈一谈，指出这种习惯有多么丑恶、讨厌就足够了。如果他信任你，他会相信你的话，听从你的劝告。但是，如果你错过了第一次机会，而用愤怒的言行助长了这种习惯——在这种情况下，如果你想对他施加任何教育和影响，就必须等待一个有利的时机。如果总的来说，你和孩子关系不错，你可能会发现，当你们之间完全和谐的时候，通过一次亲密的谈话，你也许能开导他，让他改掉这个习惯。通常，他会答应再也不这么干了，但还会继续这么干。他的反抗只会在这平静的一个小时内消失，以后还会出现在日常生活中。责备他反复无常会重新挑起冲突。最好等时机成熟，再和他友好地讨论。那时，他可能会说，他真的很想改掉这个习惯，但就是做不到——他要么在想别的事的时候，无意识这么做了，要么发现没办法控制自己。

他这样描述自己内心的虚假冲突，这个问题我们已经讨论过了。你可以平静清楚地向他解释，让他知道，他显然还没有做好戒掉这个习惯的准备。通过这样的对话，也许可以处理和解决一些问题，对孩子今后的发展和家庭和睦而言，这些问题比坏习惯本身重要得多。当然，对年龄较大、较为成熟的孩子更容易使用这种方法。对于年幼的孩子，你大概只能提一些简单的、鼓励性的建议："但愿你能慢慢改掉这个习惯。"或者："太不像样了。""你觉得明天你能一整天不碰你的鼻子吗？"如果他第一天没做到，第二天、第三天也许能做到。当然，孩子的这些尝试不该受到其他人的不当干涉。

如前文所述，想让孩子改掉坏习惯，你可以充分利用自然后果。这个方法甚至适用于婴儿。你可以在不冒犯孩子的前提下告诉他，如果他挖鼻孔，你不可能让他拉你的手。你可以暗示他，其他人看到他挖鼻孔，也会拒绝向他伸出手。或者当他挖鼻孔时，你可以起身离开房间，并甩下一句话，大概意思是，你不喜欢看他挖鼻孔。也许你想象力丰富，还会想出其他类似的回应，这些回应算是令人不快，但合乎逻辑的后果。然而，你一旦采用了这些办法，而且希望见效的话，就必须坚决贯彻到底。因此，通常只落实这些后果中的一个就够了。

啃指甲的情况和挖鼻孔非常类似。教导孩子和让孩子承担自然后果同样必须相互补充。这个习惯暴露了孩子的固执、叛逆和紧张，因此，通常会与其他缺点一同出现。啃指甲的孩子可能闷闷不乐、遮遮掩掩、不守秩序，或者总体上衣着比较邋遢。换句话说，他们在很多方面破坏了秩序。他们似乎把郁积的怒气发泄在指甲上了。有时，这种积习难改的叛逆，在以后的岁月里，被一种明显的愉快抵消或掩盖；但它仍存在于各种各样的错误中，或者他们仍保持这种特殊的习惯。因此，在啃指甲这个问题上，必须特别强调对孩子的态度进行全面修正。相比于让他改掉某个习惯，你更应该关注的是如何让他从冲突情境中脱身。你必须设法找到问题的根源——父母在溺爱孩子的同时，又极其严厉，孩子有被忽视的感觉，还是孩子在与兄弟姐妹的竞争中遭到压制，等等。为了让孩子养成整洁有序的习惯，你可以把他的野心转移到个人形象上面。

然而，让他为自己难看的手指感到羞耻是不够的，必须唤醒他内心想照顾自己的意愿。仅仅通过外部施压并不能实现这一结果，只会让孩子变得更紧张、叛逆。因此，如果能让孩子有更强烈的改过自新的意愿，直接影响才是有价值的。因此，你必须密切关注你采用的自然后果法所带来的影响，必须确保它们不会让孩子变得更固执。你必须向他表明你的善意，表明你愿意帮助他。比方说，你可以建议他在和你一起散步或与朋友见面时戴上手套，否则，别人可能不愿意向他伸出手。当你发现他的某个指甲比其余的指甲稍长时，你可以表扬他。有的时候，尤其是对女孩来说，让她美甲是有好处的。但最重要的是，在应对孩子的坏习惯时，必须杜绝一切可能的羞辱来源，以及各种形式的恼怒和责备。

手淫

单独讨论这种"坏习惯"是合理的，因为过分焦虑的父母夸大了它的重要性，通常，他们自己也要为孩子养成这种习惯负责；因为一个被正确对待的孩子很少会持续发生过早的性行为。早在青春期到来之前就开始把玩生殖器的男孩，通常有过两种经历：一是母亲过分表达爱意，尤其是在床上抚摸、亲嘴和亲密地相互爱抚（这些行为可能会刺激三岁男孩的性知觉），从而过早受到性刺激；二是每当父母抓到孩子把玩自己的生殖器时都会干涉。因此，手淫被用来藐视父母的权威，性满足象征战胜禁令。

在努力熟悉自己的身体的过程中，每个孩子都会把相当多的注意力放在自己的性器官上，这是很自然的事。只要父母没留意，他对身体的这种专注就是无害的。一旦被父母发现，灾难就开始了。父母自己对性行为的误解和恐惧，可能会导致他们干预一项原本无害的行为，但他们认为这种行为应该受到谴责，甚至是有害的。现在，众所周知的循环开始了：劝诫和责打导致孩子手淫越来越频繁，这又坚定了父母干涉的决心，而父母的决心又刺激孩子固守这个习惯。现在，作为冲突的结果，这只在其次，手淫变成了秘密快乐的源泉。这样一来，孩子的生殖器官被过早刺激出快感，否则，这种感觉会留到孩子成长的较晚阶段。然后，父母自然变得格外焦虑，会诉诸可怕的威胁手段，这可能会严重损害孩子的情感发展。

通常，与不良性习惯的斗争会扩大为一场一般性的冲突。我见过愤怒、绝望的父母夜里把孩子的双手绑在被子外面，当然，他们这么做并没有成功，因为孩子很狡猾，避开了所有暴力手段。我见过有的父母为了不让孩子碰自己的生殖器，用上了绷带，其他各种器具，甚至石膏！然而，他对生殖器的兴趣反倒越来越大，这成了他思想和情感的焦点，有时甚至延续终生，是不是很奇怪？

如果父母严格遵循不干预的原则，这些习惯很容易避免，但是，一旦生殖器官被过早激活，这个过程几乎无法终止。不过，不用担心。手淫有害论已经被证实是一种错误的假设。这种行为既不会让孩子变得神经质，也不会阻碍他的发育。手淫和后来的神经疾病有关，但二者并非因果关系。二者都是对生活及其责任态度不端正的表现。手淫从来不会引起神经质，但如果过早或过度手淫，则表明孩子不受控制，追求享乐且抵挡不住诱惑。这才是父母需要关注的问题，而不是偶然发生的性游戏。过分强调这个习惯会引起孩子的内疚感。由此产生的对性兴趣和性行为的自责和懊悔并不能阻止孩子继续手淫，反而会引起他内心的紧张和矛盾，这比原本的性行为有害得多。

不诚实

说谎的问题显示了类似的机制：一个原本无害的行为，由于父母处置失当，可能会变成一个很严重的问题。他们允许这个缺点成为争夺各自权力的工具。

我们必须认识到，孩子的"小谎"并不总是错误的。但撒谎可能会变成一种根深蒂固的习惯，诡诈的孩子更喜欢撒谎，而不是说实话，孩子撒谎的原因通常对父母来说是个谜。所有孩子都会偶尔说些不符合事实的话。（成年人又有什么不同呢？）有时，孩子丰富的想象力会让他分不清真假——也就是说，分不清现实和幻想。孩子两岁到四岁这个阶段，这种情况时有发生。富于想象力的孩子会做逼真的白日梦，甚至会在更晚的时候经历这样的阶段。孩子没说实话，要么是因为他相信他的幻想是真的，要么他很好奇，想看看把想象出来的故事放到现实中检验一下会发生什么。这样的"谎言"甚至可以成为一种获取关注的方式。

然而，这只是孩子撒谎的一个原因。毫无疑问，他也学着家里大人的样子撒谎，比如，当他想逃脱惩罚或逃避责任的时候。严厉的父母往往会刺激孩子撒谎。因此，撒谎是抵御父母行使权力的简单方法。粗暴地恐吓孩子会滋生谎言。

许多父母发现孩子说谎会怒不可遏。他们认为，孩子撒谎对他们的权力构成了严重的威胁。因此，他们越是对自己的权威没有把握，越是容易被谎言激怒。这并不是一个道德问题，因为父母在自己的生活中也难免会有不诚实的行为。然而，焦虑的父母不承认他们担心的是自己的权威，而是认为，如果纵容孩子肆无忌惮地撒谎，孩子会堕落。因此，只要发现孩子的话与事实稍有不符，他们就予以严厉的批评。他们经常给孩子贴上"说谎者"的标签，从而导致孩子不由自主地走上一条危险的路。

你要小心，不要太悲观地看待谎言。你也无须愤愤不平；你的权威还没脆弱到不堪一击。说谎不会让孩子变成罪犯。当然，你应该培养他做一个诚实的人，但这一点永远无法通过责骂和威胁实现。苦恼和愤怒只会暴露你的弱点。任何孩子都会爱上说谎，因为这样可以令父母困惑不解。当孩子发现通过撒谎可以获得权力时，每当他觉得有必要让父母陷入无助的绝望时，就会撒谎。他的谎言不再源于特定的情境，撒谎本身就是目的。不诚实成为父母与孩子之间争夺优势的一种表现。

在骂人中也能找到同样的机制。当孩子说"脏"话，尤其是当他们意识到这些词会带来怎样的反应时，他们会觉得自己很强大、很聪明。让谎言失去潜在威力最可靠的方法就是，让它显得微不足道，因为它本来就微不足道。这样，孩子就会很快失去继续撒谎的热情。他必须意识到，撒谎对他没有任何好处。一个会心的微笑就会让他感觉荒唐惭愧。但你可以向他表明，他自己对相互的善意和真诚非常感兴趣。除非你向孩子证明真实比虚假更实用，否则，你永远无法把你的孩子培养成一个诚实的人。如果他的想法正好相反，那么，无论是义愤还是说教，愤怒还是惩罚，都无济于事。

有时，孩子的一个谎言会令你不知所措。遇到这种令人困惑的情形，最好先停下来想想不该做什么。（这很容易发现！）不要做任何不该做的事，其余的，怎么做都行。不知如何是好时，你可以遵循这样一个原则：做与孩子的期望相反的事。这些考量会让你一直走在正轨上，这样，你就不会生气，不会感觉自己的威信降低，也不会变得惊恐狂乱。如果你的孩子偶尔通过谎言自我炫耀，你可以告诉他，愚弄你很容易；如果他需要用这种低劣的方式感觉自己很重要，这对你来说没问题，你必须接受。相较于向孩子展示他的谎言给你留下了深刻的印象，这种回应要有力得多。

如果他们对这种方法没有反应，那么，你可以设计一种游戏，每个人都可以畅所欲言，无论说的是真话，还是假话。你也可以骗他们，饭还没做好，就叫他们吃饭，或者要一些他们不喜欢的花招。过一会儿，你可以向他们提议，也许他们更喜欢可靠这个特质，也就是值得信赖。或者你可以套用"狼来了"的故事，如果孩子继续说谎，过一段时间，他说什么，你都不信。然而，如果他不诚实，只是为了逃避惩罚或指责，你必须无怨无悔地接受，因为如果你特别害怕一个人，你可能也会撒谎。如果他撒谎是为了吹嘘自己多么重要，你应该通过向他表示赞赏和称许来培养他的自信心，这样，他就不必用诡计来给别人留下深刻的印象了。

磨蹭

磨蹭本身并不是什么过错，但它的影响很大。如果孩子磨磨蹭蹭，不能给自己找事情做，不能自娱自乐，并且花很长时间才能做完一件事，父母就会心烦意乱。磨蹭是一件强大的武器，因为它会让其他人产生强烈的反应。这是一种表达反抗的方式。我们可以清楚地看到，在不良行为发展的过程中，孩子与父母的相互作用。孩子磨蹭时，父母怎么办？他们规劝、催促、气恼——简而言之，涵盖了从痛苦的无力感中滋生出来的各种权宜之计，从而导致孩子反抗得更激烈，并最终养成磨蹭的习惯。这就是浪费时间的根源。它源于一种整体的消极状态，并因为父母错误的纠正而愈演愈烈。

在这里，我们可以再次看到，只要不理解孩子的动机，父母的行动就是徒劳的。很少有父母会停下来想一想，孩子为什么会有这样的表现。当孩子无所事事，缠着他们问自己该做什么时，或者，当他显然想做点儿什么，却拖拖拉拉，总是心不在焉，或忙于浪费时间的兴趣时，父母就会以为他想做他声称要做的，或应该做的事，并基于这个假设采取行动。因此，他们会提醒并敦促他完成工作，或者做点儿什么。其实，这并不是他想要的。起初，他可能渴望父母的关注，但在斗争的过程中，在父母的催促和他的反抗中，磨蹭的目的变成了证明自己的能力，让父母为他服务，抵制他们的一切压力和权威。

你能怎么做？首先，必须打破这个恶性循环。不要大发雷霆！不要唠叨！不管有多难，你必须学会冷静地观察孩子，即使他激怒了你。有时，你可能只需要让事情过去。如果你主要考虑的是你个人的威望，你当然会保留旧的做法，但如果孩子因此变得越来越糟，你也不要吃惊抱怨。那么，你的第一个做法是消极的——你必须避免错误的策略。

有几种积极的方法供你使用。磨蹭是反抗和冲突的表现，你最好缓解这种情况，转移孩子的注意力，或者让他感到困惑。如果你不愿意生气，不再唠叨他，这首先会让他大吃一惊。如果没人生气，慢吞吞就不好玩了！和他聊天，或者以某种方式引起他的兴趣，他磨蹭的倾向就会减轻。无论如何，你都必须把握全局，并帮助他摆脱困境，从而减少他对你的敌意。通过这种方式，浪费时间可以从一个糟糕透顶的麻烦事，变成一个可以解决的问题。

三、报复

如果孩子感觉受到不公正的对待,并在权力斗争中落败,他就会为了他以为父母对他做过的事而去报复他们。他在不知不觉中用很多方法去惩罚、报复他们。这些方法的破坏性各有不同,但都激起了强烈的愤怒。

偷窃

父母对孩子偷东西的恐惧和绝望很好理解,因为偷窃表明他有多么不在乎最明确的道德原则。现在父母担心他走上犯罪之路,经常试图用严厉的态度,通过威胁和报复来影响他。他们想象不出这些措施有多么没用,也不明白,在很多情况下,这么做只会加速,甚至推着孩子朝他们担心的方向发展。

我认识一个男孩,他母亲反复断言:"你一定会进监狱,最后死在绞刑架上。"他对这句话的反应不同寻常。他对父母怀恨在心,而且非常叛逆,因为他觉得,出于某种原因,他是家里最不受待见的孩子。于是,有一次,当他听到母亲说这些话时,他想:"绝不可能!我不会让你得逞的!"他咬紧牙关,无论让他做什么,他都会一丝不苟地完成，他边干边低声咒骂。他尊重所有礼仪法则，但由于内心的对抗情绪，他渐渐患上了极其严重的强迫症。

然而，对这种预言性说法做出这样的反应很罕见。把一个孩子推向犯罪的道路最可靠的办法莫过于把他当罪人看待，把他想象成将来的罪犯。如果我们想帮助他，必须先弄清楚，他为何无法区分"你的"和"我的"。如果没有根深蒂固的冲突，不会发生这种事；但刺激孩子偷东西的偶然因素多种多样。一个孩子偷窃，因为他天性轻浮，想立即得到他想要的东西。他迫不及待，也不在乎后果。他小的时候，想要什么就能得到什么，他不明白为什么不一直贯彻这个原则。因此，对于那些被溺爱且不受控制的孩子来说，偶尔的偷窃行为是很常见的。孩子的失常行为是父母娇惯的结果，到了这种地步，父母仍然是一副无助、恐惧的表情，只能表明他们缺乏根本的洞察力。

偷窃的动机可能千差万别。父母很少发现真正的原因。他们的困惑源于缺乏理解。孩子并不指望父母理解，连他自己也不明白为什么还会这么做，他只是闷闷不乐地等待受罚。你问孩子为什么偷东西，他要么固执地一声不吭，要么困惑地说一句"我不知道"。通常，他说的是真话，孩子真不知道为什么这么做。他对自己的冲动有所了解——他渴望糖果、水果、零花钱，或其他称心的东西——但这并不是正当的理由，他也不指望承认偷东西就能获得宽恕。所以，他什么也不说。他自己也不清楚行为背后的深层动机。但如果你想帮助孩子，就必须把这些动机找出来。你必须认清偷窃究竟是一种关注获取机制，还是争取权力或报复的工具。

海伦八岁，她母亲惊恐万状、心急如焚地出现在儿童指导诊所[1]，海伦这个被父母精心培养的乖孩子曾多次机灵地从文具店偷走各种东西——吸墨纸、小折刀、铅笔等等。直到现在，她才被发现，可见她的盗窃手法多么娴熟。她似乎没有理由这么做，她母亲给了她想要的一切。被审问时，女孩拒绝交代偷东西的原因以及赃物是如何处理的。直到她的恐惧和紧张情绪得到缓解后，我们才知道，她将偷来的东西分发给了她的玩伴和同学，而他们并不知道这些东西是从哪儿来的。

然而，关于海伦的谜团仍未解开。直到我们掌握了她的全部情况，了解到她作为家里最小的孩子所扮演的角色，并意识到她在与一个更有能力的姐姐竞争，并深感微不足道后，我们才有了拨云见日的感觉。她想通过送礼物给其他孩子留下深刻的印象——出风头。她做得很成功。她经常送一些小东西，所以，大家都想跟她一起玩，一起走。不知道这些因果关系的海伦怎么解释得了她为什么偷东西？谁又能想象得到责备和严厉会改变她的行为？

---

1 儿童指导诊所（child guidance clinic），为儿童提供心理治疗的服务机构。在比尔斯1909年发起的心理卫生运动的推动下，由美国国家心理卫生委员会于20世纪20年代初设立。

十五岁的罗伯特的情况则完全不同。好好一个孩子，怎么会偷了贵重物品藏在家里，这一点更令人费解。至于赃物，他既没有卖掉，也没有拿出来跟人炫耀。简而言之，罗伯特的情况是这样的：他父亲非常严厉，他是三个孩子中的老大，更是受到严密监视。他喜欢过轻松的生活。他给予自己的自由权是他父亲无法容忍的。他不读书，四处溜达，不按时回家。他很早就开始抽烟。总之，他显然是在反抗父亲。二弟比罗伯特小两岁，跟他截然不同。不出所料，这个弟弟特别细心、刻苦，因此成了遵循父亲原则的完美典范。

罗伯特也说不清为什么会偷东西。他早期的行为不端相当简单无害，但都表明他想战胜秩序和父亲。他所做的一切都是暗中进行的，仿佛一种秘密的补偿："你看——反正，我想怎么干，就怎么干！"他让别人发现他的偷窃行为也并非没有意义，因为每次被揭露都是再次挑战他父亲的原则。事实证明，这些原则无力回天。显然，这里有男孩秘密的人生目标——证明通过他父亲强迫他遵守社会秩序是徒劳的。

这种蔑视权威的倾向是许多犯罪行为的根源。即使健康体面的人也会有这种倾向。任何"诚实的公民"都以在有轨电车上逃票为乐。这点儿钱对他们来说可能不算什么，但他们仍幼稚地享受着自己的"成功"。战胜某人——如果战胜的是秩序的守护者就更好了——并不总被孩子认为是不光彩的。这种倾向解释了许多偶发的儿童盗窃案。在他们看来，在杂货店老板眼皮底下偷一个苹果，和按完门铃就跑，开心地在拐角处看穿着拖鞋的家长生气并没有本质区别。诚然，父母不该容许此类恶作剧发生，但大可不必义愤填膺。这相当于把幼稚愚蠢的行为认定为犯罪，并可能对孩子以后的发展产生不利的影响。最自然的后果就是让孩子把东西还回去。

当然，盗窃贵重物品或经常小偷小摸足以让人认真思考应该怎么做，但只要你激动、愤怒，就帮不了孩子，因为那样的话，你就不是孩子的朋友，也无法理解他的处境，而且，让孩子对他的罪过承担全部责任也是错的。很大一部分责任在于父母、家庭排序，以及所有其他共同造成他现有生活状况的因素。如果问题很严重，可能有必要向专业人士求助，比如，临床顾问或者儿童指导专家。通常，父母处理此类事件的方式——过度愤怒或绝望，以及作势要惩罚——其中明显的缺点是，这种方式不仅改变不了，甚至会进一步恶化孩子的真实处境。

总之，我需要指出的是，有的孩子经常偷东西，幸好从来没引起过家人的注意。尽管——或者因为——他们的父母不能采取措施纠正错误，这些孩子日后却成了受人尊敬的人。有谁不记得自己童年时犯过错？如果孩子很幸运，有一些可以用同情和理解来帮助他摆脱混沌状态的朋友，那么，即便是严重的过错，也不会对他的发展造成不利的影响。

下面这个例子说明偷窃可能出于各种动机，同时表明，如果一个孩子对自己被喜欢和被爱不再抱有任何希望，想要赢得他的心有多难。

十六岁的丹是一家社会服务所的捣蛋鬼。只要有人在关键时刻搞破坏，他必定是煽动者。他很清楚何时以及如何出手，破坏性最大。有一次，在一场戏剧演出开始前，他把所有钢琴都弄坏了，几乎把它们砍成了碎片。还有一次，他在演出前一晚把幕布剪坏了。他不停地破坏财物、伤害他人。他联系不上他的家人。他家有一大群孩子，他在家里被完全孤立。这个家因为他多次陷入麻烦，在社区、在学校、在家里，经常要面对校方和警察，导致他们再也不想为他操心了。

最后，我们决定把他分配给我们这里最优秀也最善解人意的一个社工。这个年轻人非常努力地争取丹的信任，让他对各种活动感兴趣。他让丹帮他一起搭建舞台，让丹在演出时承担一些责任，他成功地赢得了丹的信任和配合。很长一段时间没有人投诉丹。

有一天，年轻的社工非常激动地来找我讨论一件令他困惑的事。他和丹一起工作时，丹从桌上拿起社工的手表，揣进自己的口袋里。社工看见了这一幕，但不确定丹是否知道他看见了。反正，他不知道该怎么办。他意识到指责丹是不对的。于是，他假装找表，丹主动帮他找。最后，社工放弃了，说："肯定被人拿走了。"丹勃然大怒:"谁会对你做这种事!我帮你找,要是让我找到那个拿表的家伙,我会狠狠揍他一顿。"于是,他们绕着房子转,问其他男孩看到那块表没有。最后,丹变得焦躁不安。突然,他脱口而出:"你从一开始就知道表在我这儿吧。你为什么不把它从我这儿拿走?"说着,他把表还给了社工。

社工的做法很正确。困扰他的问题是,他无法理解丹的行为。丹为什么要干这种蠢事?显然,丹很难相信这个社工是真的关心他,是真正的朋友。他向来被所有人排斥、讨厌。显然,他想看看,这个特定的行为是否会激怒社工,自己是否会被一如既往地对待。如果社工经不起挑衅,也许会厉声要求丹把手表还给他;丹则会否认拿了他的手表,随后,他们之间难免会有一场斗争,先是争吵,如果社工试图搜丹的身,拿回手表,可能会导致身体暴力。这样一来,丹就会认为他对友谊的怀疑是有道理的,并回到他习惯的人际关系中去。这次偷窃行为显然是丹对社工最严峻的考验,后者出色地通过了考验。在丹康复的过程中,一场决定性的战役取得了胜利。

暴力与残酷

对秩序的顽强反抗往往会呈现各种可怕的形式。有时仅限于发发脾气，在这种情况下，孩子仍保留了一定的善意，事后会为自己的粗暴行为找借口。但是，如果频繁发脾气，而且不再借口不由自主，那么，最后一丝善意也已消失殆尽，赤裸裸的对抗就显露出来了。这种厚颜无耻的残暴有一个前提条件，那就是母亲或父亲的软弱加上暴力压迫。聪明的孩子能想出最有效的办法，抓住父母的要害，从而成为真正危险的人。

十七岁的迈克尔得了流感，卧病在床。由于母亲没有尽快满足他的需求，他一天内朝母亲身上丢了三只玻璃杯和两个盘子。母亲离开后，他顶着102华氏度（38.9摄氏度）的高烧，起床，穿上衣服，走到街上。他很清楚如何抓住母亲的弱点。

十二岁的约翰是家里的捣蛋鬼。谁也管不了他。他爱干什么就干什么：偷钱，逃课，在床上躺一整天，第二天出去玩到凌晨一点，痛斥母亲，对她破口大骂。但只要有陌生人或者他害怕的人在场，他就会表现得彬彬有礼。他还很擅长用人畜无害的语气解释一切。

很明显，在这种情况下，责任在父母，他们的纵容导致孩子完全失控。同样明显的是，他们没以和平友好的方式对抗逐渐扩大的冲突，否则，他们会赢得孩子的信任，孩子的反抗就不会发展到这个地步。通常，父母展现给孩子的残忍就是孩子残暴的根源。他的行为反映的是他的经历。有时，他可能并没有真正受到虐待，但他感觉自己被虐待了。有时，残忍只是他的一种工具，用来体会操控他人的满足感。

过分严厉，尤其是责打孩子，可能会激起孩子的叛逆和野蛮的本能。如果父母的一方试图用纵容来抵消另一方的严厉，这种情况就更有可能发生。忽视也可能产生同样的效果。在这两种情况下，孩子都认为寻求报复更理所应当。在孩子的行为得到改善之前，冲突必须结束，至少父母这方要结束。孩子必须再次感觉到父母接受自己、喜欢自己，而不是害怕自己。如果无法轻松且一以贯之地实施某一种自然后果，那还不如什么都不做。如果他突然意识到，他再也无法恐吓、伤害别人了，这会给他留下深刻的印象。一些友善但坚定的经历可能会抑制孩子的粗暴，使他意识到自己的行为是徒劳的。这些经历足以恢复秩序的权威性。拳打脚踢或其他暴力手段无法达到这种效果。如果孩子非常强壮或残暴，不可能使用自然后果，那就应该把他从父母身边带走，交给一个合适的家庭，最好那个家里有几个孩子和他一起生活。父母越早接受这个事实，孩子就越容易学会适应有序的生活方式。

有时，幼童也会有极端野蛮残暴的行为，其中的心理机制似乎略有不同。他们的暴行倒不是针对父母和秩序，而是针对较为

"弱小"的东西，比如，动物、更年幼的孩子，甚至无生命的物体。造成这种行为的因素可能有两个，一是暴力行为带来的感官刺激。孩子可能亲身经历过这种刺激，或者目睹过其他孩子遭到殴打、强制，或虐待。有时，刺激来自看到表现暴力行为的图片，或者听别人谈论暴力行为。感官刺激有以同样的模式持续下去的倾向。曾经引起感官愉悦的经历会一直与同样的反应联系在一起。它再次被当作一种手段来寻欢作乐。对残暴的感官欲求可能是主动的，也可能是被动的（施虐狂或受虐狂）。经常接触暴力的孩子对暴力带来的兴奋印象深刻。他们通过咬人或要求被咬，通过打人或找打，来寻求类似的感觉。作为感官游戏的一部分，他们喜欢自己受苦，或者让别人痛苦。心理因素及适当的调整方法与"手淫"部分所讨论的相同。

造成幼儿残忍野蛮的另一个动态因素与其整体生活方式相一致。他们可能试图用自己"令人震惊"的行为给别人留下深刻的印象（"主动—破坏性"的关注获取机制），或者想展示自己的权力和力量。对其他孩子粗暴通常是"男子汉气概"的表现。"看我多强壮。"想惩罚别人时只是模仿父母的行为。过家家的时候，孩子们会把他们对父母行为的理解表现出来。当父母惊恐地看到孩子在游戏中如何对待他的洋娃娃、他的"孩子"或"学生"时，没有意识到，孩子的行为反映了他们自身的行为，孩子与他人的关系，也是他们自己与孩子关系的写照。

尿床

人们经常错误地以为尿床是由身体原因引起的,而实际上很少如此。诚然,膀胱、肾脏或脊髓的器官缺陷[1]也可能导致尿床,但没有哪种疾病的唯一症状是无法控制排尿。

> 五岁的弗兰克被父亲送进孤儿院后开始尿床。他在家里睡觉的时候从没出现过这种情况。十一岁的艾伦和非常严厉的父亲发生了冲突。父亲因为学校的事训斥了他一顿,剥夺了他的自由时间,还打了他。于是,男孩开始尿床。至于七岁的查尔斯,他尿床的目的很明显,他要在姑妈家住一段时间,和以前的习惯不同,第一天晚上他就尿床了。姑妈问他为什么这么做时,他说,他只是想看看她能否容忍这种行为。

1　器官缺陷(organ inferiority),个体心理学术语。阿德勒1907年发表的《器官缺陷及其心理补偿的研究》中,认为天生有器官缺陷的儿童,如天生肢体残疾,眼睛、耳朵、发音器官、内脏器官等机能失调,以及与器官(包括大脑中枢)相联系的神经不健全等,会陷入一种不断的自卑感,从而在生理和心理上产生自觉或不自觉的补偿,或促使缺陷器官机能的发展,或以另一器官的机能作为补偿,使机体趋于平衡。

当孩子对环境的抵触达到一定程度时，他就不再努力避免不愉快了。偶尔，他的复仇意识会被一种具有受虐特征的自卑掩盖。这样的孩子往往很脏。他们的自尊心全都集中在不洗澡这件事上，会表现出一种"向下的野心"（韦克斯贝格语）。他们不得不忍受羞辱，却从中获得一种消极的荣耀，因为他们真的是全家沉重的负担。没有人知道该拿他们怎么办，而他们所引起的沮丧却给他们带来了一种特殊的满足感。由于这种冲突以身体障碍的形式出现，很可能需要请医生看一看。可是，吃药也没有用，必须让孩子重拾荣誉感，重拾对自己的信心，更重要的是，重拾对他人的信心。在这之前，他一直有被排斥的感觉，却不知道这往往是由他自己引起的。

但是，即使治疗症状本身是可取的，也不该夜里把孩子叫醒。除了这种关心会增加他从自己的行为中获得的满足感，训练的目的绝不是通过外界帮助来调节他的膀胱功能。孩子必须主动控制自己的行为。无论如何，夜里把孩子叫醒，让他上厕所是不明智的。孩子半夜被叫醒，通常，这时，他没有完全清醒，即使看起来醒了。让他在半梦半醒的状态下排尿，只会干扰，而不是刺激他的控制功能。正常的控制需要孩子完全清醒；孩子必须能够抑制和控制自己的冲动，直到完全清醒，然后下床排尿。

如果过去的训练一直不成功，现在就必须采取更好的方式。你能做的就是给他一盏灯、一套睡衣，如果他不是小孩子了，你还可以给他一条干净的床单，这样，他晚上就可以照顾自己了。当然，他需要鼓励。尿床的孩子通常非常沮丧，他们厌恶自己，看不到改善的希望。他们必须被告知，想不想尿床，取决于他们自己，但最终，他们会学会照顾自己。每个人早晚都会学会。最重要的是，这种态度不仅要向孩子表达，也要让父母真正感受到。如果父母感到羞耻、厌恶和绝望，必然会对孩子产生不良影响。孩子还小的时候，他们也许会对他产生不该有的同情，不让他承担自然后果，比如，孩子尿床后，父母允许他睡在他们的床上。治疗尿床的第一步是，父母保持冷静淡定，这样才能赢得孩子的信任，向他灌输新的希望和照顾自己的真诚的愿望。他尿床，就惩罚他，和他"乖"就表扬他一样有害。这会过分强调父母的认可，而这应该完全是他自己的事。

四、展示能力不足

沮丧到不愿意主动行动，乃至各方面完全放弃的孩子是很少见的。一般来说，沮丧只是局部的，因此孩子只回避某些活动。然而，我们必须搞清楚，孩子拒绝参与是为了获得关注，为了反抗权威，为了惩罚和伤害他人，还是只因为没什么指望了。只有在后一种情况下，孩子才会寻找借口，把自己藏在一个确实存在的缺点后面，但更多时候是环境给他的暗示。有时，孩子会因为对某些经历的错误解读，认为自己能力不足，并给人留下这样的印象。

懒惰

懒惰是无法无天的一种特殊形式。孩子拒绝做家务，拒绝合作。每个人都有犯懒的时候。孩子有时会沉浸在自己的想法、活动，或幻想中，对外面发生的事不闻不问。无论孩子的懒惰是真正的懒惰，还是所谓的懒惰，批评责备他只会让他越发不情愿。只有一个有效的方法，那就是激发他的兴趣。一旦他的兴趣被激发出来，懒惰就会消失。举个例子来说，如果一个孩子在学业上很气馁，认为怎么努力都是白费，他就会缺乏行动的动力。左撇子的孩子和同样由于其他原因认为自己笨拙的孩子，往往表现出推迟完成任务的倾向。在所有这些情况下，仅仅激发兴趣是不够的，还必须鼓励他培养对自身能力的信心。

因此，懒惰向来意味着孩子需要帮助。但这种帮助不能从字面上去理解，父母不应该充当他的支柱或拐杖，催促、劝告他行动，更不该替他完成任务。这些做法永远无法帮助他解决问题。他真正需要的帮助包括讨论和实践经验，这可以增强他的自信心，让他做好心理准备，心情愉快又兴致勃勃地投入任务中去，克服重重困难。

愚蠢

孩子试图逃避义务并向挫折屈服可能会给人留下愚蠢的印象。很多孩子几乎是故意制造这种印象。当然，必须考虑到智力缺陷的可能，但智力低下和有缺陷的孩子很少被认为是"愚蠢"的。而"愚蠢"的孩子却因为他的缺点受到责备，因为他被当成正常人。他的愚蠢并不总是天生的，背后常常隐藏着一种后天习得的精神惰性。

> 有一次，在公园里，我目睹了这样一幕。一个保姆和几个六七岁的女孩一起玩。一个漂亮的小女孩跑到她跟前要苹果。女孩可怜巴巴地问："为什么刚才每个人都得到两个苹果，现在又给她们两个，我却只拿到一个苹果？"保姆把她抱到腿上问："一加一等于几？"那张快乐的小脸顿时变了形，露出惊恐的表情，她嘴唇动了动，一句话也没说。

我对这个孩子一无所知，但能感觉到她的问题背后隐藏着什么。她真的会数数吗？如果不会，她怎么知道其他女孩一次拿到两个苹果？显然，她只是不会回答那个正式的"学术"问题。这表明她的愚蠢只是一张面具。她可能一入学就遇到了困难。被宠坏的孩子在家里安逸惯了，往往觉得很难适应学校的环境。他们不习惯独立。他们跟不上其他同学的步伐，很快就会丧失信心。此外，那些在家里因为自身的魅力、"可爱"或其他不需要付出努力的优点而备受关注的孩子，上学后很可能会认为，学业对他们来说"太难"。于是，他们就放弃了，不再努力。

父母通常对孩子的失败感到恐惧，因此越发令他气馁。然后，对一个本就不情愿的孩子来说，学习的过程变成了一种彻头彻尾的折磨。他被剥夺闲暇时间，玩耍时被打扰，吃饭都不得安宁。父母经常提醒他做功课，不停询问学习进度。难怪他放弃学习，并断然拒绝专心做任何类似功课的事。我曾经有一个女病人，智商一般，只有小学四年级文化水平。她就是在上面描述的那种环境中长大的，因此落了个愚笨的名声。然而，她完全没有智力缺陷。她唯一的问题是美貌绝伦，完全依赖自己的外在魅力。因此有一种东西，叫纯粹由沮丧导致的愚蠢。孩子不好好学习，因为他认为自己什么都理解不了。

其他孩子则躲在愚蠢背后。他们"把愚蠢当借口"（艾达·罗维语）。想逃避某种义务时，他们就会"装傻"。如果在学校有一门功课学不好，孩子就会气馁，但气馁可能会导致各种结果。那些总想拿第一的雄心勃勃的孩子，除非他们确信自己的成绩能名列前茅，否则不会付出任何努力。如果没有这个把握，他们就会失去兴趣，声称没有学这门课的天赋，所以学不会。

有时候，孩子甚至在入学前就会玩这个把戏。那个想用刀切汤的小男孩就是个例子。他的父母抱怨他愚蠢。然而，他很清楚自己该做什么，并且始终反其道而行之。这种孩子装傻是为了骗父母伺候他们。在这里，愚蠢同样是一种逃避义务和获取关注的手段。

独生子女，或家里最小的孩子，可能会在入学后采用这种策略。这样，他就能强迫母亲帮他做作业。母亲不在身边时，他既不会写字，也不会做算术题。而这位焦虑且有野心的母亲时常落入他的圈套。她从来没发现，当又惊又恐的她尽一切努力鼓励他，纠正他的错误，最后自己帮他做题、写作文的时候，孩子的无能和无助却"成比例"增加。有的孩子终其一生都保持这种无助感，永远不会自己写信或者写文章。他们提起笔来，脑子里就一片空白。

要想动摇孩子从母亲那里得到援助和支持的决心并不容易。当她努力摆脱孩子的控制时，孩子会跟她争论，并花言巧语哄骗她。如果她的态度依然坚定，坚持让孩子尽可能自己做功课，那么，他可能每写一个词或一个数字，就会过来问她对不对。如果母亲坐在旁边看着他，最终，孩子可能会同意自己做功课。

因此，在很多情况下，孩子试图利用自己的愚蠢。类似于"装死反射"（通常，动物用它来躲避敌人），在儿童身上可以看到"装傻反射"，有时，成年人身上也有。这两种"反射"通常都是为了逃避责任。因为，实际上，家人和周围的人通常不会去对抗真正或貌似的愚蠢，而是承认它作为一种逃避手段的效力。父母责骂、批评、羞辱孩子，同时又不知不觉地上他们的当；因为，到最后，他们不想做作业，父母就不让他们做，或者自己为孩子服务。他们的批评和嘲笑会助长他的愚蠢，并强化导致愚蠢的一个主要因素，那就是孩子的依赖性，他对自己的能力缺乏信心。

那么，应该如何对待"笨"小孩呢？当然需要父母转变态度。不要再责骂他，不要再数落他无能，不要再嘲笑他，不要拿他和某个聪明的兄弟姐妹做比较；但父母也不能再放任孩子逃避责任，这是无法通过催促和威胁来完成的，这只会让孩子原本就反感的任务变得更讨厌。父母应该让孩子体验不务正业的后果。就目前的情况来看，他考试不及格，感觉受到惩罚的是父母，而不是他。因此，父母试图防止不好的结果。结果是，孩子觉得必须为了父母，而不是为了他自己，履行义务。他们对他进步的关心减轻了他自己的责任，如果他在学校考试不及格，他惩罚的是父母。

激发孩子的兴趣是老师的职责，父母应该尽量少干涉孩子的学业。不过，父母也可以帮很大的忙，他们可以通过阅读有趣的书籍、参观博物馆和动物园、讲大自然的故事，以及进行其他适合孩子年龄和发展的讨论，激发孩子的一般兴趣，使孩子的思维变得更敏捷。这样，他可能会对相应的课程产生更大的兴趣，并在学业中找到乐趣。

> 八岁的罗斯太"笨"，没法跟其他孩子一起玩。她不会自己穿衣服，也不会自己脱衣服，连话都说不利索，会吞掉一半单词和音节。不用说，她的学习成绩也跟不上。大家觉得她智力低下，也把她当智障者对待，尽管她智商91，智力并不低下。涉及实现自己的愿望时，她很精明，甚至能巧妙地保持已经取得的优势。她向来有问有答。罗斯有一个很聪明的妹妹，比她小一岁半。妹妹各

方面都比她强,但罗斯得到了所有的关注,这算是对她的一种补偿。她甚至有自己的保姆。她开始上学后,还请了个私教。傻人有傻福!不那么幸运的孩子就会被抛弃,自生自灭。

很多智商低的孩子反应迟钝,但仍然只是假象。通常,他们有一个在家庭排行中紧挨着自己的兄弟或姐妹,聪明绝顶,在智力和学业上都很出色。他或她卓越的能力使这个孩子自暴自弃。有时,这种彻底的放弃是因为有一个非常能干的母亲或姐姐,她们全权负责,搞得孩子无事可做。

适当的治疗对智力有问题的孩子有很大的帮助。他们有时会一夜成功,取得没有人以为他们能取得的成就。就连他们的智商也会提高,让那些认为智商不会改变的人感到不安。遗憾的是,真低能和假智障的鉴别诊断,通常只能在事后做出,也就是说,要先观察治疗能否成功。因此,低智商不应该成为父母和老师尽力帮助孩子的阻碍。相反,应该成为一种动力,激励他们以更好、更有效的方法利用孩子的其他才能,这样,孩子就能成为对人类社会有用的一员。

"无能"

如果一个孩子明显缺乏某种能力,通常会被认为"天生"无能。如果改善孩子缺陷的努力全部失败，尤其是当他自己似乎也很努力的时候，这种假设就会变成确信。

掌握技能是一个复杂的过程，需要大量的练习和训练。遗憾的是，我们在孩子成长的最初阶段，就应该对影响训练过程的所有因素，无论是有利的还是不利的，进行深入细致的了解。很多无能和缺陷是孩子在训练中未被认识到的错误和疏忽导致的。

如何才能激励孩子开发自己的潜能？我们不可能在此将所有方法一一列出来。同样的激励可能会在不同的孩子身上产生相反的效果，所以，这个问题变得更复杂了。父母作为榜样，可能会激励一个孩子效仿他们，却令另一个认为自己永远也达不到他们那个水平的孩子气馁。高期望会激励一个孩子，却会阻碍另一个孩子。反对和禁止就像先天障碍和器官缺陷，会促使一个孩子特别努力，却阻止另一个孩子做任何事情。对立还是顺从，反抗还是屈服，自信还是气馁，将决定某种特定的刺激的效果是有益的，还是有害的。

这种令人困惑的多样性导致培养能力的方法不够明确，也导致人们倾向于认为掌握某种技能需要遗传素质（hereditary predisposition）。因此，许多家长和老师，还有一些心理学家，都认为孩子的无能和缺陷是因为缺乏天赋。然而，对儿童和成年人的研究表明，我们必须考虑到，不适当的训练和挫折才是主要因素。人们总能在训练中找到孩子放弃的那个点。有的孩子从没学会拼写。他们是那种一上学就特别气馁，干脆放弃所有努力的孩子。其他孩子放弃是因为做不到出类拔萃。有些孩子习惯了随心所欲，不同意一个单词必须一直以一种方式拼写。他们喜欢怎么写就怎么写，一会儿这样写，一会儿那样写，最终把自己都搞糊涂了，不再试图弄清这个词究竟怎么写。许多受过良好教育、博览群书的成年人始终没学会拼写，因为他们的启蒙老师没能帮助他们克服在拼写方面越来越强烈的自卑感；现在，已经成年的他们写信时仍心存恐惧。

孩子学不好数学可能是因为，他在最初的学习过程中偶然受到的打击。有些被过度保护的孩子从没学会自己做决定；他们发现很难解开任何需要在过程中做决定的数学题。这些孩子可能在可以依靠信息的科目上成绩优秀，但他们不愿接受任何需要自立和决定的活动。

迄今为止，人们一直认为音乐才能是天赋的专属领域，我想在这个领域证明这个事实。有些人完全不喜欢音乐，对他们来说，音乐甚至是一种折磨。他们可能"五音不全"，甚至连简单的曲调都唱不出来——这通常被认为是一种完全缺乏音乐才能的表现。但是，许多事例表明，所谓的"缺乏音乐天赋"，不过是反对音乐活动，这种反对有时是与姐姐，或其他表现出明显音乐天赋的家庭成员竞争受挫导致的。通常，老大和老二之间典型的对比导致了这种"缺陷"。

> 埃里克十岁时，似乎对音乐完全没兴趣。听不进去音乐会，连最简单的儿歌都不会唱。他幼年时对音乐感兴趣过，但后来，他的态度完全变了。他父亲经常在家

里举办音乐会。他是家中独子，被母亲惯坏了，别人演奏音乐时，他不老老实实坐着，最后，他被赶出了房间。从此以后，他就受不了音乐了。上学后，他拒绝和其他人一起唱歌，因此遭到他人的谴责和嘲笑。祖母想教他唱歌，他拂袖而去。他十岁以后，人们仔细跟他解释了这种态度的成因，全新的认识帮助他克服了对音乐的敌意。在一位善解人意的老师的帮助下，他培养出很强的音乐鉴赏力，而且学会了唱歌，歌声还很动听。

从没在家里学过唱歌的孩子，当他们试图参加学校合唱团失败时，可能会被贴上"不懂音乐"的标签。同班同学更强的能力令他们既震惊，又沮丧，不顾及他人感受的老师如果嘲笑他们，会很容易让他们变得更沮丧，直到最后，缺乏音乐才能被当成既定事实，尽管他们做了许多虚假的努力和练习。将来，也许一直到晚年，这些人才最终意识到，缺乏音乐才能是个谎言，他们和其他人一样，能够培养出对音乐的鉴赏力和感受力。那时，他们"天生"的无能就会突然神奇地消失。

孩子对音乐天生的喜爱，常常被父母对练习的态度扼杀。野心勃勃的父母坚持让孩子多练习。但他们没有意识到，这样做会对孩子的音乐发展造成损害。他们把一门本该给孩子带来乐趣和灵感的艺术，变成了一项复杂乏味的任务。诚然，不练习，一事无成，但练习需要兴趣和激励。一味练习动作是不行的。通常，哄劝、提醒、威胁和惩罚等方法既不能激发孩子的兴趣，也不能激发他们的灵感。让孩子感兴趣是老师的责任；父母应该多激励孩子，而不是给他施加更大的压力。他们可以放唱片，或者带孩子去听音乐会；他们可以帮助孩子欣赏好音乐；他们可以夸赞他的进步。当然，他们可以强迫他坐在钢琴前面，但通常，这么做会扼杀他对音乐的热情。当孩子因此失败了，父母，有时甚至是老师，都会把这归咎于孩子缺乏音乐才能。实际上，父母与孩子之间的冲突，以及随之而来的孩子错误的学习习惯，阻碍了其正确的训练，其结果是，他没有音乐才能。

我们似乎有必要对音乐才能进行一番详细的讨论，因为事实表明，人们轻率地接受了遗传和禀赋的观念。这种悲观的假设导致父母增加了孩子的困难，而不是帮助他克服困难。音乐才能与所有专业才能非常类似。如果一个孩子似乎在绘画、作文、数学、语言，或其他课程上缺乏才能，首先要确定他是否遭受过挫折，如果是，他是如何受挫的；或者，要求他练习，他是否抗拒，以及为什么抗拒。对他来说，劝说、敦促，当然并不比责骂、挑刺，或者更糟糕地夸大他所谓的无能管用——这一切只会让他在失败的路上越走越远。增强孩子的自信心，赢得他的信任，从而使他克服抵触情绪，让他意识到自己的进步，提高他的自立能力，激发他的兴趣和热情，最重要的是，在整个必要的训练过程中锻炼耐心——这些方法往往可以纠正曾经看似无望的缺陷。

而且，刻意培养孩子的特殊能力是不可行的。特殊才能只有在高度集中和强化训练的土壤中才能得到发展，很难从外部强加。雄心壮志有时会激励孩子取得非凡成就；但如果他的勇气和自信不能支撑他的抱负，往往会导致他回避参加各种活动。总之，父母应该密切关注孩子的学习态度，并通过鼓励来推动他的进步。过分积极的父母会在孩子很小的时候就引导他们从事一项将来有望取得非凡成就的艰苦的活动。孩子可能一度看起来像个神童，满足了他们所有的期望；但在多数情况下，最终的结果是崩溃和悲惨。将来的父母也许会摒弃那些引起对抗、导致气馁的方法，也许能更有效地激发孩子的潜能。

"粗暴"的被动

完全被动的孩子非常罕见。即便是非常迟钝，体力和智力水平都不高的孩子，也可能积极参与某些活动。有些孩子故意把被动当成一种反抗的手段，他们会给人留下最强烈的被动的印象。的确，他们很沮丧，绝望地放弃了努力；然而，他们的被动强烈到甚至可以被称为"粗暴的"被动。这些孩子表现出渴望权力的迹象，尤其是想报复；但他们的目标只通过被动的方法实现。他们让父母，尤其是老师，彻底绝望。似乎无论如何都改变不了他们的观点。如果有谁想影响或引导他们，那简直是拿鸡蛋碰石头。

> 九岁的约翰被带到我们的指导中心，因为他无论在家里，还是在学校，都不愿意与其他人合作。他并没有惹祸，只是偶尔做点儿出格的事，比如，撒谎、偷东西、

逃学什么的。他没有做的事更令人不悦。他很懒惰,邋里邋遢,脏兮兮,衣冠不整就去上学,而且经常迟到。他几乎所有科目都不及格,从来不做作业,甚至不认真准备考试;他不玩耍,不跟他的兄弟姐妹玩,也不跟其他小朋友玩。他在家里任人摆布,不断被劝诱、威胁和严惩——毫无效果。这两年,他的表现越来越差。影响他成长的决定性因素是比他小一岁的弟弟,弟弟无论在家里还是在学校,都比他强。他弟弟绝不是什么好学生,但能通过考试;弟弟跟他上了同一年级,后来又比他高了一级,约翰的行为变得越来越糟糕。

第一次来指导中心,约翰不肯进咨询室。第二次,他和母亲一起进来,但一直待在门口。任何邀请、善意的建议,或者哄骗,都对他不起作用。我们就让他待在那儿,我们观察到,咨询期间,他的脸上露出对整个过程很感兴趣的表情。第三次,他愿意坐在医生旁边,但一声不吭,不过,他听懂了,偶尔会用微笑和一些小手势回应。当我们要求他离开房间,以便我们和他母亲单独谈话时,他拒绝了。他不肯站起来。我们只好把他连人带椅子一起抬出去,他接受了,一点儿也没反抗。

最终,约翰"粗暴的"被动的问题解决了,采用的是与应对那些展现自己力量的孩子类似的方法。约翰的母亲是个紧张、刻板的完美主义者。她以前经常惩罚他,甚至在他磨磨蹭蹭上学迟到时,狠狠打过他的屁股。现在，她学会了克制自己，并运用自然后果。约翰第一次积极参加活动是加入了指导中心的一支韵律乐队（rhythm band）。这是他第一次与他人愉快合作。后来，他报了一个舞蹈班。与此同时，他在指导中心变得越来越友好，且乐意与他人合作，表达自己的想法也越来越坦率、轻松。终于，上课时，他也能专心听讲了。当然，从这时起，他弟弟开始陷入困境。

在与被动的斗争中，如果力量有限，那会更令人印象深刻。

除了母亲之外，七岁的杰克不肯跟任何人说话，母亲非常纵容他，对他百依百顺。但这显然是杰克唯一能接受的关系。在学校，他一声不吭，他已经学会写字了，愿意用文字回答老师的问题；他通过手势表达自己的想法，但一句话也不想说。别人跟他说话时，他表面上很顺从，别人让他干什么，他就干什么，但就是不回答任何问题。他在指导中心发呆，好像听不见别人说什么。他完全无视沟通。

如前所述，诉诸"粗暴的"被动的孩子是否真的属于第四种类型是值得怀疑的。有时，他们的被动似乎不仅仅是放弃。我们应该认识到，无所事事中包含了权力的因素。施压、哄骗，或惩罚，只会让孩子更加坚定不参与的决心。对他的行为最好的回应是别去管他,让他去体会他的被动所带来的不愉快的影响。只要他能迫使父母采取行动,刺激他们做更多的事,付出更多的努力,他就会认为自己的方法非常成功且令人满意。

五、病态反应

孩子的反抗可能发展到看上去"不正常"的程度。然而,当我们认为孩子是病态的或不正常时,我们必须非常小心。一般说来,即使孩子的反应很极端,看起来不同寻常,也不是不正常的,因为,它们通常是在孩子看来合理、适当的反应。然而,对孩子来说"正常"的东西,当他进入成年后,可能会变成"病态"的,这种反应不再符合实际情况。即使一个孩子与普通孩子截然不同,也不应该被称为"病态"。人们之所以这样称呼他,通常是因为,人们对这个孩子与父母、老师,或整个社会的关系缺乏深入的了解。

"病理反应"这个术语仅适用于描述某些反应模式,这些反应模式如果持续下去,就会成为典型的精神病理状况。我们可以在儿童身上观察到这些状况的最初征象,而成年患者的病例显示,通常在幼儿期就出现了最初的症状。儿童身上的这些症状不能成为忧虑、恐惧和悲观的理由。然而,虽然有些症状需要特别关心和护理,以防发展成病理状况,但父母在这些情绪的驱使下,可能会对已经受到干扰的调整过程施加更为不利的影响。

神经失调

当我们讨论恐惧、过分认真、发脾气和注意力不集中时，我们已经印证了儿童身上经常出现的典型神经机制。无论是在孩子，还是成年人身上，每一种神经失调的特征都倾向于保持良好的意图，并将对抗隐藏在用作借口的"症状"背后。孩子最初可能利用这些症状向父母辩解，然而，一旦他相信了自己的借口，神经机制就建立起来了。

许多神经症状可能出现在幼儿期，往往针对的是父母和秩序。孩子试图通过这种方式逃避某些责任，得到关心和帮助，有时则只是为了获得更多的关注。因此，症状随着情况变化而变化。它们通常会效仿孩子看到的榜样，可能会受到偶然经历的刺激。某种症状的发展，取决于它首次出现时家人的反应。症状产生的影响越强烈，进一步发展的可能性就越大。视而不见会加速症状消失——至少在初期，症状尚未牢固确立时是这样的。

神经质的孩子有个特点，就是生活在紧张的气氛中。这源于他必须应对的困难：源于与父母、兄弟姐妹和老师的冲突，源于他所面临的威胁，源于过大的野心，他的整个机体都在承受这种压力。因此，他所关注的任何想法和情绪，任何身体器官的功能，都可能发展成一种神经症状。当他得了百日咳后，疼痛持续的时间可能比正常病程要长得多；不健康食物引起的胃病可能会持续，或反复发作；母亲的心脏病可能导致孩子观察自己的脉搏，并得上心脏神经症。特别值得注意的是，其他人的神经失调很容易被孩子模仿。我们在这里再次看到，家人对某种失调——起初，人们往往只把它当作一种"坏习惯"——的忧虑会促使孩子形成永久性的问题。

给孩子身上出现的神经性疾病列一个大致的清单是不可能的，接下来，我们简要地介绍几个。

紧张的直接表现就是所谓的痉挛。痉挛可能出现在任何肌肉群中，要么覆盖全身（在这种情况下，容易被误认为是癫痫或心脏病发作），要么仅限于眼睑（眼睑痉挛）、下颌肌肉组织（牙关紧闭）、面部肌肉（抽搐痉挛，导致龇牙咧嘴）、咽喉和颈部肌肉，或肩膀、手臂和腿部肌肉组织。它们可能表现为打哈欠、打喷嚏、一阵阵大笑或大哭，或痉挛性咳嗽。由于这些症状有时伴随真正的身体不适，所以，任何情况下，我们都建议给孩子做一个全面的体检。

紧张很容易导致胃肠道神经紊乱。神经质的孩子过度紧张时会吃不下东西——旅行前，去电影院之前，任何不愉快的事情即将发生时。上学也会让孩子感到紧张，因此，吃早餐也有困难。也许孩子不愿意上学，也许他很有抱负，害怕失败。在这两种情况下，他似乎在早上都无法摄取营养，特别是在考试前，或者完成一个不寻常的任务之前。哄孩子吃饭可能会引起胃痉挛或神经性呕吐。幽门痉挛常与不愿进食有关，胃肠道紧张可能导致腹泻或便秘。

极度紧张可能会影响孩子的睡眠。他辗转反侧，大声尖叫，有时还会说梦话。他的大脑仍在思考日常生活中会引起他情绪波动的问题。或者他根本无法入睡，还在思考问题。血管系统很容易对压力做出反应，因为焦虑和心脏活动在生理恐惧机制中是相互关联的。结果是心悸、心跳过速、脸红、面色苍白、汗液分泌增加，同时伴有恐惧感。承受太多道德压力的孩子可能会出现强迫症状。

治疗首先包括让孩子平静下来，尤其是孩子的父母。在极度兴奋的情况下，药物能起到一定的作用，但只能暂时缓解特定的症状。前文所说的关于儿童缺点的内容同样适用于他们的神经失调：只治疗症状是无效的。孩子的性格以及他与父母的关系必须改变，他的整个境况需要大幅修正。即使忽视症状，也只能抑制某种特定表现的发展，整体压力并没有受到影响。遇到复杂的案例，特别是大一点儿的孩子，心理治疗是必不可少的。但这并不足以帮助孩子摆脱目前的困境；治疗必须将父母包含在内，并引导他们采取更明智的态度。

精神错乱

如今，越来越多的儿童被归类为精神病人。这可能是因为，到目前为止，人们还认为他们与重度智障儿童没有什么区别。实际上，有迹象表明，这些儿童表现得好像智力有缺陷，其实，他们的智商很正常，而且往往很高。他们的行为似乎荒谬至极，无法用理性控制，所以他们被称为精神病患者，很多时候被称为精神分裂症患者。尽管他们似乎也活在自己的世界里，似乎很少受到周围环境的影响，但他们的精神状况与成年精神分裂症患者大有不同。他们的隔阂和缺乏沟通往往表现为不仅不愿意倾听，也不能说话。他们中的很多人完全是哑巴，很多人好像是聋人，但其实并没有听力缺陷。因为人们对他们的"精神病"的本质知之甚少，还因为这个词被污名化，这些孩子的症状通常不被称为精神病，而被称为"情感迟钝"。

对于这种情况的起因，目前还没有一种普遍认可的解释。一些专家将其归因于大脑的器官缺陷，特别是发育缺陷；另一些专家则认为，父母的性格，尤其是母亲的性格，是造成这种异常的原因。我们自己的观察则表明，所谓精神病儿童的父母与正常儿童的父母并没有太大差别，事实上，他们经常有其他完全正常的孩子。另外，当我们看到——到目前为止，这种案例很少——有的孩子完全恢复，并适应了环境，器官缺陷的假设就变得可疑了。也许这些孩子的大脑存在所谓器官缺陷，导致他们更容易受到某些行为模式的影响。

所有这些孩子的突出特点是，下定决心随心所欲，不理会外界的任何压力和要求。这种对压力的抵抗促使一些专家认为，治疗应该避免任何压力。我们的观察则得出了相反的结论。放任通常会加重病情，而持久的坚定会减少经常表现出来的暴力。正是这种孩子抵制权力的决心，无论来自个人，还是社会环境的要求，为理解这种情况提供了线索。

这似乎可以与另一种极端形式的青少年叛逆，即青少年犯罪，相对应。这两者都在很大程度上发生在这样一个时期，即当父母的权威在民主的环境中逐渐削弱，而以前顺从的孩子敢于公开表达自己的反抗。换句话说，儿童精神病似乎表明一个孩子的极端叛逆，他不再害怕报复和惩罚，至少从容地将其视作追求反常的独立形式所要付出的代价。这种公开的叛逆，只在父母过度纵容孩子，父母不再有能力，也不愿意"控制"孩子的时候才会发生。但对一个孩子来说，被自己的意愿左右，不受任何内在控制，大概需要某种器质倾向。对于如何预防这种精神状态，除了指出需要维护家庭内部的秩序和规律之外，几乎没什么可说的。这不是直接施压就能做到的，而是需要本书中讲到的各种训练方法。体弱多病，或身体有缺陷或残疾的孩子不需要任何特殊的训练方法，只需要更加认真地遵守基本原则；但是，所有残疾和缺陷使坚持正确的态度和做法变得越发困难，因此，父母在使用正确的方法时要更有决心和毅力。

孩子一旦出现精神病症状，就需要精神病治疗。已经开发出来的新药，可以影响孩子，使训练方法更加有效。这些药无法治愈孩子，但能使他易于控制，然后再适当地训练可能会有效，让孩子完全或部分适应生活环境。根据我们的经验，当其他疗法都不见效时，往往只有音乐疗法能提供帮助。精神病儿童通常对语言类的治疗免疫；但音乐这种非语言方式能诱导孩子参加活动，与人接触。节奏也对音乐的治疗效果有益。它意味着一种形式的秩序，孩子很容易也更乐意对此做出回应。

如同在所有激烈的权力斗争中，精神病儿童的父母需要有能力摆脱孩子的过分要求。父母要有相当大的毅力,才能坚定且冷静地抵挡住这类孩子激烈且恶毒的攻击。为了维护自己的独立和自尊,父母必须有毅力和勇气来捍卫自己的权力,而不是屈服于一个患病孩子的力量。以"可怜的孩子病了"为由,为错误的体贴和放任辩护,会使孩子病得更重,并利用他的疾病伤害他人。

病态人格

一个行为不端、叛逆的孩子可能表现出病态人格,实际上,他并不是一个精神变态者。(据我们所知,病态人格可以被定义为一个没有充分发展良知的人,不接受他所生活的社会的道德观和价值观。因此,他的行为会令社会不安。)他认为自身利益是唯一重要的动机,不加任何抑制和约束。病态人格可分为三大类:放纵型人格——酒徒、瘾君子、赌徒、说谎者、性变态者、骗子、怪人、"诈病者"[1];反叛型人格——罪犯和少年犯、道德狂乱者、活跃的性犯罪者和妓女、意气用事者和爱争吵的人;还有一些人属于心智不全型人格,他们没有学会辨别是非,对好坏所知有限。他们可能放纵、反抗,或者只是不服从、豪放不羁、容易冲动。他不认同他所属群体中的其余人的价值观和道德观。他可能肆无忌惮或

---

[1] 诈病者(malingerer):为了现实利益,如个人获益或逃避义务,而不是心理需求,有意伪装疾病或残疾的人。

自我放纵；他可能我行我素，完全不愿意守规矩。然而，这些孩子当中有很多人，可以说他们当中的绝大多数人，后来适应了环境，没有表现出任何精神病倾向。虽然他们没有充分适应家庭和学校，但一旦不再依赖妨碍他们调整的家庭关系，他们就能在青春期成功地适应整个社会。相反，如果家庭和学校干扰，或忽视必要的帮助和监督，以前没有表现出任何明显不服从迹象的孩子，到了青春期，也可能会出现叛逆倾向。由此产生的青少年犯罪，在很大程度上是因为青少年还没有做好进入青春期的准备，以及家庭和学校等教育机构不能理解、欣赏，并以正确的方式激励青少年。

孩子身上有任何不服从和不参与的倾向，父母都要分辨出来，并予以关注，不能用暴力去压制，也不能用纵容去缓和。如今，纵容和压制这两种方法，主要用来对付行为不端的孩子，是造成大量放纵型人格和反叛型人格的主要原因。只要学校无法通过赢得孩子的信任使他们和谐地融入集体，使他们适应秩序，来弥补这一缺陷，病态人格就会越来越多，特别是在变革时期。当代不断变化的价值观，更容易让孩子反抗父母和权威提出的道德观。孩子越觉得有理由摒弃父母的价值观，他们在摒弃任何道德观、价值观时就会更加叛逆。必须再次指出，青春期这种甚至可能导致犯罪的骚动，并不一定意味着这些心理变态特征会延续。然而，权威机构的惩罚措施和父母的溺爱或忽视，可能会使青少年更深地陷入社会对抗，直至他重返参与社会活动之路被永远堵死。

有些孩子在青春期，甚至更早，就表现出严重的精神病人格特征——极度反抗或极度放纵。性冲动可能同时激发反抗和放纵。

这样的孩子可能会完全失控,因为父母或权威机构的力量都没有强大到阻止反抗的胜利。赌博、酗酒、破坏公物、肆意沉溺于任何形式的娱乐,最终以纵火和强奸告终,这些都标志着一个在社会秩序和成人社会之外寻求意义的孩子的发展。

将青少年犯罪率上升完全归咎于父母是不公平的,毕竟,今天有谁能来帮助父母完成抚养孩子这个"超人的"任务呢?教师、青少年管理机构、警察和法院都必须学会理解青少年犯罪及其问题。更好地了解那些已经触犯法律的人,可能会对制订预防青少年犯罪的公共规划大有裨益。大多数具有精神病人格特征的年轻人雄心勃勃,但在有用的成就上找不到合适的出口。他们想变得重要、聪明,行为不轨比循规蹈矩更容易达到这个目标。对他们来说,模仿成年人的恶习,比完成自己的任务更容易让他们觉得自己成熟、重要,通常,后者不会让他们在成年人的世界中得到多少认可。

孩子一旦与成年人作对,成年人就很难直接影响他。他通常会得到与其想法一致的同龄人的支持,因为他可以挑选臭味相投的伙伴。因此,对单个家长和孩子的治疗不太有效;分组开展新的活动,特别是小组讨论的方法则有效得多。这样可能影响和改善整个群体的社会价值观。影响群体比影响个人更容易,因为个人可以从群体内部成员那里得到帮助,群体则可以作为构建观念的基础。

由于病态人格的特点是否认他人的价值观,只考虑自身利益,智力迟钝的问题就必然与之相关。确实,有些儿童由于智商不高,无法完全理解更复杂的道德观和价值观。有严重智力缺陷的儿童通常无法与他人交往，也不会伤害他人和自己，而智力缺陷较轻的儿童反倒是真正的危险。很多智力有缺陷的儿童，经过认真的训练、鼓励和监督，完全可以学会充分地，甚至成功地参与社会生活。然而，在目前不尽如人意的教育条件下，智力缺陷的附加问题已经让家长和老师无法承受了。这些孩子非但没有得到更好的照顾，反而得到的训练少之又少，有时甚至根本没有。早在他们入学之前，他们有限的能力就已经被溺爱、过度保护或忽视扼杀了。诚然，训练这类孩子很困难，与训练普通孩子，或超常孩子相比，得不到任何回报，然而，由于智障儿童在青少年犯罪中所起的作用，整个社会为疏于管理和训练智障儿童付出了高昂的代价。

在结束对有严重心理疾病的儿童的讨论之前，我们必须提醒大家注意他们的主要成长环境。可以这么说：一个孩子需要的支持和帮助越多，他得到的就越少。父母、老师和其他人只会把适当的待遇和鼓励给最不需要的孩子，因为他们适应能力强，能照顾好自己。他们得到了每个孩子都有权得到的喜爱、关注和体贴。相反，有严重心理疾病的孩子受到最糟糕的对待，他们几乎或根本得不到理解、帮助和鼓励，他们被摆布、虐待、羞辱，被逼陷入更深的叛逆和沮丧。只有通过更广泛地了解有效的训练方法，以及为了解每个孩子的个性做更充分的准备，我们才能克服这一普遍存在的悖论。

第七章
指导和重新调整

希望上述介绍能帮助你认识到自己的一些错误，对你的孩子有更深的了解，甚至改善你和他之间的关系。但你仍然觉得需要进一步的指导，尤其是当你自己的情绪不太稳定或者孩子的行为太令人不安时，你可能想了解一些具体的技巧，用来指导父母和孩子建立一种互有助益的关系。接下来，我们将讨论在指导中心治疗过的实际案例，展示治疗技巧如何应用，有助于你更清楚地理解我在本书中描述的方法。有些方法可能适用于你的情况，能激发你进一步思考，并找出解决方案。如果你觉得需要上面描述的那种专业援助，也许你可以决定咨询你所在社区的类似指导中心。

大多数父母对如何管教孩子知之甚少，其实，在很多情况下，外界的帮助是必不可少的。通常，老师也不太乐意充分理解一个调皮捣蛋的孩子。因此，很多孩子需要的帮助是课堂提供不了的。一个孩子需要特殊帮助，并不意味着他有病。只有当家长和老师不知如何处理他所引起的问题时，这个孩子才成为问题。不仅孩子需要帮助，父母也需要专业客观的建议。处理孩子问题时效率低不是他们的错，也不一定意味着他们能力不足。但是，只要家长和老师缺乏适当的准备和培训，我们就必须认识到，有必要成立有资格给他们提供相应帮助的机构。这种服务于家长、孩子和老师的机构，通常被称为儿童指导诊所。工作人员通常由一名精神病医生、一名心理学家和一名社会工作者组成。

也许我们应该重新考虑一下"儿童指导诊所"这个叫法。"诊所"这个词通常指的是治疗疾病的医疗机构。由于儿童指导诊所的功能越来越多地指向帮助正常儿童适应和成长，"指导中心"这个名称更合适。（在奥地利，这种机构被称为Erziehungsberatungsstellen，直译过来是"教育辅导中心/儿童教育咨询中心"。）将来，我们很可能要区分两种类型的指导中心：一种是主要处理极端病例的诊所，孩子的问题非常严重，可以说已经生病了，需要特殊的治疗和管理；另一种是针对父母和孩子的指导中心，为普通的父母、孩子和老师提供服务。这种中心应该在公共或私人的赞助下，设立在每个社区、学校系统、服务站、教堂和类似的机构。

目前使用的临床指导技术多种多样。阿尔弗雷德·阿德勒和他的同事开发了一种在指导中心使用的特殊技术，其主要原则是：

第一，关注的焦点指向父母，因为有问题的通常是父母，而不是孩子。孩子只回应他所受到的待遇，特别是年幼的孩子，只要父母的态度不变，他就无法得到帮助。

第二，所有来中心咨询的父母同时要参加一个名为"团体治疗"的活动。治疗时，每个案例都会在其他家长面前公开讨论。经过第一次面谈，父母意识到相互帮助和理解的精神后，最初对这种集体参与的异议就会迅速消失。机密或令人尴尬的材料永远不会在小组讨论中提起，而是根据具体情况，在与社会工作者或精神病医生私下面谈时讨论。新来者很快就会明白小组讨论的好处。通过倾听其他父母讨论问题，大多数父母会对自身的处境有更深的了解，因为更容易客观地评价和理解别人的问题。

第三，同一个指导工作者，无论是精神病医生、社会工作者，还是心理学家，既要处理父母的问题，也要处理孩子的问题。孩子的所有问题都是亲子关系紊乱的问题，无论如何，工作者面对的都是一种特殊的关系，必须同时从两头着手。我们从没感受过任何特别的阻力，无论是来自父母，还是来自孩子，因为我们同时处理双方的问题；获得双方的信任和获得一方的信任一样容易。我们的经验表明，只处理一方的问题对治疗不利。治疗的速度和过程取决于父母和孩子在特定时刻的状态和接受程度；只有当工作者与双方密切接触时，才能对这些因素进行评估。

第四，不管孩子多大，都要坦诚地跟他讨论他的问题。如果孩子理解这些词语，他也就理解其心理学内涵。与通常的看法相反，幼儿在理解和接受心理学解释方面表现出惊人的敏锐。一般来说，父母需要更长时间才能理解问题的心理机制，孩子则立刻就能识别它。这并不是说，孩子更容易受别人影响，所以更容易被带有暗示性的话"欺骗"；只有解释正确时，他的"识别反射"（recognition reflex）才会出现。

孩子在没有父母陪同的情况下被单独叫进咨询室，他的动作、行为和反应显示他的态度和独特的生活方式。讨论简短且直击基本问题；如果击中要害，通常会给人留下深刻且持久的印象。孩子很少会因为大人在场而感到尴尬，即便如此，面对复杂的测试场景，他们所展现出来的基本态度、反应模式，以及自身问题的本质，也比在家里或教室里——这些"正常"场景多，在"正常"场景中，他们的真实动机可能会被根深蒂固的补偿行为模式掩盖。（见下文"跷跷板兄弟"案例）如果诊断不明确，或者需要特别信息，就会做心理测试，但只有少数案例需要这种测试。

第五，如果孩子不是独生子女，我们绝不会单独解决他的问题。家里的每一个孩子都扮演着重要的角色，因为家里任何一个孩子的问题都与群体中每一个其他成员的问题密切相关。我们必须了解整个群体和各个成员间现有的相互关系——联盟、竞争与对抗的关系，真正理解每一个成员的观念和行为。出于这个原因，我们要求父母把所有孩子都带来。

孩子们进入指导室后，被要求并排坐在长凳上。他们如何走进房间，如何坐下，他们在长凳上的分布和位置，每个人参与讨论的方式，他们在讨论过程中的面部表情和其他反应——这些都是了解他们之间关系的明确线索。很有必要同时处理所有孩子的问题，因为任何可能在一个孩子身上完成的改变，必然会影响整个群体的情况。通常，如果"问题孩子"改善了，"好孩子"——那个更成功的竞争对手就难对付了。在很多情况下，我们可以清楚地看到，父母认为最棘手的孩子并不是真正适应不良的那个。无论如何，除非我们能在所有孩子之间建立一种更好的平衡，否则帮不了任何一个孩子。我们必须仔细观察他们之间关系的变化，并采取必要的措施，改善每个孩子对群体的态度。

第六，我们工作的主要目标是改变孩子与父母之间，以及孩子与兄弟姐妹之间的关系。只有这样，我们才能改变孩子的行为、生活方式、对社交生活的态度，以及他对自己与他人关系的看法。每个案例中的心理指导都是基于对其家庭排序的解读和对其目标的认知。他的困境源于他试图获得关注（目标1），展示自己的力量（目标2），惩罚或报复（目标3），证明自己能力不足（目标4）。

通常，在中心的第一次面谈（社工介绍完病史）致力于解读问题背后的心理因素。父母和孩子在第一次面谈时会被告知孩子为什么会有这样的行为，以及父母做了哪些事引发并加剧了他的困境。

在某些情况下，第一次面谈也用来提建议，让父母改变管教孩子的方式。我们试图一次解决一个问题，从最重要的问题或者从一个适合简单的解决方案的问题开始。建议尽可能简单明了，尽管执行起来并不容易，因为涉及改变现有的关系。

我们提出的第一个建议向来是让父母和孩子休战，你，读者，在尝试其他方法之前，也应该考虑一下。这第一步非常重要，有必要详细阐述和强调。

以前，孩子和父母处于战争状态，现在斗争必须暂停。有必要说服父母，他们必须暂时放手，让孩子继续"坏"下去，继续犯错，不会造成什么伤害，因为他行为不端已经有一段时间了。与此同时，父母必须学会观察孩子和自己——深入了解正在发生的事情。首先，父母**必须学会克制**，必须意识到，自己总是唠叨个没完，必须学会闭嘴。他们必须开始努力提升自己。很多父母声称"所有方法都试过了"，但都没有成功。他们通常忽略了一种可能：自我改造。这就是休战的价值。没有停战，就没有和平。与孩子和解是父母的责任，也应该是他们真诚的愿望，否则，孩子就不可能有任何进步。通过学会克制自己，他们之间会逐渐建立一种新的关系。

我们承认这第一步是最难走的一步。很少有父母能立刻改头换面，抑制自己的过度作为（over-activity）。如果他们能做到这一点，我们几乎立刻就能看到效果。在这种情况下，一两次面谈后，困难就会完全消失。一开始速度比较慢并不妨碍最终的调整。

在之后的面谈中，问题会出现新的角度，指导人员会一一加以讨论。每次都会强调一个特定的方面。有必要多次重复相同的解释和建议。毕竟，这是一个训练的过程，训练需要系统地重复。只被告知怎么做，没有孩子能学会读写，没有人能掌握某种技能。指导工作者必须对前来咨询的父母有耐心，就像他们对自己也要有耐心一样。如果父母急于求成，焦虑会阻碍他们的调整。

根据我们的经验，在前来咨询的父母当中，只有一小部分人深感不安，需要心理治疗，即帮助他们调整自己的情绪。绝大部分人只需要信息和指导；然后，他们就能圆满地解决他们和孩子之间的问题。他们的情绪困扰，他们的兴奋和易怒，往往源于沮丧感，因为，他们不知道该怎么做，对孩子的行为感到困惑。当他们开始理解并发现解决问题的不同方法时，他们就不再紧张、焦虑、痛苦。孩子引发的问题不再是一种折磨，而变成一项有趣的任务，吸引父母去试验和创造。这种对待问题的态度是很有必要的，因为孩子会引发各种问题。只要生活在一起，就会有问题，因为一切人际关系都涉及利益冲突、意见分歧、欲望对立和性格不合。

我们接下来要介绍的案例来自芝加哥指导中心、芝加哥医学院的精神病诊所和一些私人诊所的档案。尽管这些案例与已经引用的一些病例有相似之处，但它们能更好地展示循序渐进的过程。成败完全取决于父母的反应，我们主要与母亲合作，因为她是孩子生命中最重要的人，对孩子的影响比任何人都大。如果她不改变，不接纳、实施我们的建议，那么，母子这种至关重要的关系就依然建立在错误的平衡之上。孩子的"改善"绝不仅限于被父母抱怨的某些行为模式的消失。有时，单独和孩子直接谈话就能制止错误的行为，但除非改变家庭内部的基本平衡，否则，不能指望孩子有持久的改善。

案例分析

哭泣

K女士来到指导中心是因为有一个特殊情况令她苦恼。她六个月大的女儿只要被放进围栏，就会哭个不停。母亲假装听不见孩子的哭声，但过了一会儿——有时过去整整一个小时——她实在受不了了，抱起孩子。她还能怎样？

简短交流后，我们发现，很明显，父母都很担心孩子的健康、成长和发育。孩子动不动就哭，这种时候，母亲尤其心烦意乱。婴儿的饮食、睡眠、体重、轻微感冒或不适都是大事，父母都很在意。

我们告诉这位母亲，孩子的成长环境比任何单一的行为或事件都重要。孩子感觉到母亲的焦虑和担心，而且可能已经发觉，她可以借此获得特别的关注。她觉得被母亲抱在怀里，比一个人待在围栏里要愉快得多。虽然母亲做事很小心，但她控制不住自己的情绪。她的焦虑和同情无声地表达出来了，孩子则用自己的激动和自怜予以回应。

因此，我们建议K女士把孩子单独留在围栏里，不要担心哭会给她造成伤害。如果她留在房间里，那就必须保持冷静，否则，最好离开。

一个星期后，K女士回来了，告诉我们她对发生的事感到十分惊讶。从中心回去后的第二天，她像往常一样把孩子放回围栏，什么也没说。但这次，婴儿没哭，她第一次平静地接受了独自留下来的事实；从那以后，婴儿被放进围栏时，再也没有哭过。

K女士意识到，实际上是她自己的态度和情绪让孩子感到极度不安。这次讨论缓解了她的焦虑，孩子立刻就感觉到了。从那时起，她仔细观察自己对孩子的态度，从而改变了她和孩子的整个关系。

恐惧

吉尔伯特九岁时，母亲带他来求助。他是个好孩子，听话又善良。但最近这一年，他饱受恐惧之苦。他曾目睹外公之死，因此深受打击，怎么也走不出来。从那以后，他一直生活在恐惧中，担心父母出什么事。他半夜醒来，尖叫着，跑到父母的房间，查看他们是否安好。他尤其担心母亲。只要她出门，他就担惊受怕：担心她出事。她必须每隔一个小时给家里打一次电话。如果她迟五分钟或十分钟回家，他就会抓狂。父母很同情他。他们不打他，也不骂他，不知道拿他怎么办。药物也无法让他平静下来。有一次，他们把他送到祖父母的农场。最开始那几天，吉尔伯特还好好的。一天晚上，他惊恐地醒来，吵醒了祖父母。他确信他的母亲快死了。他们只好半夜给家里打电话，让他放心。此后，他受不了待在祖父母家，于是被送回了家。

我们简单地了解了一下他的过去，结果显示，他和母亲的关系一直非常亲密，外公去世前，他很适应家庭和学校的环境，没有什么严重的问题。他很温柔、守规矩，几乎是个模范儿童。就连三年前，他的妹妹出生，他也调整得很好，对她十分亲切友善。然而，外公去世后，一切都变了。

第一次面谈后，我们并没有得出明确的结论。然而，外公去世变得重要起来，似乎只是因为，父母对吉尔伯特所遭受的打击表现出极大的同情与关注。有一段时间，吉尔伯特和妹妹竞争，缺少安全感，这件事正好发生在那个时期，那时，妹妹非常可爱，吸引了大量关注。吉尔伯特没有接受过公开反叛和对抗的训练。毫无疑问，他利用这个新的机会成为大家关注的焦点，让母亲更亲近他，当然，从他的年龄和发育情况来看，他们没有必要如此亲近。他并不知道这种机制，他的父母和其他亲戚也不知道。我们建议母亲不要被吉尔伯特的恐惧吓到，他得到的同情只会使他的情况恶化。但我们也提醒她，可能过一段时间，吉尔伯特才会有独立的感觉，不必再借助恐惧寻求关注。

在面谈的过程中，男孩表现得很坦率、聪明、真诚、善良。我们和他简单地聊了几句，我们先问他，知不知道为什么如此害怕母亲死去。他摇头。"我们可以给你解释一下吗？"我们问。他渴望知道答案。所以，我们告诉他，显然，他是在利用他的恐惧让他的母亲关心他、亲近他，因为他可能担心输给妹妹。是这样吗？他咧嘴一笑，露出特有的"识别反射"。他从没想到过这一点，但他承认可能是这样。我们问他我们是否应该帮助他克服这种不安感，毕竟，他是个好孩子，不再那么需要妈妈了。他欣然同意了。

我们和这对母子约好两个星期后见。约定时间到来前几天，这个母亲打来电话取消了预约。吉尔伯特的恐惧完全消失了。

"跷跷板兄弟"

下面这个案例分析，尽管没有得到满意的结果，但仍然值得一提。

D女士应付不了她四岁的儿子汤姆。她说，汤姆出生后不久，她就又怀孕了，于是汤姆由她的丈夫照顾。他把汤姆抱到床上，握着汤姆的手。每次吵架，他都站在汤姆那边。汤姆的性格开始变得顽劣起来。如果不能为所欲为，他就大声尖叫。他尖叫时，妈妈会威胁把他关进壁橱里，这样他就不叫了。有一次，他戏弄比他小一岁的弗雷德，母亲说他再不住手，就给他灌肠。两个孩子调皮捣蛋时，D女士会用棍子打他们俩。

弗雷德，那个弟弟，和汤姆站在同一条战线上。他经常做一些可爱的事，家里人都喜欢他。在幼儿园，弗雷德做出保护汤姆的姿态，汤姆哭鼻子的时候，弗雷德会安慰他。

当两个孩子走进咨询室时，我们惊奇地发现，汤姆微笑着走在前面，弗雷德则相当害羞、胆怯地跟在后头。汤姆回答了所有问题，为弗雷德，也为他自己。汤姆俨然一副大哥的派头，礼貌、友善；弗雷德则抓着椅子坐在那儿，身体扭来扭去，看上去很淘气，不参与谈话。

显然，在辅导中心这种不寻常的氛围中，孩子们的表现与他们在家里和学校等"正常"环境中不一样。在咨询室这种难熬尴尬的氛围中，汤姆表现出他的勇敢和友好。显然，与母亲和老师们的印象相反，弗雷德才是那个问题儿童。很快，我们就发现，母亲站在弗雷德那边，对抗汤姆和他父亲的联盟，从而使弗雷德的地位比哥哥高。如果让汤姆只依靠自己的力量，他或许能照顾好自己。在目前的情况下，他没有机会这么做，因为弗雷德在母亲和老师的认可下打压他。

指导员建议D女士不要让一个孩子对抗另一个孩子，也不要偏袒任何一方，如果两个孩子吵架或捣蛋，就把他们都赶出房间。这样她就不必威胁或责打其中一个孩子了。两个星期后，D女士汇报说，两个孩子吃饭时吵架，她把他们都撵出去了，后来，吃饭的时候，他们再也没有吵过架。她还说，上次面谈前，早上，汤姆穿衣服很费劲，弟弟弗雷德帮哥哥把衣服穿好。但那次面谈后，情况发生了变化；现在，汤姆自己穿衣服，弗雷德倒显得很无助，向哥哥求助，两个孩子角色互换了。再也没有人给弗雷德撑腰对抗哥哥了，他发了很多次脾气，在幼儿园也变得很不听话，开始在穿衣服方面表现得很无助。

孩子们被带进咨询室进行第二次面谈时，表现出了与先前相同的行为特征。弗雷德迟疑着走进房间，边走边把衣服扣子解开再系上。汤姆进来后，说："你好，弗雷德。"然后径直走到椅子旁坐下。弗雷德也跟着坐了下来。弗雷德没有回答任何问题，假装没听见，只顾玩自己的鞋子。当我们让他展示一下他多么擅长解外套扣子时，弗雷德的兴趣才被唤醒。他的眼睛闪闪发光，他解开外套的扣子，脱掉外套，摘下帽子。弗雷德表演时，到目前为止一直反应迅速的汤姆瘫坐在椅子上吮吸手指。当他们准备离开时，汤姆再次带头，站起来邀请弗雷德和他一起走。汤姆哄着弗雷德，弗雷德则迟疑着，慢吞吞地跟在后面。

我们向D女士解释，两个孩子会轮流扮演婴儿的角色，这取决于当时谁更强。她只要表现出对一方的偏袒，就会加剧现有的竞争。如果她想让孩子们正常成长，必须在他们之间，以及她与他们之间，建立一种不同的关系。我们劝她别去管这两个孩子，让他们享受彼此的陪伴。

尽管D女士又来过中心两次，但基本没有什么进展。她很难改变自己的态度和方法，后来，她就再也没有来过中心。

这个案例中，有几点很重要。第一，表面上的问题儿童并不一定是真正的问题；第二，咨询室独特紧张的气氛，往往比"正常"的家庭或学校的环境，更能让人对现有的关系做出更好的评估；第三，一个孩子的进步往往导致他的竞争对手的退步。

虽然这位母亲没有深度配合，使孩子们的行为有所调整，但我们的短程治疗（brief treatment）至少让两个孩子的行为产生了一些动态变化，因此，我们希望最终会产生一种新的平衡，这种平衡将比以前的平衡更健康，特别是在孩子们的老师意识到问题的本质，并以相应的方式对待他们以后。

霸凌

P女士是一位非常焦虑的母亲。她详细描述了她在教育罗伯特的过程中遇到的困难；她似乎很无助，但她管教孩子的方法很僵化。

罗伯特今年六岁，有一个三岁半的妹妹。第一次面谈时，母亲抱怨罗伯特很难交上朋友，总是孤零零一个人，不知道如何打发时间。他偶尔画画，或者听音乐。他对其他孩子发号施令；有时，他会收买他们，然后又突然变得很好斗。他很固执。母亲说："很难摧毁他的意志。"他跟谁都处不好关系，我行我素，做起事来不择手段，母亲会"偶尔揍他一顿"。他小的时候很乖，现在早上得叫他两三次，穿衣服还要有人帮忙。他吃饭没有问题，但他在椅子上摇来晃去，单脚站立，上蹿下跳，必须提醒他安安静静地坐着。哄劝他半天，他才上床睡觉。他从不收拾衣服。

与罗伯特的面谈显示，他是一个外向、坦率的小男孩。他认为妈妈喜欢妹妹多过喜欢他。他很生妹妹的气，因为她把他的书拿走了。他承认自己想当"老大"。他将来想当一名医生。他喜欢上学，功课也不错，但课间休息的时候，其他孩子会打他、踢他，他也不知道为什么。

我们先向罗伯特解释，再向他母亲解释他的行为。我们解释说，罗伯特认为没有人真正爱他，因此他试图通过展示自己的力量来找到自己的位置，主要是在他母亲面前。她接受了这种挑衅，并试图执行自己的规则——当然，没有成功。罗伯特坚信，他需要的是权力，被人喜欢是婴儿唯一的特权。

罗伯特理解并接受了我们的解释，他的"识别反射"证实了这一点。他母亲似乎半信半疑。

我们建议P女士停止打骂、提醒、哄劝和惩罚。她必须赢得他的信任，给予他认可，并让他承担责任。早上一定不要帮他，那是他自己的事，他必须照顾好自己。吃饭时，如果他不守规矩，就让他离开餐桌，但言辞一定不要刻薄，不要批评他。她的主要任务是改善与罗伯特的关系。他不相信人际关系。他父亲有明显的男子汉气概，这大概对罗伯特想当"老大"有一定的影响，但母亲仍然是他成长中最重要的因素。她的无助感诱使她使用暴力，这没能让罗伯特服从，却刺激罗伯特逼她动手。

第二次面谈时，P女士汇报罗伯特的进步。他承担起更多责任。为了准时到校，早上他会看表。吃饭时，他被撵走过一次，那之后，他的餐桌礼仪改善了不少。但他还是不能和其他人一起玩，也不能自己一个人玩。

这个男孩和第一次面谈时一样，外向、坦率。他现在承认，他曾经想欺负、支使所有人，包括他的母亲和他的同学。他说，他不再对小朋友们颐指气使，小朋友们对他也更友好了。

我们建议P女士花些时间和罗伯特一起玩，她从没陪他玩过。我们还建议她每周邀请其他小朋友来家里一次，并为他们准备各种游戏。

第三次面谈时，母亲说，罗伯特进步很大。他更听话了，也不讨厌她提出的要求了，只是偶尔令人不安，但有的时候，他仍然想证明自己可以为所欲为。有一次，她让他穿上雨鞋，他回答道："这是我的脚，我不介意把脚弄湿。"母亲想让他明白这么做的后果是生病，当然，她没有成功。我们跟这位母亲解释说，问题的关键不是雨鞋，而是对权力的测试。他穿不穿雨鞋，没有进行一场权力之争重要。母亲被打败了，因为她仍试图用自己的推理能力说服他。男孩坦率地告诉她："我自己做主。"当她试图压制他的叛逆时，他用他的反抗力向她证明了她的无助。如果斗争继续下去，他甚至可能采取报复的态度。她和他一起玩，抵消了这些倾向。她自己也观察到，他们一起玩时，他更乐意配合她。

P女士说，罗伯特现在能和其他孩子一起玩了，甚至能和他妹妹一起玩，而且并不试图控制他们。母亲邀请朋友来家里玩。她感觉轻松多了。她说，她现在能留住保姆了，之前因罗伯特的缘故，保姆曾拒绝留下来。

第四次面谈时，罗伯特睡觉的问题被提出来。好说歹说，他才按时上床，最终入睡前，他还会下好几次床；有时，他会半夜打扰父母睡觉。P女士考虑了可能的自然后果，然后推断，既然罗伯特如此不在乎父母的休息，他们也应该把他从睡梦中叫醒！这表明，她仍然相信报复，相信"以牙还牙"的原则。我们建议她寻找更好、更合乎逻辑的后果。她可以和罗伯特就他需要的睡眠时间达成协议，这样，他就知道应该什么时候上床睡觉了。然后，她可以不言不语地在一旁观察他。如果他没有按时上床睡觉，第二天晚上，他就必须补觉，前一晚推迟几个小时，今天就要提前几个小时上床。（我们建议让大一点儿的孩子周六补觉，这可能意味着不能吃晚饭，不能看电影——这取决于他一周少睡了多长时间。）

最后一次面谈表明，不仅罗伯特的行为有明显的改善，他与母亲的关系也有了明显改善。两个人都更开心了。上床睡觉不再成问题。他能照顾好自己了。有一次，他发火，母亲径直离开了家，此后，他再也没有乱发脾气。他不再试图支配她，因为她不支使他，也不摆布他。他和母亲一起玩，享受彼此的陪伴。他和其他孩子的关系也好了很多。他喜欢和他们一起玩。他现在确信小朋友们喜欢他，父母也爱他。

罗伯特对权力的渴望受到他母亲态度的启发。首先，她溺爱孩子，而且非常焦虑，当情况变得复杂时，尤其是第二个孩子出生后，罗伯特感觉自己被冷落时，她变得相当刻板，而且动不动就惩罚孩子。给她提的每一个建议都是为了改变他们的关系。罗伯特对母亲态度的改变，以及母亲对他态度的改变，随后也反映在罗伯特在家庭以外的行为的改变上。罗伯特立即对我们的解释做出了回应，他母亲也意识到了自己的错误，并采用了新的方法。因此，两个人都调整得格外迅速。

暴君宝宝

九岁的乔·W辗转几个科室后被转到精神科,因为所有饮食和腺体疗法都对他的超重不起作用。显然,W太太控制不住儿子的食物摄入量。

母亲说,乔不节制饮食。他从学校回来就喊饿,要吃的。她提醒他不该在两餐之间吃零食,但他还是去了食品储藏室,拿了他想吃的东西。如果她试图阻止他,他会很生气,于是,她让步了。"毕竟,他真的很饿。"她每天都跟他长谈,说他必须控制自己,可是,他太饿了,忍不住会多吃。

然而,他不只是在饮食方面制造难题,还尿床。他总是围着母亲转。她出门,他会担心她不按时回家。离家前,她必须告诉他去哪儿,大概几点钟回来。她安排好购物时间,这样,她就能赶在他从学校回来之前到家。如果她晚回来几分钟,他就会站在家门口,当众大吵大闹。

另一个冲突点是收音机。他想听多久就听多久。他不肯按时上床睡觉,父母休息后,他才去睡。他偶尔需要人帮他脱衣服、洗澡。他早上自己穿衣服,但不自己系鞋带,他系不上。"可能因为他太胖了。"他母亲说。

他在学校表现得很好,但和邻居的孩子处不来。他们很粗鲁,还合伙欺负他,因为他是意大利裔,他们是爱尔兰裔。他们会在社区搞破坏,所以,妈妈告诉他,不要跟这群人厮混。乔只有一个朋友,那个人比他大一点儿,但脑子不太灵光,对乔言听计从。小朋友们来看他时,他不让他们碰他的玩具,因为"他们可能会把玩具弄坏"。为了避开邻居家的孩子,他绕道去上学。

乔有一个比他大十二岁的哥哥。他和哥哥打架,觉得哥哥想支使他。如果乔捣蛋,或不听话,哥哥会生气。只要哥哥得到的东西比他多,或者做了什么他做不到的事,乔就会嫉妒。

总结:乔是一个娇生惯养的孩子,母亲受制于他,作为家里最小的孩子,他想通过为所欲为来得到补偿。他对食物的过度渴望是他打败母亲的武器,他尿床,不肯自己穿好衣服,他在听收音机和上床睡觉上的说一不二,以及对母亲行动的控制,都是他的武器。他与其他孩子相处困难是因为,他想支配他们,拒绝平等参与。母亲和他关系亲密,不知如何管教他,既与他斗争,又迁就他。母亲和哥哥试图制服他,他则越来越坚定制服他们的决心。

我们向母亲和乔解释了情况,他们似乎理解了我们的解读。乔通过"识别反射"承认了我们的想法,他想说了算。我们还建议母亲采取行动,而不是和他争论。她应该停止谈论食物,要确保乔不加餐;她不应该再帮乔系鞋带;她应该在晚上九点钟关掉收音机。如果她能放下对他的担心、忧虑,他就会学会照顾自己。如果她拒绝屈从于他的支配,他就无法继续操控她。没有必要告诉乔她去哪里,什么时候回来,也不必在他回家时总在他身边;他能为自己承担责任。母亲说,她会听从我们的建议。

两个星期后,W太太报告说,乔的哥哥教会了他系鞋带,此后，他就一直自己系。W太太给了他一把家门钥匙，自己不在时，他就自己进家，自己照顾自己。现在，他每天晚上九点钟上床睡觉，一周只有一个晚上可以听一档广播节目。他们不再因为吃东西争吵。放学后偶尔给他一点儿吃的，然后他出去玩。他和一个男孩交上了朋友。剩下的主要问题是尿床。他和哥哥一起睡，他们会因为乔尿床争吵。

面谈时，乔很少说话，我们跟他说话时，他的眼睛总是看向别处，但他的面部表情和"识别反射"反应表明，他理解并赞同我们的说法。我们和他讨论了很长时间，他一句话也没说，他的面部表情给出了反应。当被问到他是否因为觉得自己被哥哥指使和摆布，所以想用尿床惩罚哥哥时，他用"识别反射"给出了肯定的回答。

这次，我们只建议W太太继续执行节食计划，不要提尿床的事。我们想看看我们和乔关于这个问题的讨论是否有效果。

两周后：乔和大家相处得很好。他自己系鞋带。他不再因为母亲不按时回家，或者不告诉他去哪儿了就跟她吵架。至于他和其他孩子的关系，他还是更喜欢听他使唤的老朋友。他现在一周只尿两三次床，不像过去那样每天晚上都尿床。

我们向W太太解释说，乔在尿床方面的改善表明我们的解读可能是对的，她不应该介入哥俩的冲突，不过，她应该尽量不要把乔当婴儿对待，她也应该这样教导他哥哥。在这次面谈过程中，乔更直言不讳。

又过了两周：乔自己穿好衣服，不用哄劝，就准时出门上学；

他用自己的钥匙开门进屋。无论是关于回家、听收音机，还是吃食物，他都没有和母亲争论过。过去的两周，他只尿了两次床。

再两周后：尿床的问题完全没有了。乔表现得很好，一般八点半就上床睡觉，自己穿脱衣服，自己进出家门，对食物也不那么关注了。

一个新的问题出现了，乔不肯做家庭作业。我们建议母亲向他解释，不要恳求，也不要时刻提醒，做完作业之前，不能听收音机。乔抛弃了过去那个朋友，转而结交一个各方面跟他差不多的朋友。

两周后：乔只尿了一次床。不过，他每天都做作业，过去两周，他瘦了三磅。他不仅跟母亲，也跟其他孩子相处得更好了。他现在在操场上和爱尔兰裔男孩一起玩，而且不再抱怨。

又两周后：他完全不尿床了。乔的学习成绩提高了。他和孩子们相处得很好，有了新朋友。家里安宁有序，听收音机的问题没有了。母亲和乔都很高兴他们的关系改善了。结案。

乔的情况和前文罗伯特的情况类似。第一次面谈后，母亲和孩子都很快就理解了对双方错误的解读，并立即开始重新调整。在这个案例中，已经实现的调整似乎解决了男孩眼下的问题，当然也改变了母子关系；但是，每当他们没有准备好迎接一项新任务时，由于男孩在家庭结构中的特殊地位，以及母亲和孩子共有的刻板性格，可能会导致新的复杂情况出现。在这种情况下，双方都可能回到老路上去。

"小恶魔"

L太太没提前预约就把八岁的迈克带到了指导中心。她想立刻得到帮助,我们让她先去找社工预约,了解一下病例和背景,但她不接受。她留在咨询室,不停制造麻烦,要么跑到社工那里,询问更多关于预约的信息,要么大声问精神病医生什么时候能见她,打断医生对另一个案例的讨论。前一天,迈克因为抽动和痉挛被学校送回家了。老师以为他得了圣维特斯舞蹈症[1]。

在与迈克的母亲和外婆约好的会谈中,我们被告知,迈克已经抽搐大约两个月了,他会头部抽搐、吸鼻子、清嗓子,最近,还会浑身剧烈地抖动。

爸妈很少在家,迈克由外公外婆照顾。他有一个六个半月大的妹妹。家里所有人都当着他的面互相指责。他会穿衣服,但不肯自己穿,妈妈不跟他争论,而是帮他穿好衣服。吃饭时,他用手指代替刀叉,把饭菜弄得满地都是。他除了肉,什么都不吃,所以吃饭时经常被唠叨。他不帮大人做家务,还经常搞破坏。孩子们不想跟他玩,因为他打他们。他拿别人的东西。他大声叫妈妈,好

---

[1] 圣维特斯舞蹈症(St. Vitus's dance):有人认为是因为一种塔兰台拉毒蛛咬伤所致,要解这种毒,人们只能不停地跳舞,这也是我们所称的毒蛛舞蹈症的由来。本症一般发生在链球菌感染后两个月或更长时间,表现为面部肌肉和四肢不自主的动作及情绪的不稳定。

像遇到了什么大麻烦,妈妈慌里慌张地跑过来,他却哈哈大笑,问她有没有为他担心。最麻烦的是哄他上床睡觉。直到去年,他每次拉完臭臭,还要妈妈给他擦屁股。她把他的排泄物抹在他脸上,才"治好"他的毛病。妈妈经常打他,不停唠叨他。L先生很严厉,会直接把他赶出去。迈克很怕他。父亲认为母亲应该为男孩的行为负责。由于存在这些问题,迈克的父母正在考虑离婚。外公外婆非常担心;他们过分纵容迈克,总跟他站在一边。

迈克喜欢上学,成绩优良,但在自制力和礼貌方面评分很低。他经常插嘴,搞破坏,不认真听讲。有一天,作为对他抽搐的"惩罚",他被老师撵回家。

母亲和外公外婆非常担心他目前的"神经状况",希望立刻得到帮助。他服用了两个月起镇定作用的溴化物和巴比妥类药物,病情却恶化了。面谈时,他们不等我们给出建议,就不停地问:"我们能做什么,我们该怎么办?"我们提了建议,他们却又立刻反驳,拒绝采纳任何建议,有时,他们还会站在彼此的对立面。整个谈话过程展现了这个家庭的气氛——忧虑、激动、冲突和混乱。

迈克在面谈时非常坦率、直言不讳。他的身体剧烈颤抖,但他的动作不像舞蹈(圣维特斯舞蹈症的典型症状)。当被问到为什么发抖时,他回答说:"要我告诉你们我为什么这么做吗?(他的头猛地抽搐了一下。)真的,我脑子里有个声音对我说,'做吧,做吧。'"对于另一个问题,他回答道:"也许你们认为我嫉妒妹妹。我不嫉妒。他们(他的家人)这么认为。我不介意他们忙着照顾妹妹。我可以回房间看漫画。"我们向他解释,大概是他的自尊心阻止他承认自己嫉妒，但正因如此，他才会尝试更有效的新手段，让家人更关心他。他想既当"老大"，又当"宝宝"。看着他抽动，动作的突然和活力（戏剧性？）给我们留下了深刻的印象。于是，我们大胆猜测，难道这些动作比其他行为更能吓唬母亲和外公外婆，更能让他们意识到问题的严重性？他用他的"识别反射"回答了这个问题。然后，我们一边跟他说话，一边演示这样突然的抽搐有多么可怕。他也被吓了一跳，然后露出微笑。我们的讨论就此结束。

我们向母亲和外婆解释，除非整个家庭环境发生改变，否则，我们帮不了迈克。在我们给出建议之前，他们必须停止吵架、斗嘴、争论和对迈克的过分关注。我们向他们保证，迈克没得圣维特斯舞蹈症；他的那些症状只是为了给他们留下深刻的印象，获得更多关注。母亲和外婆表示，她们非常渴望和我们一起解决问题，下周还会再来。

我们再也没有见过他们。迈克的母亲打来电话取消下一次预约时，言语间充满感激之情。迈克在面谈第二天就不抽搐了，而且，从那以后，再也没有抽搐过。但他开始骂人，说很难听的话。他母亲以这样那样的借口取消了接下来的两次预约，对于迈克不再抽搐，她仍然很感激。显然，她只对这个感兴趣。

强迫性神经症

幼儿很少会患上严重的神经症。本书引用的案例表明，儿童症状的严重程度与成年人的类似症状具有不同的意义，通常，成年人的病症治疗起来既困难，又漫长。

第一次面谈中，我们采集了如下病史。一个月前，八岁的莎伦还是一个"正常"健康的孩子。她曾经是一个可爱、听话、善良的小女孩，在学校和家里都表现得很好。突然，她开始担心自己失明，担心自己患上小儿麻痹症和白喉。她呼吸急促，惧怕死亡。她反复问母亲她会不会死，会不会生病，希望得到安慰和同情。最近这四天，她一直担心她的食物被人下毒，吃东西之前，母亲要先把所有食物尝一遍。她流口水，因为担心唾液里的细菌，不敢把口水咽下去。她一直感觉灾难随时会降临。她有很多强迫症的症状：走在大街上，她会数自己的步数或其他物体的个数，而且，每天都有新的症状出现。她不担心自己的症状时，会很粗鲁无礼，如果被训斥，她就嘲笑母亲，并要求母亲一再保证她是被爱着的。有一天，她拿着一把小刀指着母亲，还有一次，她父母在一起，她拿起一个球，狠狠朝他们砸了过去。父母总是尽量避免在孩子面前有任何亲密的举动。然而，在学校，莎伦举止得体，具备超越她的年龄的成熟，孩子们都很喜欢她，她经常和他们一起玩。

既往史：三年前，莎伦入学时有过一次不安的经历，她不想离开母亲，害怕放学回来母亲不在家。母亲只好习惯性地保证一定会在家，还在胸口画十字，并把这个承诺重复了很多次。孩子被带去看精神病医生，医生每周给她安排一次游戏治疗。孩子治了九个月，出院时完全康复了。

她的父母在她两岁时就离婚了，从那以后，直到最近，莎伦一直和她母亲住在一起，她们始终在一起。尽管母亲三年前再婚了，但她的第二任丈夫一直在部队服役，母女俩来找我们之前的两个半月，他才回来。

在与孩子面谈时，她坚称自己很开心，根本没病，否认自己有任何恐惧。她说她不需要，也不想得到帮助。她否认看过另一个医生，但她谈到一家医院的游戏室，还谈到画画、吃糖果。我们继续追问，她说她不想说话，不喜欢医生，然后大步走出了房间。

下面是第一次面谈时和母亲有关的感想。莎伦似乎完全依赖母亲，想独占她。她的第一次情绪失常发生在三年前，针对的是母亲再婚，但主要针对的是入学。显然，游戏疗法促使她接受暂时与母亲分离，并为上学做准备。目前的问题似乎是由她的继父回来了，而且她担心以后无法独占母亲引起的。她的症状是叛逆的表现，也是她持续占有母亲的工具，不仅迫使母亲不间断地关注她，还要为她担忧。通常，她从不公开反抗，似乎是想讨好妈妈，做一个好女孩。现在，她既不能承认自己的叛逆和反抗，也不能以生病为借口表达出来。而且，根据她的症状，我们怀疑这个女孩承受了很多不易察觉的压力。在相互的亲近和关爱背后，两个意志坚定的女性之间存在权力之争。

这种解读令母亲感到困惑。她说，她丈夫也表达过类似的观点，认为莎伦利用自己的症状强迫她，但她不赞同他的解释。但现在她发现，我们的想法可能是对的。

我们建议她不去理会莎伦的行为，尽管这种做法可能会让莎伦变得更暴力，症状也可能会加重。然而，母亲不应该任凭自己被孩子的行为吓倒或支配。同时，她不应该生气或不耐烦，不应该表现出气恼，而应该表现关爱，和孩子一起玩。作为第一步，她必须克服自己的忧虑和痛苦，和孩子建立一种新的关系。

三天后，母亲讲述了如下情况。她能做到不动声色。女孩先是恳求，再是吼叫，然后试图用剪刀和小刀刺她。她在墙上写道："妈妈是个讨厌鬼。"她搞破坏，剪坏妈妈的尼龙袜，到处乱扔东西。她恳求妈妈在她躺在床上时亲吻她，这样，她就不会睡着，因为她害怕做梦。妈妈告诉她，她愿意亲吻她，那是因为她爱她，但不是在说过"晚安"之后。昨晚，她被火灾警报声吓坏了，想睡到妈妈床上，但妈妈拒绝了，于是女孩睡在地板上。母亲没理她，半个小时后，她就起来了，要了一片苯巴比妥，无须任何劝诱敦促，就回到了自己的床上。

莎伦向母亲表达了对我们的愤怒，并抗议说，我们改变了母亲的性格。她问母亲，自己搞破坏的时候，她为什么不生气。莎伦说："我不知道我怎么会变得如此糟糕。上帝并没有把我生成这样，我怎么做才能成为一个好人？"她母亲建议莎伦和我们好好谈谈。莎伦不想去上学。

我们称赞了母亲的态度，肯定了她在面对孩子的挑衅时能保持镇静。我们建议她继续这样保持下去。

一个星期后，母亲来报告说，莎伦得了轻型麻疹，正在康复中。生病前，她的攻击性减弱了一些；现在，处于恢复期的她公开表示敌意，用脚踢母亲，还踢其他人。她的强迫症也加重了；她数步数，随地吐口水。母亲坐下时，她把烟灰缸放在母亲头上；父母上床休息后，她走进他们的房间，打开灯；在家里，母亲走到哪儿，莎伦就跟到哪儿，她想牵着母亲的手。现在，莎伦害怕染上小儿麻痹症，而且，如果母亲不一直在她身边，她就担心自己会在母亲不在的时候死去。她不想听收音机，因为她可能会产生新的恐惧。她的饮食习惯也变了。第一次咨询后，莎伦决定不和父母吃同样的食物，而要吃一些特别的东西。现在，她决定只喝牛奶。同时，她让母亲告诉我，让我给她家里打电话，她希望我帮助她克服忧虑。

下一次面谈时，莎伦愿意谈谈自己的问题。她安静、友好、有合作精神、体贴。我们试图让她了解其行为背后那些无意识的原因——她习惯了母亲只属于她一个人，不愿意继父回来，因为她不想和继父分享母亲；她利用自己的恐惧让母亲担心她；她生母亲的气，惹恼父母，为的是惩罚他们，获得关注。莎伦认真听，并多次用"识别反射"回应。

第二个星期，莎伦的继父陪她来到我们的办公室，因为莎伦的母亲病了。他说，莎伦的情况有明显好转。她每天只发一次脾气。不过，她还是会骂爸妈，在家里到处吐口水。她和一个女孩骑车兜风，这是她第一次在没有父母陪伴的情况下出门。让她出门和小朋友们一起玩仍然很难,她总是跟在妈妈身边。她的饮食习惯有所改善,也不要求别人替她试吃了。她头一次自己乖乖去睡觉。

几天后,与这位母亲再次面谈,我们得知,莎伦的情况有了更多进展。母亲已经学会让莎伦体验自己的行为带来的后果。如果莎伦生气,母亲就直接离开房间;等她回来后,莎伦一般会很安静,而且遵守必要的秩序规则。以前,每天选择穿什么衣服是个大难题,现在,母亲和莎伦商量一下,然后说出自己的意见,但决定权在莎伦手上,莎伦毫无异议地接受母亲的选择。当母亲忍不住要哄她时,莎伦会拦住她,说:"这不关你的事。"母亲没有不悦的感觉,而是暗暗微笑。她现在意识到,以前给莎伦施加了太大的压力。有时,她还是很难克制自己,但她逐渐接受了自己的新角色和这种新关系,也不再因为孩子的胁迫行为生气。她现在认识到,这是她以前强迫行为的映射。当莎伦开始要求母亲就她的症状和恐惧给予安慰时,母亲建议她去看医生,并鼓励莎伦去那里咨询。(前一天晚上,莎伦确实给我们打了电话,问如何克服恐惧。我们提到恐惧的目的,她要求得到母亲的同情、安慰和保证,是为了吸引母亲的注意。我们称赞她聪明地达到了目的,让她继续使用这些方法。这种"反暗示"往往非常有效。孩子很少会把这种话当成讽刺,因为他们明白其中的含义。莎伦似乎对这个回答很满意——她就是这么说的!并在挂掉电话前,友好地表示了感谢。)

再次面谈时,剩下的主要难题是女孩"吞咽口水困难"。我们和莎伦讨论了这个问题。在讨论的过程中,她主动说自己很坏,不配得到幸福。我们向她指出,口水咽不下去的原因之一是,她认为自己身上的一切都是坏的,包括唾液,她认为唾液里充满细菌。她也对自己目前的处境感到愤怒,吐口水是她表达对秩序和规则的不满与蔑视,特别是因为她不再通过发脾气来公开表达愤怒了。

在与母亲的讨论中,我们就莎伦吐口水这种行为制定了一个策略。母亲告诉她,如果她想把口水吐在地板上,而不是吐在痰盂里,她就应该到楼上自己的房间去吐。

两个星期后,这位母亲说她不到处吐口水了。母女俩经常一起玩,家里几乎没有什么烦心事。这段时间,她只发作过一次,那是在莎伦看望父亲后不久。看望父亲后,她斥责了母亲,还打了她好几下。(显然,莎伦无法原谅母亲再婚,不把余生奉献给自己!)莎伦不喜欢别人给她梳头,有时,她会因此生气。(对被压制或操纵的反抗。)

接下来的几个星期,莎伦偶尔喜怒无常,这是在请求母亲对她给予特别照顾。有时,她会打母亲,而母亲镇静地不予理睬。

经过三个月的治疗,这个病例以"康复"结案。她变回了"原来的自己",与母亲的关系达成了一种不一样的平衡。几个月后,在一次偶遇中,那位母亲说莎伦一直很健康、很快乐,没再出现任何问题。

智力障碍

七岁的杰拉尔丁举止像个婴儿。她不会自己穿衣服,也不会自己脱衣服；有时候，她脱衣服会把衣服扯破，她为自己不会脱衣服感到气恼。她从不尝试自己穿衣服。她经常发脾气，父母不让步的话，她就踢他们。她不自己上床睡觉；妈妈必须和她一起躺下来，否则，她就睡不着。夜里，她频繁呼唤父母，他们总是回应她、安抚她。她五岁才说话；说话口齿不清，而且有喉音。她根本不想和陌生人说话。为了改善她的发音，父母让她重复每一个词。她吃饭时必须有人喂，妈妈还要给她讲故事，不然，她就不吃。她五岁时上了一所教区学校，不过，她最近转学到一所公立学校，并被安排在一间不分级的教室。她拒绝和老师说话，也不和同学们一起玩。

这位母亲来指导中心前不久，校方通知她，他们不能留下她女儿，觉得这个女孩智力迟钝，并建议孩子的父母把她送进一个专门为智障儿童设立的公立机构。父母听到这个消息，吓坏了，请求校方暂缓决定，以便他们寻求精神病治疗方面的帮助。尽管老师对孩子的情况是否有可能改善表示怀疑，但她的父母恳求他们，并获得了暂时留下的机会。

杰拉尔丁是家中的独生女，幼年得过很多重病。她的父母承认溺爱她、过度保护她。面谈时，杰拉尔丁完全被动，没有任何反应。

我们告诉孩子的父母，不可能第一次面谈就做出诊断。这个孩子可能低能，但如果父母不给她培养能力的机会，我们就无法确定她心智不足到何种程度。他们首先必须改变对待她的方式，不能再给杰拉尔丁当仆人。他们必须鼓励她自主。既然一切都替她做了，杰拉尔丁就不需要付出任何努力了；她因为不履行职责，得到了太多好处。她的父母很善良、真诚，尽管他们承认，不知道拿孩子怎么办时，尤其是当她发脾气的时候，偶尔也会打孩子的屁股。

这对父母完全明白我们的解读。他们第一次开始理解孩子为什么会有这些行为。他们表示愿意全力配合。第一次面谈时，我们就给出了很多建议，因为这对父母似乎已经准备好了接受具体的帮助，通常，我们不敢在早期阶段就给出这么多建议。我们建议他们：（1）让孩子独自睡在自己的房间，无论她做什么，都不要关注，夜里，无论她怎么喊，都不要回应；（2）她发脾气的时候，不要理她；（3）忽视她的口齿不清，不要再让她重复字词，当她说莫名其妙的话时，假装听不见；（4）和她一起玩耍，对她表达你的深情，用关爱和游戏代替从前的伺候；（5）停止责骂、唠叨、哄骗和打屁股，但无论孩子做什么，都要保持冷静。

两个星期后，父母和孩子又来了，告诉我们有一定的进展。父母似乎大受鼓舞，杰拉尔丁说话更清楚了；她早早就上床睡觉，而且一个人睡；她不再给父母添麻烦；她自己脱衣服，但穿衣仍有困难；她和父母一起玩，凡事都会事先商量，并达成一致意见。有一次，杰拉尔丁问他们为什么不再训斥、惩罚她了；她公开表示对这一变化感到惊讶。

这一次，我们建议父母让孩子自己吃饭，如果她把食物扔得到处都是，就把她赶下餐桌。

两个星期后，母亲说杰拉尔丁能自己做更多事了；她现在自己吃饭,饮食习惯很好。她的睡眠习惯也不错,早早就上床睡觉,一直躺在床上。早上,她睡醒了就起来,不需要父母提醒或叫她起床。她的话比以前多了,不再喃喃自语,发音也好多了,更清楚了。她几乎完全可以自己穿衣服了。她玩积木,玩球,弹木琴,还想和爸爸一起玩。她表达了想见表妹的愿望。她不介意妈妈把她一个人留在房间里。她不再发脾气,不再踢人,因为父母完全无视这些行为。父母也不再打骂她,尽量不大声说话。孩子和父母从来没这么开心过。唯一剩下的难题是,杰拉尔丁不让别人给她梳头,但母亲相信杰拉尔丁一定能克服这个难题。

学校的情况也变了,杰拉尔丁对同学们更友好了,喜欢跟他们一起玩,而且对他们畅所欲言。几个星期前,老师敦促家长把这个孩子带走,认为她不可救药,又傻又"聋"。过去这一周,老师承认并认可了杰拉尔丁取得的进步,现在很乐意帮助这个孩子成长,再也不提开除转校的事了。

经过三次面谈,这个案子结束了。我们将对孩子智力的最终判断推迟,给了她更多的时间发展自己。

假性智障

瑞克四岁时,父母把他带到指导中心,想看看能为他的发展做点儿什么。他安静地坐在父亲和母亲中间,靠向父亲,紧紧抓着他,表情很可爱。他没有回答任何问题,一脸茫然,最后,转过身去。他嘟囔了一句什么，他父母的理解是"回家"。

瑞克的父母谈到孩子做过几次大手术。他们只有这一个孩子，一直担心他会死，于是小心翼翼地照看他。他一岁半才开始走路，此前一直生病。他没学会说话，也听不见。他什么都不会做，甚至控制不住小便。他完全依赖父母。父母带他做过精神和心理测试。根据这些测试，这个男孩被诊断为智障者和聋哑人。然而，父母观察到的一些反应表明他有听力，至少能听到一些声音。很明显，目前还无法对瑞克的精神状况和可能的发展做出判定，因为他受到了过度的保护。因此，我们建议父母不要再过度焦虑、担忧，让他自己待着，不要过多关注他。只有在他经历了不说或不听就得不到想要的结果之后，才能确定他是否有听说能力。这次我们没有讨论瑞克的其他问题。

下一次面谈时，母亲说，令他们惊喜的是，瑞克夜里不尿床了。她现在想知道怎样才能让他好好吃饭。他总是一把抓起桌子上的食物，塞进嘴里。我们建议母亲给他一个勺子，如果他不肯用勺子吃饭，就把他的盘子收走。我们得知，如果瑞克得不到他想要的东西，就会愤怒、焦躁，到目前为止，他的父母尽可能不惹他生气。我们指出，瑞克必须认识到，生气也没用。让他明白这一点只有一个办法，那就是，只要他生气，母亲就离开房间；但她这么做的时候，不能表现出不高兴，或者过分关心。

这次面谈期间，瑞克不肯和其他孩子一起去游戏室，而是留在母亲身边。虽然他表现得很好，但有点儿坐立不安。这次，他没有要回家的意思。

第三周，瑞克的情况有了进一步改善。他只尿了一次床，还是在醒了以后（这表明他仍需要更多的照顾和关注）。但他学会了说一些词语。如果他只是比比画画，母亲拒绝为他做事；于是，他开始说出他想要的东西的名字。我们必须提醒母亲，不要催他把话说清楚，但她已经开始这么做了。这意味着过度关注。瑞克不用勺子吃饭的时候，她还会犹豫要不要把饭端走。瑞克的父母没有让他承担后果，而是徒劳地"教他用勺子吃饭"。显然，他们很难不去关心、同情他。我们对他们指出，瑞克需要的是鼓励，而不是伺候。

再次面谈时，我们听说了瑞克吸引母亲关注的新把戏。他没有尿床，而是夜里多次要求母亲带他上厕所。他的词汇量增加了，但他发明了一种新的表明他没有在听的方式：把头扭过去。他在父亲面前更听话，父亲不像母亲那样经常在家，也不像母亲那样轻易让步。瑞克现在通过拖延上床时间和很晚才入睡引起父母的关注。我们向他母亲解释了这些新的关注获取机制，告诉她不要被这些做法蒙骗。与其吵吵闹闹、唠唠叨叨，他不睡的话，不如就让他醒着，直到他累到睡着。应该在他睡觉前带他上厕所，绝不能夜里带他去；他必须学会控制自己的小便。到目前为止，瑞克还没有学会朝某个方向努力。

据这位母亲讲，接下来的一个星期，平静快乐。瑞克没有尿床，也没有要求上厕所。他的话多了，开始和其他孩子一起玩。他不再发脾气。他被按时抱到床上，很快就能入睡。母亲备受鼓舞。

瑞克仍给人感觉是个非常迟钝的孩子。四岁了，却像个两岁的孩子。这是他第一次走进中心的游戏室,他把积木一块一块摞起来,"搭出一列火车"。他走进咨询室,笨拙地要往长凳上爬,他环顾四周,寻求帮助,没有人扶他,他就自己爬上去了。但很快,他就将自己置于一个十分危险的境地,给人感觉随时会掉下来,显然,他这么做是为了获得他人的帮助和关注。他确实差点儿掉下来——但是,由于没有人帮他,他立刻控制住了自己,化险为夷。他似乎已经发现"肌肉不协调"是一种获得关注和服务的手段,但如果没有人帮忙,他也能照顾好自己。他在游戏中非常讲究条理,对细节表现出极大的兴趣,比如仔细观察微小的东西:一根头发、一片草叶、一张蜘蛛网,或者整齐地画出极小的图形,这似乎表明他的智力发育良好。

这次,我们建议母亲多和他一起玩。

两周后,瑞克的语言能力有了进一步提高。他现在不仅会用名词,还会用代词。有一次,他跑到妈妈跟前说:"我把我的连指手套弄丢了。"把沙拉端到他面前,他说:"这个好吃。"他的听力已经没有任何问题了。他会唱几首从收音机里听到的歌。他开始自己穿衣服。

这次,被带到咨询室时,他哭了。他不肯坐下,也不注意别人对他说的话。显然,他意识到,他获取帮助的诡计在这里不管用了。他的新伎俩之一是,让母亲在街上等,他慢吞吞地跟在后面。我们必须提醒他母亲不要哄他、催他。她可以问他是要一起走,还是她自己先走。也许他能告诉她回家的路怎么走。有证据表明,瑞克仍试图通过对他母亲提出微妙的要求来操纵局面,而她一如既往地屈服了。

这次，瑞克没有和孩子们在游戏室里玩，而是远远地看着他们。

过了一个星期，他母亲告诉我们，瑞克已经开始晚上收拾自己的玩具了，还洗手、洗脸。他还试着自己穿鞋、穿袜子。不过，他偶尔还会很幼稚，发出奇怪的声音。他一有机会就靠在母亲身上。他磨磨蹭蹭，母亲总是忍不住提醒他；大多数时候，她只是看着他，他注意到了，而且似乎很享受这种感觉。他的餐桌礼仪好多了，如果不好好吃饭，他的食物会被端走。有一次，在街上，瑞克不肯撇下另一个男孩跟母亲一起回家，于是，母亲躲在角落里。从那以后，瑞克会立刻跟母亲回家。

这次，瑞克安心在游戏室里玩。我们必须再次提醒他母亲，既不能帮助瑞克，也不能指挥他；不要提醒他注意后果，必须二话不说，让他承担后果。

又一个月过去了，他们再次来到指导中心。瑞克的母亲说，他的身体状况一直很好。他很少尿床。他已经上幼儿园了，而且很喜欢幼儿园。他的老师很满意，尽管他不怎么和其他孩子一起玩。（我们没有尝试再做一次心理测试，因为再测出低智商可能会令人沮丧。）他不哭闹；他一个人玩积木，或者搭出一列列长长的火车。他不总是听别人说话——更确切地说，留意别人在说什么。午休时间，他坐立不安，自言自语。午餐时，他一开始拒绝要甜点，最后，他说："蛋糕。"

瑞克高兴地走进咨询室面谈，尽管话说得不太清楚，但还是跟几个人说了话。他开朗、可亲、无畏。他爬上长凳，静静地坐着。然而，当我们跟他说话时，他不回应，假装没听见。我们在他面前打了个响指，他一脸茫然地盯着我们，仿佛既听不见，也看不见；但过了一会儿，他试着用手指做了一个类似的动作。在整个面谈的过程中，他的态度很傲慢，对周围发生的事毫不在意。

瑞克的幼儿园老师也参加了这次面谈。我们向她建议，瑞克搭火车时，让其他孩子和他一起合作，并鼓励他参加简单且有组织的游戏。如果他在休息时间打扰了其他孩子，就把他的床放在一个单独的房间，不要训斥他，也不要大惊小怪；当他愿意安静的时候，再允许他回来。

过了一周，瑞克的母亲又来了。她告诉我们，瑞克认识颜色了，而且很喜欢颜色。他在屋子里走来走去，认出所有蓝色的东西，说"蓝色"，对其他颜色的东西也是如此。他的语言能力稳步提升。他能完整地复述《三只小猪》的故事。他喜欢把他的玩具士兵排成行军队形。

面谈时，瑞克说出了所有颜色的名称。显然，他很喜欢这样。他掰着指头数，但不肯讲《三只小猪》的故事。

两周后，瑞克的母亲简短地汇报说，一切顺利，她没有什么特别的问题了。她现在上班了，家人似乎也适应得很好。

一周后：瑞克感冒刚好。生病期间，他哭哭啼啼，又回到婴儿的状态。他玩积木，认真搭建很多东西。玩完积木，他会把它们收起来。他喜欢听故事。他的语言能力在进步：一年前，他一个字也不会说；几个月前，他能蹦几个词；现在，他能说完整的句子了。他自己穿鞋。面谈时，他表现得很友好，手里玩着一根铅笔，还告诉我们他在做什么。

接下来的几个星期，他感冒了几次，这让他的行为有些倒退。不过，他现在学得很快，喜欢颜色、数字和字母表，认识所有字母。他在社交方面进步也很快。他特别喜欢颜色，并把它们作为一种逗客人开心的社交游戏。他用颜色给他认识的所有人取名字。母亲是"红妈妈"，父亲是"黄爸爸"，他自己是"蓝瑞克"。亲戚有"粉格蕾丝""紫格特鲁德"和"绿贝茜"。小孩通常是"白色的"，老人是"橙色的"。他的祖父母是橙色的。这种颜色命名并不是随意的。他总是把一个人和同一种颜色联系在一起。显然，瑞克把情感和颜色联系起来了。在这次面谈中，他非常自豪地提到在场的每个人的"颜色"。他似乎用这种特殊的策略给人留下深刻的印象，从而获得特别的关注。

在幼儿园，他不像其他孩子那么乐意配合，但还是会参加各种活动。有一次，他笨拙地扰乱了一场游戏，其他孩子不愿意跟他一起玩。他一气之下把所有玩具都推倒了。这是他第一次主动且好斗，这种事发生在他身上，可以被视作一种进步。他和他的一个表弟玩得很好。他变得更乐于合作，也更善于交际了。但自从在学校和孩子们吵过一架后，他就有点儿不太想回幼儿园了。他会唱在幼儿园学的歌，但有时，他的吐字还不是很清楚。

瑞克准备放学时，会自己穿外套，除非母亲在，那时，他非让母亲帮他穿不可。总的来说，瑞克很友善，偶尔也有点儿吵闹。他这个人一根筋，当他对任何一个东西感兴趣时，谁也别想转移他的注意力。他会一脸茫然、淡漠,别人给出任何建议,他都视而不见,充耳不闻,只专注于心里想的那件事。带他去动物园,他感兴趣的好像是人,而不是动物,他几乎不看动物。但回到家后,他指着绘本上的动物,说出它们和它们的身体部位的名称。"这是狮子,这是它的尾巴。"

在面谈过程中,瑞克不肯坐在长凳上,而是绕着桌子走,靠在社工身上,还举起双臂,好像要人抱他。直到被问到颜色时,他才回答问题。他掰着手指数数,数到十二,念出字母表中的字母。至于别的问题,他一概不回应。提到别的事情时,他总是一脸茫然。

我们建议瑞克的母亲,如果他不想穿好衣服去上学,她就当他病了,把他放在床上,不给他玩具,只喂他流食。她的态度要友善、温柔,但必须坚定。不过,我们还告诉她,如果她对这个方法,对自己能否不慌不忙地使用这个方法存疑,那就不要尝试。

老师的下一份报告表明,瑞克开始主动靠近群体,不再封闭自己。他又和人打架了。他穿夹克和厚裤子时,动作还是不太利索。他开始跟校外的孩子交朋友。他很久没尿床了。我们建议他母亲尽量别帮他穿衣服,还建议她邀请其他孩子来家里和瑞克一起玩。显然,母亲有时还是会生他的气,但这种时候,她尽量什么也不做,什么也不说。瑞克有时也会发脾气。

每次生病,瑞克都要花些时间重新适应学校。在街上,他微笑着和熟人打招呼。有时,他仍不肯说话,一副冷漠的表情;但通常,别人和他说话时,他会愉快地微笑。偶尔他会假装听不见。他比以往任何时候都快乐得多，但不太相信别人。有时，他会和孩子们对抗，并退出群体，但大多数时候，他参加活动，并乐于合作。

这次面谈时，瑞克用整齐、快速的笔触画图，两只手涂写字母，频繁地将铅笔或蜡笔从一只手换到另一只手上。

几个月后，得了一段时间呼吸系统疾病后，他好像变了个人。他和比他小的孩子相处得很好。他喜欢教其他孩子，但人家拒绝他时，他会哭。他有时表现得很强硬："我要狠狠揍你一顿——我要打你。"他行为不端时，母亲仍在愤怒与过度同情之间摇摆不定。尽管她学到了很多东西，但仍无法始终坚定客观地对待瑞克。

一次面谈时，瑞克先是坐在父母中间，假装听不见别人对他说什么。接着，他走到长凳前，展示了一幅画，描述他做了什么。他仍然我行我素，做他想做的事，不接受他不喜欢的东西，拒绝放下手上正在做的事。但他总是面带微笑。当我们告诉他面谈结束时，他假装没听见，继续写。老师说，他有时候很合群。一般来说，当被要求做什么事时，他很愿意配合。

在游戏室里，瑞克涂色的速度很快，不一会儿就要了好几张纸。他画了一列火车，车上有旗子、电铃、烟囱，还有带很多轮子的火车头。

在指导中心接受一年半时间的治疗后，瑞克取得了实实在在的进步。我们预测最终他能充分融入社会，尽管某些智力缺陷可能依然存在。父母在调教孩子方面都很合作，也很明智，表现出非凡的洞察力，尽管他们自己的情绪反应有时不太恰当。

一年后，七岁的瑞克进入了公立学校。他的成绩是"全优"，没有任何特殊的困难。他是一个富有魅力且乐于合作的男孩，但有时仍一副冷漠高傲的样子，看上去像是一个考察周围世界的王子。不过，他的整体调整是令人满意的。我们得到的最新消息表明，这个男孩的学习成绩在班上遥遥领先，学校正在考虑让他连跳两级。

这个案例很重要，原因有很多。首先，这个案例表明，如果情况看起来糟糕透顶，那么受第一印象影响将会大错特错。永远不要悲观，因为，如果父母学会更恰当地处理问题，谁也不知道情况会如何发展。因此，我们早期并没有反复做智商测试，因为这只会令父母和孩子气馁。那时，我们还不知道后来逐渐清晰起来的事实——这个孩子并不是智障，相反，智力超群。从这个例子，我们可以进一步看出，由于母亲未能采取一以贯之的方法，男孩的发展状况起伏不定。

结　论

现在你已经读到本书的结尾部分，可以回顾一下从中学到了什么。读这本书时，你的脑海中一定会闪过许多念头，激励你的或让你心烦的念头，视情况而定。现在是时候把这些想法整合起来了。一本书读后的思考和再思考的过程，将决定这本书对你有何价值或用处。

我希望有一个事实已经说清楚了，那就是，你有能力为你的孩子带来幸福和成功。那么，接下来，我希望你能停下来，思考一下这个事实所蕴含的更大的意义。你主要关心的是你自己的家庭、你自己的孩子，这是再自然不过的事，但你不能忽视这样一个事实，即人类的命运也掌握在你手中。每一代父母都是未来的基础。我们无法确定外在的社会条件和我们内心的准备在多大程度上决定了人类命运——我们是先需要更好的个人来构建一个更好的社会，还是需要一个更好的社会来培养更好的个人。这两个因素相辅相成：对儿童的训练影响未来的社会秩序，正如现有的生活条件决定孩子的抚养方式。人类的逐渐进化是与养育孩子的精神与技术的进步密不可分的。人类今天的不完美，在某种程度上，受到他迄今为止所接受的训练制约。

今天，我们隐约看到一条路，从这种不完美，通向一个前所未有的高度。无论是关于新社交形式进化的假设，还是人类智力通过控制自然无限扩张的想法——都在我们的教学经验中得到了特别的证实。从婴儿期就开始以更适当的方式对待一个人，就可以彻底展现他的创造才能，并培养出如今几乎不可想象的能力和品质。我们只看到最早的迹象。我们知道，人类的力量受到普遍打压，这让我们对人类的无限潜能——伦理、智力和情感的潜能有了一些了解，而这些潜能被迄今为止的训练实践掩盖了。

以前我们相信遗传决定一切，如今，这种想法已经动摇了。这种信念基于一种可以理解的悲观主义，而这种悲观源于我们对正确训练的可能性认识有限。你能想象，几千年来，我们一直遵循错误的教育学原则吗？过去的教育原则并没有错，它们只是一个文化时代的逻辑反映，这个文化时代从文明伊始，一直延伸至今——一个以人与人之间的冲突为标志的时代。在欧美文化之外，过去存在过，现在依然存在同质类型的社区、部落和氏族，但由于自身的限制，他们几乎对敌对、竞争的秩序没有任何概念（除了涉及两性关系的秩序）。他们的教育往往从一个完全不同的前提出发，避免对儿童进行人身惩罚和贬低，并在很多方面证实了现代精神病学的经验。

可以肯定的是，我们这个时代给父母和孩子设置的特殊障碍，凸显了当前教育方法的不足。然而，毫无疑问，优秀的父母，无论过去，还是现在，都能发现并运用有效的教育方法。我们的新认识建立在无数前人的经验之上。许多出类拔萃的人物，在很大程度上，是卓越的教养方式的产物。（如果只将他们的成功归因为遗传，那么，大概有更多天才的孩子像他们的父母。）当某个高中毕业班出了很多远超平均水平的杰出人才时，绝对不是一个巧合。在这里，我们看到一种幸运的融合，即绝非偶然的努力，加上某种教学技巧，这种技巧发掘了其他情况下可能会被限制的潜力。

  一个人能发展到什么程度，可以用一个简单的例子说明。如果一个丛林居民的孩子很早就移居美国，并融入美国文化，他就会发展出在原来的环境中不可能掌握的本领和能力。无论是遗传缺陷，还是他假定或实际的大脑发育不足，都不能阻止他所取得的成就远超自己所在社区的标准。因此，我们可以设想，通过更好的训练方法和经过改善的生活条件，未来的人们将超越我们目前的文化水平，正如我们自己超越了原始部落的水平……此时此刻，我们可能正在迈入人类的新时代。

父母：挑战

作者 _ [美]鲁道夫·德雷克斯　译者 _ 赵文伟

产品经理 _ 赵鹏　张晓意　装帧设计 _ 肖雯　产品总监 _ 陈亮
技术编辑 _ 丁占旭　责任印制 _ 刘淼　出品人 _ 毛婷

果麦
www.guomai.cn

以 微 小 的 力 量 推 动 文 明

图书在版编目（ＣＩＰ）数据

父母：挑战 /（美）鲁道夫·德雷克斯著；赵文伟译. -- 西安：太白文艺出版社，2025.3. -- ISBN 978-7-5513-2919-4

Ⅰ.G78

中国国家版本馆CIP数据核字第2025AT8302号

父母：挑战
FUMU:TIAOZHAN

编　　著	[美]鲁道夫·德雷克斯
译　　者	赵文伟
责任编辑	张　曦
装帧设计	肖　雯
出版发行	太白文艺出版社
经　　销	新华书店
印　　刷	北京盛通印刷股份有限公司
开　　本	880mm×1230mm　1/32
字　　数	235千字
印　　张	11.5
版　　次	2025年3月第1版
印　　次	2025年3月第1次印刷
印　　数	1－5,000
书　　号	ISBN 978-7-5513-2919-4
定　　价	48.00元

版权所有 翻印必究
如有印装质量问题，可寄出版社印制部调换
联系电话：029-81206800
出版社地址：西安市曲江新区登高路1388号（邮编：710061）
营销中心电话：029-87277748　029-87217872